プリント形式のリアル過去問で本番の臨場感！

愛媛県

新田青雲中等教育学校

2025年春受験用 解答集

本書は，実物をなるべくそのままに，プリント形式で年度ごとに収録しています。
問題用紙を教科別に分けて使うことができるので，本番さながらの演習ができます。

■ 収録内容

・解答集（この冊子です）

書籍ＩＤ番号，この問題集の使い方，最新年度実物データ，リアル過去問の活用，
解答例と解説，ご使用にあたってのお願い・ご注意，お問い合わせ

・2023（令和５）年度 ～ 2020（令和２）年度　学力検査問題

○は収録あり　年度	'24	'23	'22	'21	'20
■ 問題収録		○	○	○	○
■ 解答用紙		○	○	○	○
■ 配点					

算数に解説があります

注）問題文等非掲載:2023年度国語の(二)と社会の(六)，2021年度国語の(一)

問題文などの非掲載につきまして

著作権上の都合により，本書に収録している過去入試問題の本文や図表の一部を掲載しておりません。ご不便をおかけし，誠に申し訳ございません。

本文の一部を掲載できなかったことによる国語の演習不足を補うため，論説文および小説文の演習問題のダウンロード付録があります。弊社ウェブサイトから書籍ＩＤ番号を入力してご利用ください。

なお，問題の量，形式，難易度などの傾向が，実際の入試問題と一致しない場合があります。

教英出版

■ 書籍ＩＤ番号

入試に役立つダウンロード付録や学校情報などを随時更新して掲載しています。
教英出版ウェブサイトの「ご購入者様のページ」画面で，書籍ＩＤ番号を入力してご利用ください。

書籍ＩＤ番号　104438

（有効期限：2025年9月30日まで）

【入試に役立つダウンロード付録】
「要点のまとめ(国語／算数)」
「課題作文演習」ほか

■ この問題集の使い方

年度ごとにプリント形式で収録しています。針を外して教科ごとに分けて使用します。①片側，②中央のどちらかでとじてありますので，下図を参考に，問題用紙と解答用紙に分けて準備をしましょう（解答用紙がない場合もあります）。

針を外すときは，けがをしないように十分注意してください。また，針を外すと紛失しやすくなりますので気をつけましょう。

① 片側でとじてあるもの

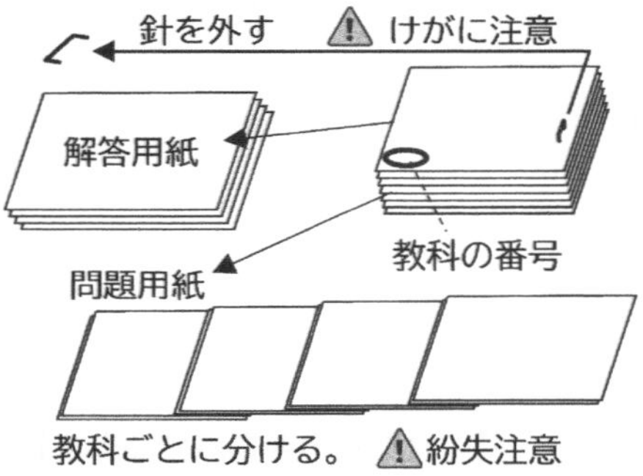

② 中央でとじてあるもの

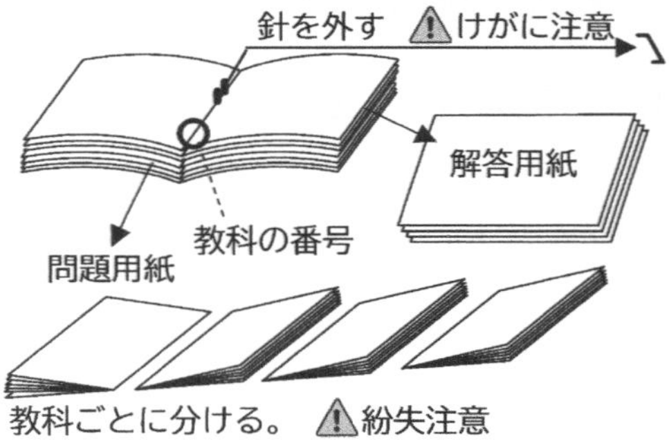

※教科数が上図と異なる場合があります。
解答用紙がない場合や，問題と一体になっている場合があります。
教科の番号は，教科ごとに分けるときの参考にしてください。

■ 最新年度 実物データ

実物をなるべくそのままに編集していますが，収録の都合上，実際の試験問題とは異なる場合があります。実物のサイズ，様式は右表で確認してください。

問題用紙	Ｂ４片面プリント
解答用紙	Ｂ４片面プリント

リアル過去問の活用

～リアル過去問なら入試本番で力を発揮することができる～

本番を体験しよう！

問題用紙の形式（縦向き／横向き），問題の配置や余白など，実物に近い紙面構成なので本番の臨場感が味わえます。まずはパラパラとめくって眺めてみてください。「これが志望校の入試問題なんだ！」と思えば入試に向けて気持ちが高まることでしょう。

入試を知ろう！

同じ教科の過去数年分の問題紙面を並べて，見比べてみましょう。

① 問題の量

毎年同じ大問数か，年によって違うのか，また全体の問題量はどのくらいか知っておきましょう。どのくらいのスピードで解けば時間内に終わるのか，大問ひとつにかけられる時間を計算してみましょう。

② 出題分野

よく出題されている分野とそうでない分野を見つけましょう。同じような問題が過去にも出題されていることに気がつくはずです。

③ 出題順序

得意な分野が毎年同じ大問番号で出題されていると分かれば，本番で取りこぼさないように先回りして解答することができるでしょう。

④ 解答方法

記述式か選択式か（マークシートか），見ておきましょう。記述式なら，単位まで書く必要があるかどうか，文字数はどのくらいかなど，細かいところまでチェックしておきましょう。計算過程を書く必要があるかどうかも重要です。

⑤ 問題の難易度

必ず正解したい基本問題，条件や指示の読み間違いといったケアレスミスに気をつけたい問題，後回しにしたほうがいい問題などをチェックしておきましょう。

問題を解こう！

志望校の入試傾向をつかんだら，問題を何度も解いていきましょう。ほかにも問題文の独特な言いまわしや，その学校独自の答え方を発見できることもあるでしょう。オリンピックや環境問題など，話題になった出来事を毎年出題する学校だと分かれば，日頃のニュースの見かたも変わってきます。

こうして志望校の入試傾向を知り対策を立てることこそが，過去問を解く最大の理由なのです。

実力を知ろう！

過去問を解くにあたって，得点はそれほど重要ではありません。大切なのは，志望校の過去問演習を通して，苦手な教科，苦手な分野を知ることです。苦手な教科，分野が分かったら，教科書や参考書に戻って重点的に学習する時間をつくりましょう。今の自分の実力を知れば，入試本番までの勉強の道すじが見えてきます。

試験に慣れよう！

入試では時間配分も重要です。本番で時間が足りなくなってあわてないように，リアル過去問で実戦演習をして，時間配分や出題パターンに慣れておきましょう。教科ごとに気持ちを切り替える練習もしておきましょう。

心を整えよう！

入試は誰でも緊張するものです。入試前日になったら，演習をやり尽くしたリアル過去問の表紙を眺めてみましょう。問題の内容を見る必要はもうありません。どんな形式だったかな？受験番号や氏名はどこに書くのかな？…ほんの少し見ておくだけでも，志望校の入試に向けて心の準備が整うことでしょう。

そして入試本番では，見慣れた問題紙面が緊張した心を落ち着かせてくれるはずです。

※まれに入試形式を変更する学校もありますが，条件はほかの受験生も同じです。心を整えてあせらずに問題に取りかかりましょう。

2023 解答例 令和5年度　新田青雲中等教育学校

《国　語》

(一)　1．①てんじ　②とうと　③したが　④ほうこ　⑤こうてつ　2．①郵便　②築　③断　④米俵　⑤積雪　3．①費　②縮　③偶　④義　⑤収　4．①ウ　②ア　③ウ　④ア　⑤イ　5．①ア，ケ　②エ，ク　③イ，オ　④ウ，カ　⑤ア，ケ

(二)　1．ウ　2．現在の経済～ていくこと　3．ウ　4．ア　5．定住するということは、その土地から離れないということであり、そこにたまっていく自分たちの廃棄物からも離れられないから。　6．エ　7．人口や経済を支える地球環境の力　8．イ

(三)　1．元さんが大好き　2．ア　3．エ　4．ア　5．イ　6．夢中になって命乞いの踊りをするうちに、とつぜん胸にサルの悲しみが降ってきて、死にたくない、もっと生きたいというサルの叫びが聞こえた気がしたから。　7．イ　8．エ

《作　文》

〈作文のポイント〉

・最初に自分の主張、立場を明確に決め、その内容に沿って書いていく。

・わかりやすい表現を心がける。自信のない表現や漢字は使わない。

さらにくわしい作文の書き方・作文例はこちら！→https://kyoei-syuppan.net/mobile/files/sakupo.html

《算　数》

(一)　1．18　2．17　3．3　4．13　5．2

(二)　1．25　2．39　3．5　4．1500　5．5　6．30　7．28　8．1200　9．4.2　10．15.7　11．30　12．800

(三)　1．7　※2．1012

(四)　1．右図　※2．8

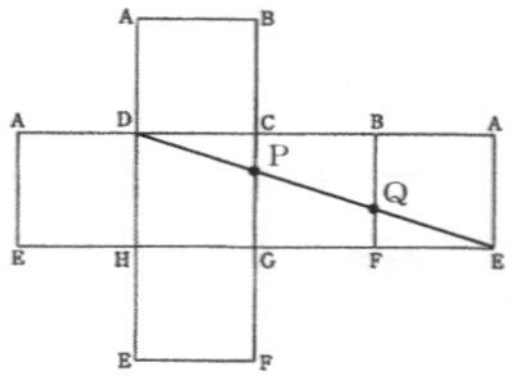

※(五)　1．3　2．1200

(六)　1．4　2．64

※の式は解説を参照してください。

《理　科》

(一)　1．イ　2．ウ　3．14　4．ウ　5．エ　6．冬の寒い日に室内の空気をあたためると，窓の内側に水てきがつく。　7．エ　8．電気ストーブ／ドライヤー／アイロン　などから1つ

(二)　1．小さくなった。　2．エ　3．ろうそくが燃え続けるには空気が入れかわる必要がある。
4．①ウ　②イ　③ウ

(三)　1．南中　2．①4分　②午後0時8分　3．①Ｃ　②記号…イ　理由…日の出の位置が真東よりも北寄りだと考えられるから。　4．地球が自転しているから。　5．ア

(四)　1．イ，エ，オ　2．卵1個の重さはそれぞれ異なる　3．①40 個　②0.25　4．3452
5．親が世話をしないため，成体まで育つ割合が小さいから。　6．あ．子宮　い．たい児

(五)　1．①ａ，ｃ　②ｃ，ｄ　③ａ，ｂ　④ａ，ｅ　2．エ　3．ア

(六)　1．ア　2．ウ　3．①ア　②エ　4．ウ

(七)　1．ウ　2．イ　3．Ａ　4．エ　5．Ａ→Ｆ→Ｄ→Ｂ

《社　会》

(一)　1．松江城　2．①い　②エ　3．夏目漱石　4．秋田　5．お　6．①高齢化が進み，老人ホームの数が増えたこと。　②ウ

(二)　1．①太平洋側の大都市周辺の沿岸部。　②太平洋ベルト　③コンビナート
2．プラスチック／合成ゴム　などから1つ　3．サウジアラビア　4．アメリカ

(三)　1．あ．日本町　い．源義家　う．大宝律令　え．太閤検地　お．雪舟　2．Ｃ→Ｂ→Ｅ→Ｄ→Ａ　3．イ
4．平清盛　5．唐　6．豊臣秀吉　7．ウ

(四)　1．五箇条の御誓文　2．ア→ウ→エ→イ　3．ウ　4．日露戦争では，日清戦争と比べてかなり多くの戦死者や戦費を出したにもかかわらず，賠償金を得ることができなかったから。　5．日米安全保障条約
6．ベルリン　7．資料3…Ｃ　資料4…Ｇ

(五)　1．①日本国憲法　②1947，5，3　③平和主義　2．戦争

(六)　1．ウ　2．ウ　3．①ＳＤＧｓ　②ア　4．ＯＤＡ　5．ウ

(七)　1．公共料金などの収納代行サービス。／住民票などの証明書交付サービス。などから1つ　2．ＰＯＳシステムによって集めた売れ行きなどの情報を分析し，商品の仕入れや運送の効率化，新たな商品の開発等に役立てている。

2023 算数解説 新田青雲中等教育学校

令和５年度

(一)

1　与式＝21－18÷６＝21－３＝**18**

2　与式＝$(5\frac{3}{6}+\frac{1}{6})\times 3=5\frac{4}{6}\times 3=5\frac{2}{3}\times 3=\frac{17}{3}\times 3=$**17**

3　与式＝(0.2＋0.25)×10－1.5＝0.45×10－1.5＝4.5－1.5＝**3**

4　与式＝(1.3×10)×0.25＋1.3×0.5＋(1.3×100)×0.07＝1.3×2.5＋1.3×0.5＋1.3×７＝
1.3×(2.5＋0.5＋７)＝1.3×10＝**13**

5　与式より，$6\times(\frac{1}{□}+\frac{1}{3})=20-15$　　$\frac{1}{□}+\frac{1}{3}=\frac{5}{6}$　　$\frac{1}{□}=\frac{5}{6}-\frac{1}{3}=\frac{5}{6}-\frac{2}{6}=\frac{3}{6}=\frac{1}{2}$　　よって，□＝**2**

(二)

1　６年１組の人数は１＋０＋２＋１＋３＋２＋４＋２＋３＋１＋１＝20(人)，４点と５点の人数は３＋２＝５(人)だから，４点以上６点未満の人は全体の$\frac{5}{20}\times 100=$**25**(%)である。

2　ある数は900÷0.3＝3000である。よって，3000×0.013＝**39**

3　**【解き方】１人が１分で行う仕事量を１とすると，仕事量の合計は１×５×30＝150と表せる。**
この仕事を７人で20分行ったとき，残りの仕事量は150－１×７×20＝10となる。よって，残りを２人で行うと，10÷２＝**5**(分)かかる。

4　**【解き方】(利益)＝(売り値)－(仕入れ値)である。仕入れ値を□円として式を立てる。**
定価は仕入れ値の３割増しだから，□×(１＋0.3)＝1.3×□(円)
売り値は定価の２割引きだから，1.3×□×(１－0.2)＝1.04×□(円)
よって，1.04×□－□＝60　　(1.04－１)×□＝60　　0.04×□＝60　　□＝60÷0.04＝**1500**(円)

5　**【解き方】つるかめ算を利用する。**
どら焼きと大福を合わせて15個買ったときの税ぬき価格は1755÷(１＋0.08)＝1625(円)である。
大福を15個買ったとすると，合計金額は100×15＝1500(円)になり，実際より1625－1500＝125(円)安くなる。
大福１個をどら焼き１個におきかえると，合計金額は125－100＝25(円)高くなるから，どら焼きの個数は，125÷25＝**5**(個)である。

6　たかひろさんとまさひろさんにあげた後，残ったおまんじゅうは全体の$1-(\frac{1}{6}+\frac{2}{15})=\frac{7}{10}$である。これが21個にあたるから，はじめにもらったおまんじゅうは$21\div\frac{7}{10}=$**30**(個)である。

7　**【解き方】Ａ：Ｂ：Ｃを最も簡単な整数の比で表して考える。**
ＡはＢの2.5倍だから，Ａ：Ｂ＝2.5：１＝５：２　　ＣはＡの$\frac{3}{7}$倍だから，Ａ：Ｃ＝７：３
Ａの比の数を５と７の最小公倍数35に合わせると，Ａ：Ｂ＝(５×７)：(２×７)＝35：14,
Ａ：Ｃ＝(７×５)：(３×５)＝35：15より，Ａ：Ｂ：Ｃ＝35：14：15となる。
Ａは50より大きく，ＢとＣは50より小さい２けたの整数になるように比の数をそれぞれ２倍すると，
Ａ：Ｂ：Ｃ＝70：28：30となる。よって，Ｂは**28**である。

8　**【解き方】２人が500円使う前後で，２人の金額の差は変わらないことを利用する。**
ともきさんとゆたかさんが初めに持っていた金額の比は３：２，500円ずつ使った後の金額の比は７：３である。
それぞれの比の数の差３－２＝１と７－３＝４をこれらの最小公倍数４になるように比の数を合わせると，
(３×４)：(２×４)＝12：８，(７×１)：(３×１)＝７：３となる。ともきさんの比の数の差12－７＝５が500円

にあたるから，初めにともきさんが持っていた金額は $500\times\frac{12}{5}$ ＝**1200**(円)である。

9　21 kmの道のりを時速 4 kmで歩くと，21÷ 4 ＝5.25(時間)より，(5.25×60)分＝315 分かかる。同じ道のりを歩く速さはかかる時間に反比例するから，求める速さは，$4\times\frac{315}{315-15}$ ＝4.2 より，時速 **4.2 km**である。

10　**【解き方】おうぎ形ＡＯＢとおうぎ形ＣＯＤの中心の角度の大きさをそれぞれａ，ｂとすると，曲線ＡＢと曲線ＣＤの長さが等しいとき，ａ：ｂはそれぞれのおうぎ形の直径の比の逆比になる。**

おうぎ形ＡＯＢの直径は 7.5× 2 ＝15(cm)，おうぎ形ＯＣＤの直径は 5 × 2 ＝10(cm)だから，直径の比は 15：10＝3：2である。よって，ａ：ｂ＝２：３である。したがって，求める面積は半径５cmの半円の面積の $\frac{2}{2+3}=\frac{2}{5}$ だから，$5\times5\times3.14\times\frac{1}{2}\times\frac{2}{5}$ ＝**15.7**(cm²)

11　**【解き方】右図のように補助線を引いて考える。**

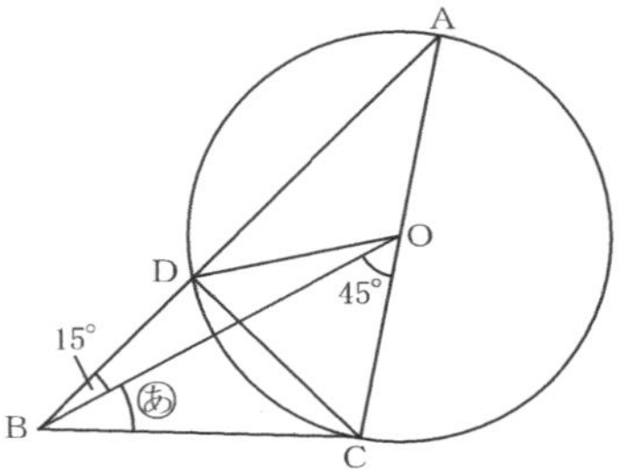

三角形の１つの外角は，これととなり合わない２つの内角の和に等しいから，角ＯＡＢ＝角ＢＯＣ－角ＡＢＯ＝45°－15°＝30°

ＯＡ＝ＯＤより，三角形ＯＡＤは二等辺三角形だから，

角ＡＤＯ＝角ＯＡＤ＝30°

三角形の１つの外角は，これととなり合わない２つの内角の和に等しいから，角ＢＯＤ＝角ＡＤＯ－角ＤＢＯ＝30°－15°＝15°

よって，三角形ＤＢＯはＤＢ＝ＯＤの二等辺三角形である。

また，角ＣＯＤ＝45°＋15°＝60°，ＯＣ＝ＯＤより，三角形ＯＤＣは正三角形だとわかる。

したがって，角ＣＤＢ＝180°－角ＡＤＣ＝180°－(30°＋60°)＝90°，ＤＢ＝ＯＤ＝ＤＣより，

三角形ＤＢＣは直角二等辺三角形だから，角㋐＝45°－15°＝**30°**

12　**【解き方】底面が右図の直角二等辺三角形と長方形を合わせた図形であり，高さが 10 cmの角柱の体積を考えればよい。**

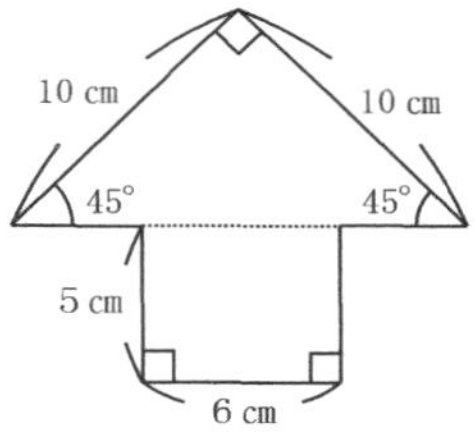

角柱の底面積は，10×10÷ 2 ＋ 5 × 6 ＝50＋30＝80(cm²)だから，求める体積は

80×10＝**800**(cm³)である。

(三)　**【解き方】１個目のお菓子を①，２個目のお菓子を②，…のように表す。また，お菓子を６個箱に入れると，最初の入れ方に戻るので，６個(３箱)で１セットとして考える。**

1　13÷ 6 ＝ 2 余り 1 より，⑬は 3 セット目の 1 個目である。よって，3 × 2 ＋ 1 ＝**7**(箱目)に入る。

2　2023÷ 6 ＝337 余り 1 より，(2023)は 338 セット目の 1 個目である。よって，不良品が入っているのは，3 ×337＋ 1 ＝**1012**(箱目)である。

(四)

1　展開図上の長方形ＤＨＥＡで，解答例のようにＤとＥを線で結べばよい。また，この線とＣＧ，ＢＦとの交点がそれぞれＰ，Ｑとなる。

2　**【解き方】問題中の図からＤ→Ｐ→Ｑ→Ｅの線とＣ→Ｒ→Ｅの線の交点は平面ＤＨＧＣ上にあるとわかる。三角形ＣＤＲと三角形ＣＴＳの辺の長さの比から右図のＴＳを求める。**

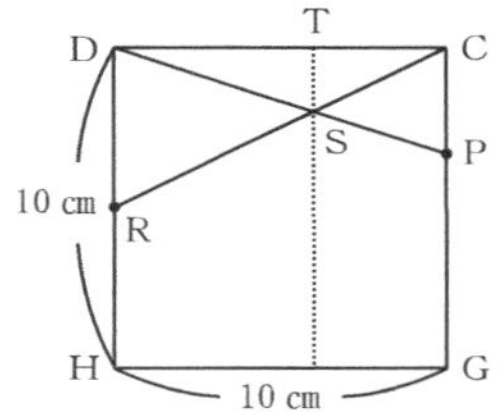

1の展開図より，ＣＰ＝$\frac{1}{3}$ＣＧであり，ＲはＤＨの中点を通るから，

ＤＲ＝$\frac{1}{2}$ＤＨである。

また，ＤＨとＣＧは平行だから，三角形ＳＤＲと三角形ＳＰＣは形が同じで

大きさが異なる三角形であり，辺の長さの比は，ＤＲ：ＰＣ＝$\frac{1}{2}$：$\frac{1}{3}$＝３：２より，ＳＲ：ＳＣ＝３：２である。
ＤＲとＴＳは平行だから，三角形ＣＤＲと三角形ＣＴＳは形が同じで大きさが異なる三角形であり，辺の長さの比はＣＲ：ＣＳ＝(３＋２)：２＝５：２となるので，ＴＳ＝$\frac{2}{5}$ＤＲ＝$\frac{2}{5}\times\frac{1}{2}$ＤＨ＝２(cm)
したがって，求めるＳの高さは10－２＝**8**(cm)である。

(五)

１　【解き方】太郎さんとお兄さんの間の道のりは，１分間に240－80＝160(m)だけ縮まる。
太郎さんは家を出て６分後，家から80×６＝480(m)離《はな》れた地点にいる。よって，お兄さんは480÷160＝**3**(分後)に太郎さんに追いつく。

２　【解き方】お兄さんがおばあさんの家に到着《とうちゃく》したとき，太郎さんはおばあさんの家から80×４＝320(m)離れたところにいる。
お兄さんと太郎さんが同じ地点から同時に出発したとき，２人の間の道のりが320mになるのは，出発してから320÷160＝２(分後)である。よって，お兄さんは３＋２＝５(分間)移動したことになるから，おばあさんの家は太郎さんの家から240×５＝**1200**(m)離れたところにある。

(六)

１　２色のガラス板は，長さ10cmの辺をそれぞれ縦または横につなげれば１辺の長さが20cmの正方形ができる。よって，２枚のガラス板を組み合わせてできる模様は右図の**4**とおりある。

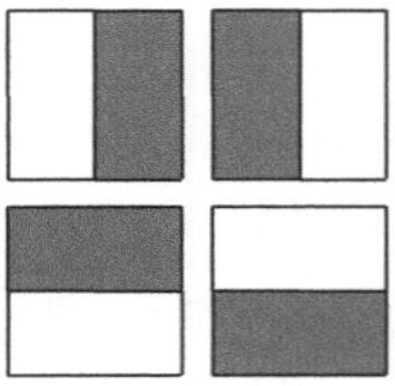

２　①のガラス板のはめ方４とおりそれぞれに対し，②のはめ方は４とおりある。
また，③のはめ方も４とおりあるから，窓わく全体では４×４×４＝**64**(とおり)ある。

2022 解答例 令和4年度 新田青雲中等教育学校

《国　語》

(一)　1．㋐はんのう　㋑調理　㋒証明　㋓品種　㋔けいか　2．a．イ　b．ウ　3．イ　4．光／空気　5．(1)バナナやリンゴの実を真っ暗な中で切り、光を当てないで置いたり、切った後にラップをしたりして、切り口の色が変わったか変わらなかったかを比べるという方法。　(2)エ　6．イ　7．バナナやリンゴの切り口が、黒褐色になること。　8．④ア　⑤エ　9．皮に傷をつけたところだけ切り口が空気に触れて、ポリフェノール酸化酵素がはたらくので、時間が経つと、皮のポリフェノールが黒褐色に変色するから。　10．ア

(二)　1．㋐ゆげ　㋑混　㋒荷物　㋓閉　㋔お　2．A．ウ　B．エ　C．イ　D．ア　3．する　4．煮えたぎる～に傾ける。　5．お湯はとろとろとまろやかな音に聴こえ、水はキラキラと硬く澄んだ音に聴こえるというちがい。　6．あ．若い葉が雨をはね返す　い．元気　う．葉っぱが枯れてしまった　え．淋しげ　7．おっしゃる　8．イ　9．ア　10．頭をペンチ～激しい痛み　11．イ　12．エ　13．⑬イ　⑭オ　14．(1)遠い場所の焚き火を思わせる、スーッとした清潔な感じがする炭の匂い。　(2)ウ　15．ア　16．ウ

《算　数》

(一)　1．55　2．7　3．18　4．1　5．2022

(二)　1．②　2．28　3．650　4．4　5．11　6．16　7．19　8．40　9．180　10．105　11．5.5　12．114.2

(三)　1．①4　②2　③1024　④2　※2．0

※(四)　1．72　2．156

※(五)　1．64　2．26.25

※の式は解説を参照してください。

《理　科》

(一)　1．エ　2．①二酸化炭素　②地球温暖化〔別解〕集中ごう雨　3．イ　4．20　5．ウ　6．(1)①ア　②イ　③火のついたマッチや線香を近づける。　(2)エ

(二)　1．500　2．5　3．右グラフ　4．60　5．30　6．ウ

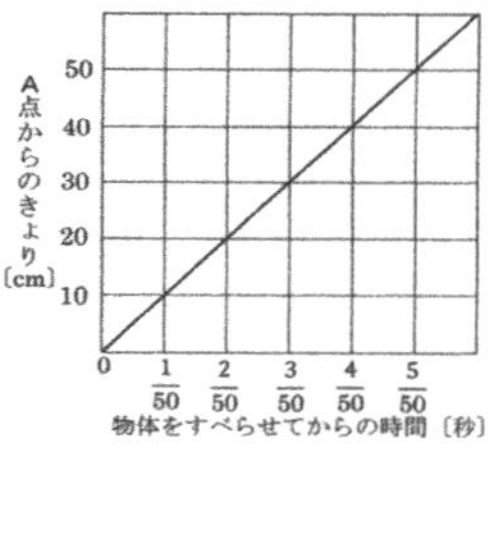

(三)　1．100　2．200　3．80　4．150　5．①ウ　②300

(四)　1．体を支える。／肺や心ぞうなどを守る。などから1つ　2．イ　3．骨と骨のつなぎ目　4．ウ　5．エ，オ　6．ノートパソコン／メガネ／ドア／折りたたむタイプのけい帯電話　などから1つ

(五)　1．水じょう気　2．水じょう気　3．沸とう　4．①イ　②ア，オ　③イ　④ウ　5．砂糖　6．ビーカーⅠ

(六)　1．全長が短いのに河川の高さが高いため，川の水の流れが速いこと。　2．①速く／しん食　②ア　3．①エ　②川底をほる。／水深を深くする。／てい防をつくる。／てい防を丈夫なものにする。などから1つ

《社　会》

(一)　1．(W)原爆　(X)生産調整　(Y)アイヌ　(Z)輪中　　2．記号…あ　名前…北海道　　3．あ，う
4．記号…お　名前…広島県　　5．赤石山脈　　6．エ

(二)　1．①地球温暖化の原因となる，二酸化炭素の排出の少ない社会にするため。　② 
2．①アメリカ合衆国　②バイデン大統領　③パリ　④ウ

(三)　1．A．ウ　B．ア　C．エ　D．イ　　2．東海道新幹線　　3．エ　　4．ア　　5．ウ　　6．朝鮮出兵　7．書院造　　8．一所懸命　　9．真名とは漢字のことで，日本の政治の制度は中国から取り入れたものなので，公的な文書には真名を使って文章を書いたから。　　10．名前…鑑真　役割…ウ　　11．ウ　　12．大和朝廷の大王の支配が熊本から埼玉まで及んでいたということ。　　13．集落を二重に取り巻く堀やさく
14．貝塚　　15．縄文時代

(四)　1．①あ．公共の福祉　い．文化的　②B，F　③ア　④一票　⑤違憲立法(の)審査　　2．①ＳＤＧｓ
②第９条　③ツバル　④グリーンマーク　⑤ウ　⑥レジ袋

←解答例は前のページにありますので，そちらをご覧ください。

(一)

1　与式＝4×15－5＝60－5＝55

2　与式＝$(\frac{3}{6}+\frac{2}{6})\div(\frac{3}{6}-\frac{2}{6})\times\frac{7}{5}=\frac{5}{6}\div\frac{1}{6}\times\frac{7}{5}=\frac{5}{6}\times6\times\frac{7}{5}=7$

3　与式＝$\frac{18}{10}\times7+\frac{12}{10}\times6-\frac{12}{10}\times\frac{15}{10}=\frac{63}{5}+\frac{36}{5}-\frac{9}{5}=\frac{90}{5}=18$

4　与式＝$\frac{11}{25}\times\{\frac{1}{5}\div\frac{3}{10}+(\frac{1}{4}-\frac{1}{6})\times7\}+\frac{45}{100}=\frac{11}{25}\times\{\frac{1}{5}\times\frac{10}{3}+(\frac{3}{12}-\frac{2}{12})\times7\}+\frac{9}{20}=\frac{11}{25}\times(\frac{2}{3}+\frac{7}{12})+\frac{9}{20}=$
$\frac{11}{25}\times(\frac{8}{12}+\frac{7}{12})+\frac{9}{20}=\frac{11}{25}\times\frac{15}{12}+\frac{9}{20}=\frac{11}{20}+\frac{9}{20}=1$

5　与式より，$\frac{50}{337}+\frac{37}{\square}=1\div6$　$\frac{37}{\square}=\frac{1}{6}-\frac{50}{337}$　$\frac{37}{\square}=\frac{337}{2022}-\frac{300}{2022}$　$\frac{37}{\square}=\frac{37}{2022}$　よって，□＝2022

(二)

1　1日＝24時間＝(24×60)分＝(24×60×60)秒＝86400秒だから，秒速10mで進むと，1日で$\frac{10\times86400}{1000}$＝864(km)進む。よって，求める日数は，380000÷864＝439.8…より，およそ440日(②)である。

2　12の約数は，1，2，3，4，6，12だから，すべて足して，1＋2＋3＋4＋6＋12＝28

3　□円の$1+\frac{2}{10}=\frac{12}{10}$(倍)が780円だから，□＝$780\div\frac{12}{10}=780\times\frac{10}{12}=650$

4　**【解き方】子どもの年れいの和の2倍は現在21×2＝42(才)で，1年ごとに3×2＝6(才)増える。両親の年令の和は現在58才で，1年ごとに2才増える。これらが等しくなる年を求める。**

現在，「子どもの年れいの和の2倍」と「両親の年令の和」の差は58－42＝16(才)で，1年ごとに6－2＝4(才)ちぢまるから，16÷4＝4(年後)に等しくなる。

5　**【解き方】和の組み合わせより積の組み合わせの方が少ないことが多いので，積の組み合わせから考えるとよい。**

143を2つの整数の積で表すと，1×143，11×13の2通りで，和が24であることから，2つの整数は，11と13とわかる。よって，小さいほうの整数は11である。

6　**【解き方】使う10円硬貨《こうか》の枚数を3枚，2枚，1枚，0枚のときで場合わけをして，合計金額《きんがく》が30円になるときを考える。5円硬貨1枚は1円硬貨5枚に両替《りょうがえ》できる。**

10円硬貨が3枚のときは1通り。10円硬貨が2枚のときは，残りの10円分について，5円硬貨を2枚，1枚，0枚使う場合の3通り。10円硬貨が1枚のときは，残りの20円分について，5円硬貨を4枚，3枚，2枚，1枚，0枚使う場合の5通り。10円硬貨が0枚のときは，30円分について，5円硬貨を6枚，5枚，4枚，3枚，2枚，1枚，0枚使う場合の7通り。よって，全部で，1＋3＋5＋7＝16(通り)ある。

7　**【解き方】つるかめ算を用いる。**

りんごを29個買ったとすると，合計金額は100×29＝2900(円)になり，実際より2900－2520＝380(円)高くなる。りんご1個をみかん1個におきかえると，合計金額は100－80＝20(円)安くなるから，求めるみかんの個数は，380÷20＝19個)である。

8　まさるさんの方が先に学校に着くから，2人がはじめてすれちがうのは，学校を折り返して駅に向かうまさるさんと，学校に向かうようこさんが出会うときである。2人が出発してからすれちがうまでに進んだ道のりの合計が2240×2＝4480(m)になるから，求める時間は，4480÷(64＋48)＝40(分後)である。

9　右図のように，同じ長さの辺を動かす。求める長さは，たてが5×3＋10＋15＝40(cm)，横が5＋30＋10＝45(cm)の長方形のまわりの長さと，5cmの辺2本分の長さの和だから，(40＋45)×2＋5×2＝180(cm)

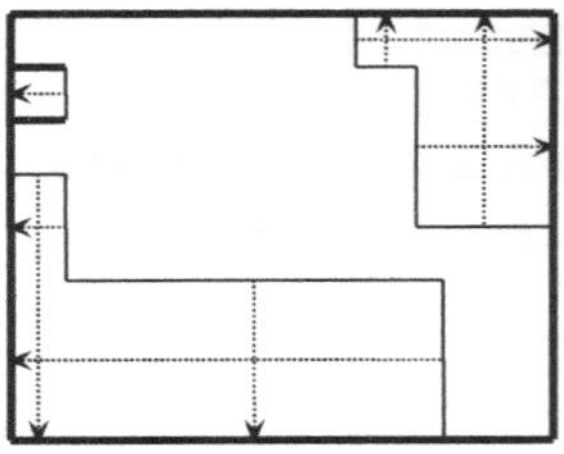

10　右図のように記号をおく。三角形CDEは二等辺三角形で，角ECD＝90−60＝30(度)だから，角CDE＝(180−30)÷2＝75(度)　角ADB＝90−75＝15(度)であり，三角形の1つの外角は，これととなりあわない2つの内角の和に等しいから，三角形ABDについて，角あ⃝＝角ADB＋角BAD＝15＋90＝105(度)

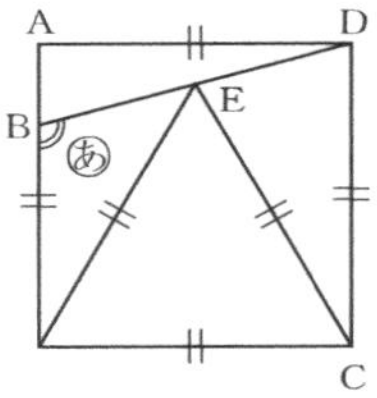

11　**【解き方】右のように作図する。同じ記号をつけた角の大きさは等しく，1辺が5cmの正方形のまわりにある4つの三角形は合同な直角三角形である。**

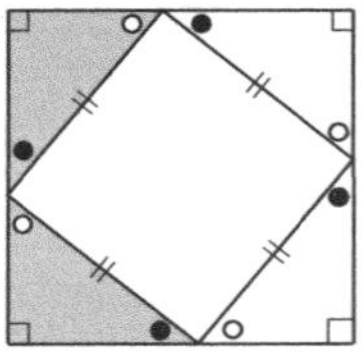

合同な三角形の対応する辺の長さは等しいから，外側の四角形は1辺が6cmの正方形とわかる。よって，求める面積は，1辺6cmの正方形から1辺5cmの正方形をのぞいた面積の半分なので，(6×6−5×5)÷2＝5.5(cm²)

12　立体は，2辺の長さが2cmの直角二等辺三角形を底面とする三角柱と，底面の半径が2cmの円柱の$1-\frac{90}{360}=\frac{3}{4}$を合わせた形だから，求める体積は，$2\times2\div2\times10+2\times2\times3.14\times10\times\frac{3}{4}=20+94.2=114.2$(cm³)

(三)

1　4÷7＝0あまり4より，①＝4　　16÷7＝2あまり2より，②＝2
③＝2×2×2×2×2×2×2×2×2×2＝1024　　1024÷7＝146あまり2より，④＝2

2　**【解き方】数の段は，2，4，8，16，32，64，…となるから，7で割ったときのあまりは，2，4，1，2，4，1，…のように，2，4，1という3つの数がくり返される。**

2＋4＋1＝7より，3つのあまりを足すと7で割りきれる数になるから，数を1番目から3個ずつ区切ると，それぞれの和は，2＋4＋8＝14，16＋32＋64＝112，…のように7で割り切れる数になる。
2022÷3＝674より，1番目から2022番目までの数を3個ずつ区切り和を求めると，7で割り切れる数が674個できる。よって，1番目から2022番目までの数の和は7の倍数の和だから，7で割り切れてあまりは0になる。

(四)

1　**【解き方】直方体(あ⃝＋い⃝)と直方体(い⃝＋う⃝)は底面積が等しいから，体積の比は高さの比と等しく，7：8である。体積の差と比に注目すると体積が求められる。**

直方体(あ⃝＋い⃝)の体積を⑦，直方体(い⃝＋う⃝)の体積を⑧とすると，2つの直方体の体積の差は，直方体あ⃝と直方体う⃝の体積の差と等しいから，⑧−⑦＝①が120−96＝24(cm³)にあたる。よって，直方体(い⃝＋う⃝)の体積は，24×8＝192(cm³)で，直方体い⃝の体積は，192−120＝72(cm³)

2　**【解き方】AとBを通る面で，直方体い⃝は半分に切りわけられる。**

②の体積は，直方体い⃝の半分の体積と直方体う⃝の体積の和だから，72÷2＋120＝36＋120＝156(cm³)

(五)

1　(歯の数)×(回転数)がそれぞれの歯車で等しい。歯車Aの歯の数が56のとき，(歯の数)×(回転数)は，56×8になるから，歯車Cの歯の数は，56×8÷7＝64

2　回転数の比は，A：C＝8：7，B：C＝6：1である。B：Cの比に7をかけると，B：C＝(6×7)：(1×7)＝42：7となるから，A：B：C＝8：42：7である。よって，歯車Bの回転数は歯車Aの回転数の$\frac{42}{8}=\frac{21}{4}$(倍)だから，歯車Aが5回転するとき，歯車Bの回転数は，$5\times\frac{21}{4}=26.25$(回転)

2021 解答例 令和３年度 新田青雲中等教育学校

《国　語》

(一)　1．㋐おぎな　㋑せいせい　㋒推察　㋓特許　㋔明快〔別解〕明解　2．イ　3．ウ　4．ウ
5．ア　6．イ　7．得意なこと…限られた枠～<u>答えを出す</u>（下線部は<u>出すような</u>でもよい）
不得意なこと…枠組みその～いを考える　8．特定の状況からパターンを読み解き、法則性を見つけ出す分野。
9．ウ　10．ア　11．イ　12．ウ

(二)　1．㋐深刻　㋑そそ　㋒温　㋓貿易　㋔熟知　2．A．イ　B．ア　3．④ごらんになって〔別解〕見られて　⑩いらっしゃる　4．ウ　5．イ　6．亡くなったはずの夫から手紙が届くため、妻である私を家に帰してほしいという内容。　7．ア　8．エ　9．無愛想な男　10．自分や姉のことを心配したり、家族への愛情を示したりした内容の手紙。　11．イ　12．エ　13．エ

《算　数》

(一)　1．71　2．6　3．56　4．4　5．7

(二)　1．③　2．264　3．6　4．38　5．12　6．3　7．400　8．540　9．12
10．96　11．11.42　12．18

※(三)　1．箱B，箱C　2．21

※(四)　1．30　2．8098

※(五)　1．5　2．44

※の式は解説を参照してください。

《理　科》

(一)　1．イ　2．エ　3．ウ，エ，オ　4．エ　5．最も強い…エ　最も弱い…ア　6．①ア　②エ
7．イ　8．①カ　②イ，エ，オ

(二)　1．105　2．C　3．①イ　②12　4．6　5．3

(三)　1．A．ちっ素　B．酸素　C．二酸化炭素　2．①夏　②光合成　3．①オ　②水

(四)　1．ウ　2．①記号…ア　名前…接がんレンズ　②スライドガラス　③記号…エ　名前…調節ねじ
3．ビオトープ〔別解〕バイオトープ　4．水中の小さな生物がメダカのえさとなり，また，池にはえる藻などがタニシのえさになるから。

(五)　1．b　2．H　3．西　4．イ

(六)　1．18　2．50　3．木片がすべるきょりはおもりをはなす高さが高いほど長くなる。　4．右グラフ　5．おもりをはなす高さで決まる／等しい／変わらない　などから１つ

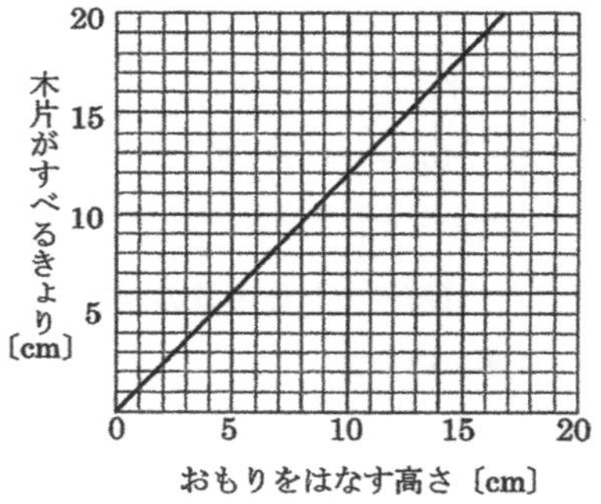

(七)　1．C・5　2．C・6　3．E・6　4．C・3
5．くつ下…B・6　ハンカチ…C・1／くつ下…A・6
ハンカチ…E・1　などから１つ

《社　会》

（一）　1．①D．きゅうり　E．さとうきび　②抑制栽培　記号…E　③イ　④エ　　2．①イ　②12　③島が多い上に海岸線が入り組んでいるから。　④エ　　3．①あ．コロナ　い．持続可能　②ウ　③風力発電／太陽光発電／地熱発電／潮力発電 などから１つ　④　⑤イ

（二）　1．ア　　2．前方後円墳　　3．皇族や貴族による土地と人民の支配を，国家の直接支配にしようとした。
4．エ　　5．イ　　6．ウ→ア→イ　　7．ウ　　8．エ　　9．記号…a　言葉…足利義政
10．記号…d　人物名…歌川広重　　11．エ

（三）　1．エ　　2．満25歳以上の男子　　3．ウ　　4．ウ

（四）　1．①関ヶ原の戦い　②エ　③ウ　　2．①イ　②エ　③ウ　④エ　　3．①ア　②ア　　4．①リアス海岸　②ア　　5．６つの地方のうち九州地方以外は，中心都市のある都道府県の人口減少が最も小さいことから，産業が多く生活に便利な都市部に人口が集中し，産業の少ない地方の人口減少の割合が高いといえる。このまま人口が減少すると，公共機関や公共交通が廃止されて，地方の社会の維持が困難になる可能性がある。だから，人が地方に留まりたくなるよう，産業を活発にしたり，生活するのに便利になるようにしたりすればいいと思う。

【算数の解説】

（一）

1　与式＝91－40÷２＝91－20＝71

2　与式＝$(\frac{3}{2}-\frac{1}{6})\times4+\frac{2}{3}=(\frac{9}{6}-\frac{1}{6})\times4+\frac{2}{3}=\frac{8}{6}\times4+\frac{2}{3}=\frac{16}{3}+\frac{2}{3}=6$

3　与式＝0.7×８×７＋0.7×４×12－８×0.7×３＝0.7×(56＋48－24)＝0.7×80＝56

4　与式＝$(5-\frac{4}{3}\times\frac{6}{10})\div\frac{28}{10}+(\frac{65}{10}+\frac{9}{4})\times\frac{2}{7}=(5-\frac{4}{5})\times\frac{10}{28}+(\frac{130}{20}+\frac{45}{20})\times\frac{2}{7}=\frac{21}{5}\times\frac{10}{28}+\frac{175}{20}\times\frac{2}{7}=\frac{3}{2}+\frac{5}{2}=4$

5　与式より，$\frac{2020}{50-□}=47-\frac{1}{43}$　　$\frac{2020}{50-□}=\frac{2021-1}{43}$　　$\frac{2020}{50-□}=\frac{2020}{43}$　　50－□＝43　　□＝50－43＝７

（二）

1　一筆書きできるかどうかは右のように確認することができる。奇数の頂点は，①には２個，②には０個，③には４個，④には２個だから，一筆書きできないものは③である。

一筆書きできるかどうかの確認のしかた
(ⅰ)それぞれ頂点について，出ている線の数が奇数《きすう》か偶数《ぐうすう》かを調べる。
(ⅱ)線の数が奇数の頂点が０個なら，一筆書きできる。
　一筆書きすると出発点と終着点が同じになる。
(ⅲ)線の数が奇数の頂点が２個なら，一筆書きできる。
　一方の奇数の頂点から出発して，もう一方の奇数の頂点に着くことになる。
(ⅳ)以上の条件にあてはまらなければ，一筆書きできない。

2　読んだページ数と全部のページ数の比は，11：(11＋13)＝11：24だから，本のページ数は全部で，$121\times\frac{24}{11}=264$(ページ)

3　10から30までの素数は，11，13，17，19，23，29の６個である。

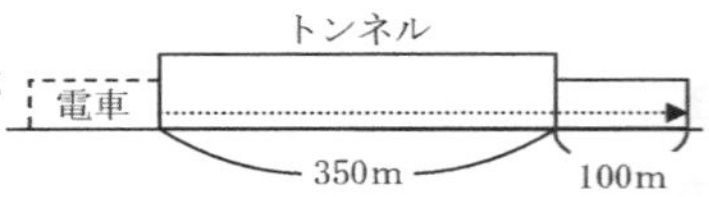

4　電車の先頭がトンネルの入り口にさしかかったときから，電車の最後尾《さいこうび》がトンネルの出口を出たときまで(右図参照)に18秒で，この間に電車の先頭は350＋100＝450(m)進んだのだから，電車の速さは，秒速(450÷18)m＝秒速25m　よって，850mのトンネルを通過するのにかかる時間は，(850＋100)÷25＝38(秒)

5　**【解き方】仕事量の合計を４と６の最小公倍数の 12 として，それぞれが１日で行う仕事量を計算すればよい。**
仕事量の合計を12とすると，なおやさんとひろみさんの２人が１日で行う仕事量は12÷４＝３，なおやさんが１日で行う仕事量は12÷６＝２だから，ひろみさんが１日で行う仕事量は，３－２＝１である。よって，ひろみ

さんだけで仕事をすると，12÷１＝12(日)かかる。

6　**【解き方】一の位の数だけを考えればいいので，13 を何回かかけ合わせていくとき，計算結果の一の位だけに 13 の一の位の 3 をかけることをくり返し，一の位のきまりを見つける。**

一の位の数は，13→３×３＝9→９×３＝27→７×３＝21→１×３＝3→…，と変化するので，３，９，７，１という４つの数がくり返される。2021 回かけると，2021÷４＝505 あまり１より，３，９，７，１が 505 回くり返されたあとの次の数になるので，一の位の数は３になっている。

7　**【解き方】同じ数の箱に，みかんを 12 個ずつ入れるとみかんは 12－４＝８(個)たりなくて，20 個ずつ入れると 20×14＝280(個)たりない。これを利用して，箱の数を求めることができる。**

１箱あたりに入れるみかんの個数が 20－12＝８(個)増えると，たりないみかんの個数は 280－８＝272(個)増えるから，箱の数は，272÷８＝34(箱)とわかる。よって，求めるみかんの個数は，20×(34－14)＝400(個)である。

8　消費税ぬきの本の値段の 10－８＝２(%)が９円だから，消費税ぬきの本の値段は，９÷0.02＝450(円)である。よって，消費税が 20%になると，この本は，450×(１＋0.2)＝540(円)になる。

9　**【解き方】文字盤の 12 と 1 の間の角度は 30°で，30°と短針が進んだ角度の和は，長針が進んだ角度の$\frac{1}{2}$になる。**

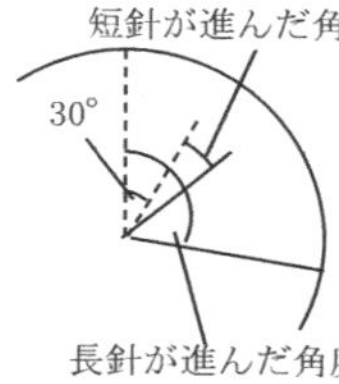

１分で，長針は 360°÷60＝６°，短針は(360°÷12)÷60＝0.5°進むから，同じ時間で，長針と短針が進む角度の比は，６：0.5＝12：１である。12 時の方向と長針の作る角度を短針が２等分するときまで，長針が進んだ角度を⑫，短針が進んだ角度を①とすると，30°＋①＝⑫×$\frac{1}{2}$となるから，30°＋①＝⑥より，30°は⑥－①＝⑤にあたる。

よって，⑫＝30°×$\frac{12}{5}$＝72°で，長針は 72÷６＝12(分)進んだとわかるから，求める時刻は，１時 12 分である。

10　底面は直角をはさむ辺が４cmと６cmの直角三角形で，高さは，12－４＝８(cm)の三角柱だから，体積は，４×６÷２×８＝96(cm³)

11　**【解き方】直角三角形とおうぎ形２つにわけて，面積を求める。**

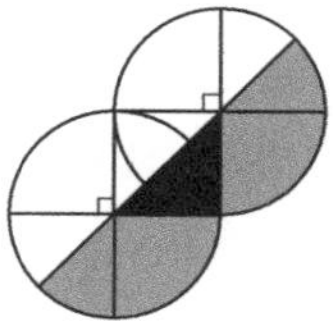

右図の黒い部分は，直角をはさむ辺が２cmの直角二等辺三角形で，おうぎ形２つを合わせると，半径が２cmの円の$\frac{3}{4}$になるから，求める面積は，２×２÷２＋２×２×3.14×$\frac{3}{4}$＝２＋9.42＝11.42(cm²)

12　**【解き方】図ⅰのように，線対称な五角形を二等辺三角形に変えて，図ⅱのように並べて輪をつくるときに何枚必要かを考える。**

図ⅰ

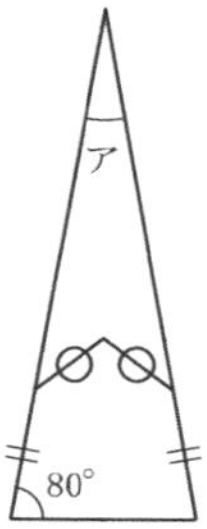

図ⅱ

図ⅰのアの角度は，180°－80°×２＝20°

図ⅱで輪をつくるのに必要な二等辺三角形は，360÷20＝18(枚)

よって，求めるタイルの枚数は 18 枚である。

(三)

1　箱Ｃは個数が変わらなかったから，出した個数と入ってきた個数が同じである。よって，はじめの箱Ｃの$\frac{1}{3}$の個数と，はじめの箱Ｂの$\frac{1}{3}$の個数は同じで，箱Ｂと箱Ｃにはじめに入っていた個数は同じとわかる。

2　箱Ｃの個数は，はじめの箱Ｂの個数と同じだから，お菓子をうつしたあと，箱Ｂの個数は，はじめより３個多くなった。入ってきた個数(はじめの箱Ａの$\frac{1}{3}$の個数)が出した個数(はじめの箱Ｂの$\frac{1}{3}$の個数)より３個多かったから，はじめの箱Aの個数は，はじめの箱Bの個数より３×３＝９(個)多い。はじめの箱Aと箱Bに入っていた個数の合計は 39 個だから，はじめ入っていた個数は箱Aが(39＋９)÷２＝24(個)，箱Bが 39－24＝15(個)，箱Cが 15 個である。よって，お菓子をうつしたあとの箱Aに入っている個数は，$24-24\times\frac{1}{3}+15\times\frac{1}{3}=21$(個)

(四)

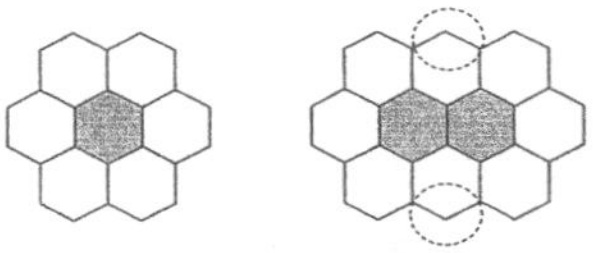

１　**【解き方】周りの長さは，黒の正六角形が１個増えると，右図の点線で囲んだ部分が増えるから，上下合わせて４cmずつ増えていく。**

周りの長さは黒の正六角形が１個のとき 18 cm，２個のとき 18＋４＝22(cm)，３個のとき，18＋４×２＝26(cm)，４個のときは，18＋４×３＝30(cm)である。

２　**【解き方】１より，黒の正六角形が□個のとき，周りの長さは，18＋４×(□－１)(cm)になるとわかる。**

黒の正六角形が 2021 個のときの周りの長さは，18＋４×(2021－１)＝8098(cm)

(五)

１　５分までの管A，Bについて，水が入る場合は＋，出る場合は－，閉じている場合は０で右のように表し，グラフと合わせると，３分から４分の間のグラフは水平で，４分から５分まではグラフが下がっているとわかる。４分から５分の間は，管Bだけ開いていて，１分間で，20－15＝５(L)の水が出たから，管Bから出る水の量は毎分５Lである。

0　1　2　3　4　5 (分)

A	＋	＋	＋	0	0
B	－	－	0	0	－

２　**【解き方】管Aは６分ごと，管Bは４分ごとに同じ動作をくり返す。６と４の最小公倍数は 12 だから，12 分を１つの周期として，水そうの水の量を考える。**

はじめの３分間で管Bから出た水は５×２＝10(L)で，３分で水そうの水は 20 Lになったから，管Aから入った水は 20＋10－９＝21(L)である。よって，管Aから入る水は，毎分 21÷３＝７(L)である。12 分を１つの周期として水そうの水の量を右の表に表す。

0　1　2　3　4　5　6　7　8　9　10　11　12 (分)

管A(L)	7	7	7	0	0	0	7	7	7	0	0	0
管B(L)	5	5	0	0	5	5	0	0	5	5	0	0
水そう(L)	11	13	20	20	15	10	17	24	26	21	21	21

12 分で水そうの水は 21－９＝12(L)増えて，水が最も多くなるのは１つの周期が終わる３分前であることがわかる。周期を４回くり返すと，水そうの水は，９＋12＋12＋12＋12＝57(L)になり，この３分前は 57＋(26－21)＝62(L)で，さらに１分前に 62－(26－24)＝60(L)になる。よって，求める時間は，同時に管を開けた，12×４－(３＋１)＝44(分後)である。

新田青雲中等教育学校

《国　語》

(一)　1．①こころざ　②ゆうし　③りょじょう　④ね　⑤へいか　2．①異　②半径　③縮尺　④達筆　⑤敬　3．①支　②功　③有　④和　⑤公　4．①オ　②ウ　③キ　④カ　⑤ア　5．①イ　②ア　③ウ　④イ　⑤エ　6．①ア，イ，ウ　②ア→ウ→イ→エ

(二)　1．イ　2．正岡子規　3．柱になった ～ ているため　4．抗菌物質を木材の中央に貯めて、身をかたくして外敵から身を守り、水や栄養分を通していた導管や師管をふさぎ、水が染み込んで内側から腐ることを防ぐ役割。　5．ウ　6．ア　7．木は春から夏にかけては旺盛な成長を繰り返すが、秋から冬になると成長が停滞し、その部分が線のようになって、一年に一つずつ年輪が作られていくから。　8．ア．○　イ．○　ウ．×　エ．×　9．エ

(三)　1．A．イ　B．エ　2．ウ　3．飛んで結果を出すたび、周りは自分を天才だと評価して、自分から遠ざかっていくように感じたから。　4．③エ　④ア　5．イ　6．ア　7．エ　8．ウ
9．さつきのジャンプが近い将来、自分に追いつくという指摘をおじさんたちから聞きたくなかったから。
10．ア　11．ウ

《作　文》

(例文)

私は、相手にとって一番良いことは何かを考えることが思いやりだと考えます。なぜなら、良かれと思ってしたことが、相手にとって迷わくになる可能性があるからです。

白いつえを持って歩いている視覚障害者がいました。車道に近い所を歩いていたので、私はとっさにその人のうでをつかんで、「もっと左に寄ったほうがいいですよ。」と言いました。すると、「ありがとう。でも、いきなりうでをつかむのではなく、先に声をかけてほしかったな。」と言われました。たしかに、自分が見えない方向からいきなり体をつかまれたら、とてもおどろきます。びっくりしてつまずくかもしれません。親切のつもりでも、かえって危険をもたらすことがあるので、気を付けなければいけないと思いました。

この経験から、相手の立場になって想像することの大切さを実感しました。親切が独りよがりにならないように、人の気持ちをよく考えて行動したいと思います。

《算　数》

(一)　1．59　2．1　3．17　4．256　5．2

(二)　1．③　2．1000　3．127　4．4.8　5．150　6．6　7．37　8．250　9．19　10．60　11．48.84　12．2

(三)　1．1727　2．3925

(四)　1．○○○●○●○　※2．●●●●○○○

(五)　1．32　2．800

(六)　1．16，30　2．C，8400

※の式は解説を参照してください。

《理　科》

(一)　1．イ　2．エ　3．ウ　4．エ　5．20　6．ウ，オ　7．ア　8．イ

(二)　1．［グループ／理由］［ア，ウ，エ／葉脈があみ目状だから。］，［イ，オ／葉脈が平行だから。］　2．エ
3．イネ，ソバ，ゴマ，エンドウマメ　などから１つ　4．光合成

(三)　1．①集め方…水上置かん法　図…右図　②エ，オ　③250　④30
2．①名前…食塩〔別解〕塩化ナトリウム　記号…ア
②水酸化ナトリウム　③７

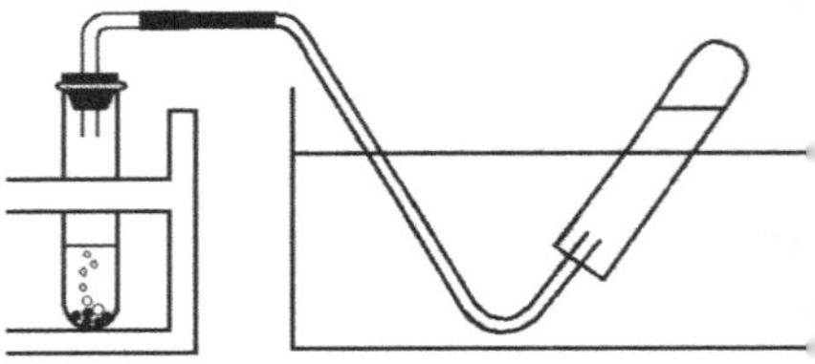

(四)　1．ウ，オ，カ　2．ア，エ　3．a
4．白い粉…ア　白いけむり…イ　5．８

(五)　1．火山がふん火したと考えられる。　2．角ばっている。／とう明なつぶがある。などから１つ　3．イ
4．ウ　5．北東

(六)　1．①150　②20　2．①300　②120　3．①250　②400　③200

(七)　1．A．直列　B．並列　2．①イ　②ウ　3．図３　4．①ア，エ，カ　②イ　③ウ

《社　会》

(一)　1．(X)台風　(Y)梅雨　2．お　3．記号…う　理由…夏は南東から湿った季節風が吹き，冬は北西から乾燥した季節風が吹くため。　4．記号…え　名前…長野県　5．ウ

(二)　1．①(あ)ウ　(い)ア　(う)イ　②中国産は低い人件費で大量に生産しているため，国産に比べて価格が安い。
③ウ　④等高線　2．①エ　②A．イ　B．ウ　C．ア　③加工貿易　④エ　⑤プーチン大統領

(三)　1．①大日本帝国憲法　②法律の範囲内で認められていた。　2．①御成敗式目　②執権　③イ　④ウ
3．①武家諸法度　②大名に経済的な負担を負わせて，力を落とさせるため。　③エ　④ア，ウ
4．①大宝律令　②唐　5．D→B→C→A

(四)　1．ウ　2．ア，エ　3．エ　4．イ　5．ア→エ→ウ→イ

(五)　1．非核平和都市宣言　2．(あ)武力　(い)戦力　(う)交戦　3．もちこませない　4．イ　5．ウ
6．サンフランシスコ平和条約

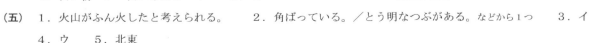

←解答例は前のページにありますので，そちらをご覧ください。

(一)

1　与式＝63－52÷(19－６)＝63－52÷13＝63－４＝59

2　与式＝$\frac{37}{42}+\{\frac{9}{7}-(\frac{9}{6}-\frac{8}{6})\times 7\}=\frac{37}{42}+(\frac{9}{7}-\frac{1}{6}\times 7)=\frac{37}{42}+\frac{9}{7}-\frac{7}{6}=\frac{37}{42}+\frac{54}{42}-\frac{49}{42}=\frac{42}{42}=1$

3　与式＝$(\frac{2}{3}-\frac{1}{5})\times 18+8.6=(\frac{10}{15}-\frac{3}{15})\times 18+8.6=\frac{7}{15}\times 18+8.6=8.4+8.6=17$

4　与式＝2.56×５×６＋2.56×30＋2.56×２×20＝2.56×(30＋30＋40)＝2.56×100＝256

5　与式より，$1\div\{1+1\div(1+\frac{1}{\square})\}=1-\frac{2}{5}$　$1+1\div(1+\frac{1}{\square})=1\div\frac{3}{5}$　$1\div(1+\frac{1}{\square})=\frac{5}{3}-1$
$1+\frac{1}{\square}=1\div\frac{2}{3}$　$\frac{1}{\square}=\frac{3}{2}-1=\frac{1}{2}$　よって，□＝２

(二)

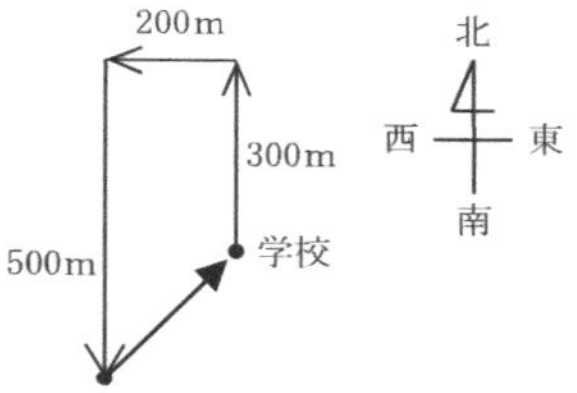

1　みゆきさんは，右図のように歩いたから，歩いて着いた地点から見て，学校は北東にあるとわかる。

2　10＝１×10 だから，地図上でのこの土地の大きさと形を，たて１cm，横 10 cmの長方形として考える。
この長方形の土地の実際の大きさは，たてが $1\div\frac{1}{1000000}=1000000$(cm)，つまり，$\frac{1000000}{100}$m＝10000m＝$\frac{10000}{1000}$km＝10 km，横が $10\div\frac{1}{1000000}=10000000$(cm)，つまり，$\frac{10000000}{100}$m＝100000m＝$\frac{100000}{1000}$km＝100 kmである。よって，求める実際の土地の面積は 10×100＝1000(km²)である。

3　64 の約数は，１，２，４，８，16，32，64 だから，求める数は，１＋２＋４＋８＋16＋32＋64＝127 である。

4　家から公園までの道のりを６と４の最小公倍数の 12 kmとする。このとき，行きにかかる時間は，12÷６＝２(時間)，帰りにかかる時間は，12÷４＝３(時間)である。したがって，としこさんは往復で 12×２＝24(km)の道のりを２＋３＝５(時間)かけて移動したことになるので，求める平均の速さは，時速(24÷５)km＝時速 4.8 kmである。
なお，平均の速さを求めるときに，時速$\frac{6+4}{2}$kmのように，速さの平均を求めてはいけないことに注意する。

5　このジュースの定価の１－0.2＝0.8(倍)が，原価の１＋0.2＝1.2(倍)に等しいから，このジュースの定価は，原価の 1.2÷0.8＝1.5(倍)に等しい。よって，求める割合は，1.5×100＝150(％)である。

6　少なくともそれぞれ１個以上は取るから，まずみかん，りんご，ももを１個ずつ取り，残りの５－１×３＝２(個)を取る方法を考える。１種類を２個取るとき，２個取るのが，みかん，りんご，ももの３通りある。２種類を１個ずつ取るとき，１個も取らないのが，みかん，りんご，ももの３通りある。
よって，求める取り方は，３＋３＝６(通り)ある。

7　まず１脚に６人ずつ座り，その後さらに１脚に座る人数を１人ずつ増やすと，座れる人数は１＋５＝６(人)増える。したがって，長いすは６÷１＝６(脚)あるとわかる。よって，生徒の人数は６×６＋１＝37(人)である。

8　３％の食塩水 400 g にふくまれる食塩の量は，400×0.03＝12(g)である。水を蒸発させても食塩の量は変わらないから，８％の食塩水にするためには，食塩水全体の量を 12÷0.08＝150(g)にすればよい。
よって，400－150＝250(g)の水を蒸発させればよい。

9　それぞれの点数を取るためには，３題の問題のうち，右表のように正解すればよい。表より，５点を取った人の正解の問題の組み合わせによって，問題１が正解だった人の人数が変わるとわかる。したがって，問題１を正解したのが最も多くなるのは，５点を取った人全員が問題１と２を正解しているときだから，２点，５点，７点，10 点を取った人の合計の２＋10＋５＋２＝19(人)である。

点数(点)	2	3	5		7	8	10
問題１(２点)	○		○		○		○
問題２(３点)		○	○			○	○
問題３(５点)				○	○	○	○

10　三角形ＤＥＣは三角形ＡＢＣを点Ｃを中心に回転したものだから，㋐の角度は角ＢＣＥの大きさと等しい。三角形ＤＥＣと三角形ＡＢＣは合同だから，ＥＣ＝ＢＣ，角ＥＣＤ＝角ＢＣＡ＝90 度，角ＥＤＣ＝角ＢＡＣ＝30 度である。三角形ＤＥＣの内角の和より，角ＤＥＣ＝180－90－30＝60(度)だから，三角形ＢＣＥは正三角形とわかる。よって，角ＢＣＥ＝60 度だから，㋐の角度も 60 度である。

11　右のように作図すると，直線部分の長さの和は，３×４＋３×２×３＝30(㎝)とわかる。曲線部分の長さの和は，色付きのおうぎ形を組み合わせると，半径３㎝の１つの円になるから，３×２×3.14＝18.84(㎝)である。
よって，求めるひもの長さは，30＋18.84＝48.84(㎝)である。

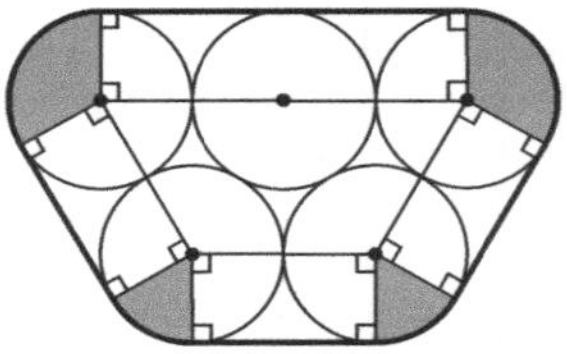

12　右のように作図し，記号をおく。
ＡＩとＣＤは平行だから，三角形ＣＤＨと三角形ＣＤＡの面積は等しい。
三角形ＣＤＡの面積は，ＡＣ×ＪＤ÷２で求められる。
正方形ＡＣＦＧは１辺の長さが２㎝だから，ＡＣ＝２㎝である。
三角形ＡＢＣと三角形ＪＣＤについて，角ＡＢＣ＝180 度－90 度－●＝90 度－●，角ＪＣＤ＝180 度－90 度－●＝90 度－●だから，角ＡＢＣ＝角ＪＣＤ，また，角ＢＡＣ＝角ＣＪＤ＝90 度なので，三角形ＡＢＣと三角形ＪＣＤは同じ形の三角形である。
さらに，ＢＣ＝ＣＤだから，この２つの三角形は合同とわかる。
したがって，ＪＤ＝ＡＣ＝２㎝なので，(三角形ＣＤＨの面積)＝(三角形ＣＤＡの面積)＝２×２÷２＝２(㎠)

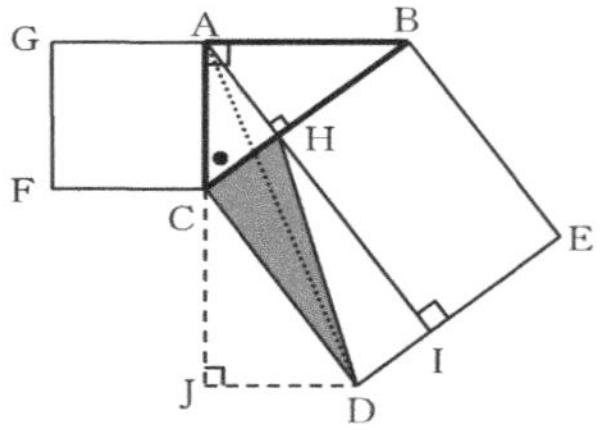

(三)

1　１つの円の面積は，５×５×3.14＝25×3.14(㎠)である。平行四辺形の底辺の長さは，底面になる円の周の長さに等しく５×２×3.14＝10×3.14(㎝)だから，平行四辺形の面積は 10×3.14×50＝500×3.14(㎠)である。よって，求める面積は，25×3.14×２＋500×3.14＝(50＋500)×3.14＝1727(㎠)である。

2　できる立体は，右図のような円柱である(問題の展開図は円柱の側面を斜めに切ったものである)。底面積が 25×3.14(㎠)で，高さは 50 ㎝だから，求める体積は，25×3.14×50＝1250×3.14＝3925(㎤)である。

(四)

1　右はしのランプは１秒後を表し，右から２番目のランプは２秒後を表し，３秒後は１秒後と２秒後を表すランプがついているとわかる。したがって，右から３番目のランプは４秒後を表し，右から４番目のランプは８秒後を表しているとわかる。10＝８＋２より，10 秒後についているランプは，○○○●○●○となるとわかる。

2　１の解説をふまえると，右はしのランプの１秒後から，順に左となりのランプは２倍となっているとわかるから，それぞれのランプが表す時間は，64 32 16 ⑧④②①となる。よって，120－64＝56，56－32＝24，24－16＝８より，120 秒後についているランプは，●●●●○○○となるとわかる。

(五)

１　Ａ駅とＢ駅の間に，駅と駅の間は全部で 17－１＝16(か所) ある。したがって，電車が進む道のりは，２×16＝32(km) である。

２　同じ時間進むとき，進む道のりの比は速さの比に等しく 16：５だから，電車が駅で停車せずに 32 km進む時間で，自転車は $32\times\frac{5}{16}=10$(km) 進むが，実際に自転車が進んだ道のりは，32－17＝15(km) である。

また，電車はＡ駅からＢ駅までの 17－２＝15(駅) の各駅で 80 秒間ずつ停車するので，進んでいる時間は自転車よりも 80×15＝1200(秒)，つまり，$\frac{1200}{60}$分＝20 分短い。

したがって，自転車は 15－10＝５(km) を 20 分で進むとわかるから，自転車の速さは，分速$(\frac{5\times1000}{20})$m＝分速 250m である。よって，電車の速さは，分速$(250\times\frac{16}{5})$m＝分速 800m である。

(六)

１　通話料金の合計が，定額制の金額と従量制の固定額の差の 2000－1000＝1000(円) より小さければよい。

Ａ社の従量制のプランのときの通話料金は，１分あたりでは，$30\times\frac{60}{30}=60$(円) だから，1000 円より安い通話料金では，1000÷60＝16 余り 40 より，16 分 30 秒まで通話ができる。

２　それぞれの会社でいちばん安くなる合計金額を計算して，比べる。

Ａ社…データの使用量が 28ＧＢのときデータプランは定額制の 6980 円となり，通話時間が 18 分のとき通話プランは定額制の 2000 円の方が安い。よって，6980＋2000＝8980(円)

Ｂ社…データの使用量が 28ＧＢのときデータプランは定額制の無制限の 8980 円となり，通話時間が 18 分のとき従量制だと $700+40\times\frac{18\times60}{30}=2140$(円) だから，定額制の 1500 円の方が安い。よって，8980＋1500＝10480(円)

Ｃ社…データの使用量が 28ＧＢのときデータプランは定額制の 5980 円の方が安く，通話時間が 18 分のとき従量制だと $1700+20\times\frac{18\times60}{30}=2420$(円) だから，従量制の方が安い。よって，5980＋2420＝8400(円)

以上のことから，いちばん安い合計金額は，Ｃ社の 8400 円である。

令和五年度　新田青雲中等教育学校入学試験問題　国語

（50分）

注意１　答えはすべて解答用紙に書きなさい。
注意２　字数制限のある答えは、句読点・記号も一字とします。

（その１）

（一）

１　次の１～５の問いに答えなさい。

１　次の①～⑤の――部の読みがなを書きなさい。

①　博物館に昔の農具を展示した。
②　消防隊員が尊い命を救った。
③　先生の指示に従って移動する。
④　古都は文化財の宝庫といわれる。
⑤　鋼鉄は船の材料として使われる。

２　次の①～⑤の――部のカタカナを漢字で書きなさい。

①　祖母からユウビン物が届く。
②　山の上に大きな城をキズく。
③　遊びの誘《さそ》いをコトワった。
④　大きなコメダワラを家まで運ぶ。
⑤　北海道では記録的なセキセツになった。

３　次の①～⑤の（　）内に適当な漢字を一字入れて、対義語を完成させなさい。

①　生産　――　消（　）
②　延長　――　短（　）
③　故意　――　（　）然
④　権利　――　（　）務
⑤　支出　――　（　）入

４　次の①～⑤の――部の言葉と同じ種類の言葉を、それぞれ後のア～エから一つずつ選び、記号で答えなさい。

①　お客様がケーキを召《め》し上がる。
ア　先生のお宅に参ります。
イ　先生からのお手紙を拝見した。
ウ　おっしゃることはよく分かります。
エ　クッキーを家族でいただきました。

②　それは君の本だ。
ア　ジャガイモはナス科の野菜だ。
イ　話しているのを注意された。
ウ　このえんぴつはだれのかな。
エ　姉は散歩をするのが好きだ。

③　このかごは竹で作られている。
ア　弟は熱で習い事を休んだ。
イ　学校で箱を作った。
ウ　毛糸で編まれたセーター。
エ　妹は四月で五歳《さい》になる。

④　彼《かれ》の話し方は少し大げさな気がする。
ア　かすかな期待をいだく。
イ　雨が降りそうな空。
ウ　こんな景色は見たことがない。
エ　おかしなことを言わないで。

⑤　明日は雨になるようだ。
ア　弟の絵は写真のようだ。
イ　兄はとてもつかれているようだ。
ウ　あの雲はまるで綿菓子《わたがし》のようだ。
エ　今日は夏にしてはすずしくて秋のようだ。

５　次の俳句の季節（春・夏・秋・冬・新年）と同じ季節の季語を、それぞれ後のア～コから二つずつ選び、記号で答えなさい。

①　朝顔につるべとられてもらひ《(イ)》水
②　降る雪や明治は遠くなりにけり
③　白梅に明くる夜ばかりとなりにけり
④　年玉を並べて置くや　枕《まくら》もと
⑤　柿《かき》食へ《(エ)》ば鐘《かね》が鳴るなり法隆寺《ほうりゅうじ》

ア　夜長　　イ　菜の花　　ウ　初夢　　エ　短日　　オ　鶯《うぐいす》
カ　書初　　キ　汗《あせ》　　ク　スキー　　ケ　梨《なし》　　コ　サイダー

（二）　次の文章を読んで、後の問いに答えなさい。

お詫び
著作権上の都合により、文章は掲載しておりません。
ご不便をおかけし、誠に申し訳ございません。
教英出版

（ドネラ・H・メドウズ、デニス・L・メドウズ、枝廣《えだひろ》　淳子《じゅんこ》
「地球のなおし方　限界を超えた環境を危機から引き戻す知恵」による）

注１　公益……社会全体の利益。
注２　概念……一つの類として頭に描く考え。
注３　ギルド……中世、ヨーロッパの都市に発達した商工業者の組合。
注４　封建主義……封建社会に特有な考え方で、身分や階級など、上下の区別を重んじて、個人の権利や自由などを軽んじるもの。
注５　資本主義……お金や設備、人材などをもっている人が、利益を得ることを目的として、働く人をやとって商品を生産する経済の仕組み。
注６　共産主義……生産手段の私有をやめて、ものをつくりだす仕組みを社会全体のものとして、能力に応じて働き、必要なものの分配を受けるという考え。
注７　負荷……外から与えられた力や重み。
注８　アイデンティティ……自分とは何者であるか、ということ。
注９　フィードバック……結果や反応を見ながら再調整をすること。
注１０　投資……事業などに資金を出すこと。
注１１　減耗……減ること。

１　［A］・［B］に入る語の組み合わせとして最も適当なものを、次のア～エから一つ選び、記号で答えなさい。

ア　A　よって　B　さて　　イ　A　けれども　B　または
ウ　A　しかし　B　つまり　　エ　A　つまり　B　なぜなら

２　——部①「根本的な革命」とありますが、これは具体的にどうすることですか。これより前の文章から三十字以内でぬき出し、最初と最後の五字を答えなさい。

３　——部②「人間の考え方や社会の形を変えていきました」とありますが、どのように変わったのですか。その説明として最も適当なものを、次のア～エから一つ選び、記号で答えなさい。

ア　食糧を作り出すことで飢えの心配から逃れることができ、そこから互いの作った食糧を交換し、分け合うような協力した社会が誕生した。
イ　移動を止めて定住したことでモノを蓄積することができ、家を建てて住むことで村が誕生し、そこで役割に応じた共同生活が営まれることになった。
ウ　定住することでモノを蓄積し、富やお金、権力などといった考えが生まれ、そこから様々な職業が生み出されることで都市が誕生した。
エ　土地を所有することで財産や富という考えが生まれ、食糧以外のものも売買することで経済が発展し、豊かな国が誕生、発展した。

4 ――部③「良い面」の説明として最も適当なものを、次のア～エから一つ選び、記号で答えなさい。

ア　農耕生活によって、人々は住む土地を変えなくても野生生物の資源減少に対応できるようになった。
イ　農耕生活によって、人々は積極的に協力するようになり、楽に食料が手に入るようになった。
ウ　農耕生活によって、人々は自然環境との結び付きが強くなり、環境保全の考え方が生まれた。
エ　農耕生活によって、人々は食糧不足におびえず、安心して暮らすことができるようになった。

5 ――部④「人類ははじめての慢性的な汚染を経験することになりました」とありますが、それはなぜですか。文章中の言葉を使って答えなさい。なお、「慢性的」とは、急な変化はないが直らないで長引くという意味です。

6 【　⑤　】に入る一文として最も適当なものを、次のア～エから一つ選び、記号で答えなさい。

ア　産業革命は差別を生んだのです。
イ　産業革命は失敗したのです。
ウ　産業革命は欠点がないのです。
エ　産業革命は成功したのです。

7 ――部⑥「新しい不足」とありますが、文章中ではどのようなものが不足していると言っているのですか。十五字でぬき出しなさい。

8 この文章を読んで、これからの社会で必要なことを四人の児童が話し合っています。本文の内容をふまえた発言として最も適当なものを、次のア～エから一つ選び、記号で答えなさい。

ア　Aさん　「地球の環境はどんどん悪化していると様々な場面で言われているね。地球が長く続くよう、技術を進化させることはこれまで以上に大事になってくるね。」
イ　Bさん　「でも技術をどんどん進化させてきたことで、地球環境は深刻な状態になってしまっているよ。私たちは技術を進化させることだけではなく、技術の進化を止める勇気も必要なんじゃないかな。」
ウ　Cさん　「そうだね。そのためにも古き良き時代を見直し、評価する動きが高まっているよね。工業化によって、地球の汚染はどんどん進行していったわけだし、私たちはもう一度、農業中心の社会に戻る必要があるはずだよ。」
エ　Dさん　「でも農業だけでは不十分だから、質的な向上も考えてテクノロジーの進化は欠かせないよ。高い技術力を生かした快適な暮らしはこれからも絶対に必要だと思う。私たちが進化し続けることが、動植物を含めた地球環境にとっても、良い結果を生み出すんだろうね。」

（三）

次の文章は、山村留学をしている主人公の「壮太《そうた》」たちが、村の秋祭りで披露《ひろう》する「お旅練《たびね》り」の稽古《けいこ》をしている場面です。この文章を読んで、後の問いに答えなさい。

ところが祭りの練習のとき、騒動《そうどう》がおこった。

「①おれ、ぜったい猟師《りょうし》！」

と雄大《ゆうだい》が言い出したのだ。

「猟師はおれじゃん。おまえはサル。もうサルの役しか残ってないの」

いくらぼくが言っても、

「ぜったい猟師！猟師じゃなきゃやだ！」

と言ってゆずらない。ぼくだって夜遅《おそ》くまでかかって鉄砲《てっぽう》を作ったんだ。ゆずるわけにはいかない。

「あとから来て。なんだよ！」

口をとがらせ詰《つ》め寄《よ》ったとたん、ドンッと胸を突《つ》かれてしりもちをついた。目の前に血走った雄大の目があった。

「猟師！ぜったい猟師！」

口のはしに泡《あわ》を浮《う》かべて馬乗りになってくる。こんな雄大、初めて見た。

「やめえゆうとるじゃろ！」

身をよじって払《はら》いのけるぼくに、それでもまだ雄大はかじりついてきた。その必死の顔つきがこわかった。つかまれたわき腹に雄大の指が食いこんだ。

「しつこいんじゃ！やめえや！」

二人して集会所の床《ゆか》をごろごろ転がった。いつの間にかぼくは泣いていた。雄大も泣いていた。

「これ、これ、なにやっちょるか」

もつれあう二人の間に田中さんが割って入ってきたときには、ぼくの顔は血まみれだった。鼻血が出たのだ。

「あらら、はよ鼻血とめんと」

田中さんは急いでズボンのしりポケットからくしゃくしゃのティッシュを取り出してぼくの鼻にあてがった。タバコの匂《にお》いに吐《は》

きそうになった。
　ようやくおとなしくなったぼくらに、
「はぁー」
　と深いため息をつくと、田中さんは、
「祭りというのはね、神様に感謝をささげる行事やけんね、争いごとはいけんよ」
　とぼくたちの顔をのぞきこみながらおだやかにさとした。血を見て力がぬけたのか、雄大は額が床につくほどうなだれていた。
「ぼくも毎年一から教え直しじゃけんね、大変なんよ。頼《たの》むし、仲良うやってな」
　すっかりくたびれた様子の田中さんは、「よっこらしょ」と神経痛のひざをかばいながら立ち上がった。雄大とぼくはしばらくその場に座《すわ》りこんだまま、口をきかなかった。不思議ともう腹はたっていなかったけれど、なぜか雄大のそばをはなれることができなかった。
「……ごめん」
　しばらくして、雄大が言った。
「いいよ」
　ぼくが言った。そして続けた。
「猟師、おまえがやれ」
　ぼくは鉄砲を雄大の胸に押《お》しつけた。
「いいの？」
　ぬれていた雄大の瞳《ひとみ》が輝《かがや》いた。
「うん！」
　ぼくは深くうなずいた。
「やったあ、元《げん》さんと同じだ」
　雄大は胸の鉄砲を肩《かた》にかつぐと、元さんの真似《まね》をしてどすどす外まで歩いた。
──そうか。雄大、元さんが大好きだもんな。だから猟師をやりたかったのか。
　ようやくぼくは納得《なっとく》がいった。だったらぼくはサルでもいい。そう思えた。

　トン、トトトン、トン。ピイィー、ジャラン。トン、トトトン、トン……。
　夜の神社に、太鼓《たいこ》やかねや笛の音が響《ひび》く。その澄《す》んだ音色が霧《きり》のように裏の山へと上っていく。ぼくは祭りが好きだ。笛や太鼓の音を聞くと心が浮きたつ。
「ええか。上手にやろうと思わんでもええんよ。『神様、ありがとう』という気持ちをこめて、ゆっくり、ゆっくり動けばええけね」
　田中さんは、先導役の沙也《さや》につきっきりだ。バツグンの運動神経を誇《ほこ》る沙也だけど、「注1しゃぎり」独特のゆったりした動きはどうも勝手が違うようだ。苦戦している。見とれていたら、
「壮太。ぼやっとしとらんとうちらも練習、練習」
　と、ゆりにどやされた。猟師の役をゆずった雄大も、真剣《しんけん》そのものの顔つきで練習している。ぼくはあわてて練習にもどった。四つんばいで数歩歩いてひざ立ちで立ち上がり、上向きにそろえた両手をくるりと回して拝む。これは永遠か？と思うほど延々と繰《く》り返すんだ。足がつりそうになる、腰《こし》が痛い。ゆっくりした動きなのに汗がぽたぽた垂れてくる。だからようやく鉄砲で撃《う》たれてころころと転がるシーンでは、「やっと死ねる」とうれしくなったくらいだ。
　いよいよ祭りの当日。
　朝からぼくたちは衣装を着けるために集会所に集まった。
「雨がやんでよかったわ」
　着付けを担当するのは集落のおばさんたち。忙《いそが》しく手を動かす間もにぎやかなおしゃべりはとまらない。今日はお祭りを見るために遠方に住んでいる子どもや孫たちが帰ってくるので、親たちが来るのを楽しみにしているぼくたち同様、集落の大人たちも浮かれている。
「いやあ、きれい」
　田中さんの奥《おく》さんのはしゃいだ声に振《ふ》り返ると、紫《むらさき》の着物にはかま姿の沙也が立っていた。花笠《はながさ》の下の小さめの顔、大きな瞳に真っ赤な口紅。ぼくから見ても、沙也は天女《てんにょ》みたいだった。「きれい、きれい」とおばさんたちに口々にほめられて、沙也も②まんざらでもなさそうだった。
「ママ、喜ぶかな」
　とつぶやいて、「そりゃあ喜ぶよ」とおばさんたちから太鼓判を押されていた。ぼくは注2つんつるてんの着物を着た自分が、とたんにみすぼらしく思えてきた。
──だけどサルだって重要な役だ。撃たれるものがいなきゃ、せっかくの鉄砲の出番がないもの。
　③ぼくはおでこにのせていたサルのお面を深くかぶり直した。キツネのお面をかぶったたくとが、調子に乗って走りまわっていた。自分の着物のすそを踏んづけて転び、派手な泣き声をあげるのに、おやす役のゆりが、みきをおぶったまま駆《か》け寄っていく。
「ええか、雄大。鉄砲はこう構えてな」
　張り切った元さんは、雄大に鉄砲の構え方を伝授している。しばらくぼくは、目の前で繰り広げられている光景に見とれた。こ

の部屋のどこかに目に見えない神様がいて、その神様のために集落中の人が動き回っている。しかもそれが二百年も続いているなんて、すごい。それに自分も参加しているんだと思うと、④ぼくの胸はふくらんだ。

広場にムシロ(草で編んだ敷物《しきもの》)が敷きつめられていた。人も集まり始めている。見慣れない顔がいっぱいだ。その中に、たくとの家の人もいた。やっぱり雄大の両親の姿は見えない。ぼくんちもまだだった。

峰山《みねやま》神社の秋祭りはとても有名らしく、新聞社の人やテレビの人が大勢取材に来ていた。トクトクトク。ぼくの心臓の鼓動《こどう》が速くなる。こんなすごい祭りだとは知らなかった。なんだか雰囲気《ふんいき》に圧倒《あっとう》されてしまう。

太鼓の音を合図に、神社に参加者全員が集合した。獅子舞《ししまい》の獅子や金棒を持った鬼《おに》もいる。獅子役は松つぁんだ。中腰で重い獅子頭をふりまわす獅子の役は足腰が強くないと務まらない。若い松つぁんにぴったりだ。だけど松つぁんは、頭がこすれて毛がぬけるんじゃないかって、そればかり心配していた。鬼の役はセンター長。あんなに優《やさ》しい鬼なんているわけない。カッと目と口を見開いたお面は十分こわいけど、中身がセンター長だと思うとちっともこわくなかった。

ジャーン。

どらが鳴った。

ドーン、ドンドンドン。

大太鼓が打ち鳴らされる。

いよいよ祭りが始まるんだ。ぼくは肺いっぱいに息を送りこんだ。

ピー、ヒュルー。チーン。

笛やかねの音とともに、先導役の沙也が、真っ白なたびをはいた足を踏み出した。一歩歩いては立ち止まる。また一歩歩いては立ち止まる。独特の歩き方だ。まっすぐ前を向いた顔は落ち着き払っていて、いつもの沙也とは別人みたいだ。本物の神様のお使いに見える。

「おおう。べっぴんさんやなあ」

見物人から声があがった。

「しゃぎり」の行列が沙也のあとに続いた。開《かい》くんも涼《すず》しい顔で歩いていた。はかま姿がバッチリ決まって、なんだか大人みたいだ。

「立派なもんや」

見物人の間から拍手《はくしゅ》がわいた。

「ありがたい、ありがたい」

村上のばあちゃんは、顔の前でさかんに手をこすり合わせていた。

沙也を先頭に、神社の注3急勾配《きゅうこうばい》の石段を長い行列がゆっくりと下っていく。行列の中ほどにキツネのお面をかぶったたくとがいた。うれしそうに白い棒をふりまわしている。

――よし、行くぞ。

ぼくはサルのお面をかぶり直して気合いを入れた。

行列は集落中を練り歩いた。行く先々の家の前で人が待っていた。見物人もぞろぞろあとに続く。毎日遊びまわっているところが、こうして見ると初めて来たところみたいで新鮮《しんせん》だった。ゆっくりした動きなのに、体中汗ばんでいた。

一時間近く歩いて、ようやく終点の広場に到着《とうちゃく》した。人だかりはますます大きくなっていた。ぼくはきょろきょろと母さんたちの姿を探した。お面越しだから視界がせまくて見えにくい。

――えー、来てないの?

ぼくの体から風船がしぼむみたいに空気がぬけていった。

松つぁんの獅子舞が終わり、いよいよ「お旅練り」が始まった。

みきをおぶったゆりのユーモラスな動きに、会場から笑いがおこった。サルとキツネのお面をかぶったぼくとたくとが元気いっぱい暴れまわると、やんやの注4喝采《かっさい》だった。「悪さするなよー」という野次《やじ》まで飛んだ。猟師役の雄大が登場して、ぼくの作った鉄砲が秋の陽《ひ》を反射して光った。

「いよっ、雄大!日本一!」

元さんのだみ声がひときわ大きく輝いた。

猟師の一瞬《いっしゅん》のすきをみてキツネは山へ逃《に》げ出し、逃げ遅れたサルは鉄砲を構えた猟師にムシロの隅《すみ》まで追い詰められた。そして猟師に向かって必死に命乞いの踊りをする。四つんばいで進んでひざ立ちになり、上向きにそろえた両手をくるりと回して拝む。進んでは拝み、進んでは拝み、ひざが痛いのも忘れてぼくは何度も何度も繰り返した。お願い、撃たないで。

会場はしーんと静まりかえった。哀切《あいせつ》なサルの祈《いの》りに、観客はどうなることかと【　⑤　】成り行きを見守った。

何分間そうしていただろう?とつぜん、ぼくの胸にサルの悲しみが降ってきた。

――死にたくない、死にたくない、もっと生きたい!

サルの叫《さけ》びが聞こえた気がした。⑥ぼくはもう少しで泣きそうになった。のどをつまらせながら、命乞いの踊りを続けた。時間がとまったかのようだった。その瞬間、

ドォーン!

大太鼓が打ち鳴らされ、鉄砲が火を噴《ふ》いた。

そんなわけないのに、ぼくの目には確かに銃口《じゅうこう》からふき出す赤い火が見えた。

ぼくはころころとムシロの上を転がった。そして全身の力をこめて立ち上がり、もう一度拝む。そのとたん、

ドォーン!

ふたたび鉄砲が火を噴いた。

そうして、「お旅練り」は終わった。

「ほう」というため息とともに、会場から大きな拍手がわいた。ぼくの胸は達成感でいっぱいだった。大きな虹《にじ》マスを釣《つ》り上げたときと同じ、びっしりとどこにも隙間《すきま》のない満足感がぼくの胸を埋《う》めていた。

ムシロからおりたぼくのそばに、一人のおじいさんが近寄ってきた。

「ありがと、ありがと。わしは今まで畑をあらすサルが憎《にく》うてならんかったんじゃが、あんたを見とったら、えさがのうなって山を下りざるをえなくなったサルにはサルの悲しみがあるゆうことが、ようわかった。今日はあんたから大切なことを教えてもろうた」

「ほんとうにありがとうな」とがっしりした手で握手《あくしゅ》され、ぼくも反射的に「ありがとうございます」と頭を下げていた。

——よかった。

無事大役をやり終えてよかったのか、おじいさんが喜んでくれてよかったのかどっちかはわからなかったけれど、とにかく「よかった」と心の底から思った。

お面を取って、ぼくはようやく大きく息をついだ。ずっと息苦しいのを我慢《がまん》してたんだ。⑦山から吹いた一陣《じん》の風が、ぐっしょりぬれたぼくの顔の汗をかわかしてくれた。

（八束澄子「ぼくらの山の学校」ＰＨＰ研究所による）

注1　しゃぎり……お祭りなどの行列の途中《とちゅう》で、笛や太鼓などをまじえて演奏する音楽。
注2　つんつるてん……服が短すぎて足が出ている様子。
注3　急勾配……道などの傾《かたむ》きが急なこと。
注4　喝采……大きな声をかけたり、拍手をしたりして大いにほめること。

1　——部①「おれ、ぜったい猟師！」とありますが、雄大が猟師役をやりたい理由を壮太はどう考えていますか。それが分かる部分を解答欄《らん》に合うように、文章中から七字でぬき出しなさい。

2　——部②「まんざらでもなさそう」の文章中の意味として最も適当なものを、次のア～エから一つ選び、記号で答えなさい。

ア　内心よいと思っていそう　　イ　恥《は》ずかしさに耐《た》えられなさそう
ウ　自信がありそう　　エ　がっかりしてそう

3　——部③「ぼくはおでこにのせていたサルのお面を深くかぶり直した」とありますが、「ぼく」の気持ちを説明したものとして最も適当なものを、次のア～エから一つ選び、記号で答えなさい。

ア　今までサルの役に対してつらいだけであまり良さが分からなかったが、多くの人が自分に期待を寄せていることを知り、やる気を出している。
イ　サルの役に初めはがっかりしていたが、周囲の人の頑張《がんば》りに影響《えいきょう》を受けて自分も皆からほめられたいと思い、気持ちをふるい立たせている。
ウ　多くの人の力によって芝居《しばい》を作り上げていることが分かり、自分の失敗で芝居を台無しにするかもしれないと、追い詰《つ》められている。
エ　他の役に対してサルの役はやりがいがないように感じていたが、芝居の中で欠かせないものだと思い直し、しっかり務めようと思っている。

4　——部④「ぼくの胸はふくらんだ」とありますが、その理由として最も適当なものを、次のア～エから一つ選び、記号で答えなさい。

ア　二百年もの間続く祭りに、自分も参加するという光栄なことに興奮《こうふん》したから。
イ　村中の人が集まる祭りで、サルという大役を演じなければならないことに不安を覚えたから。
ウ　村の内外から大勢の人が集まる祭りに、自分の両親も見に来るかもしれないと動揺《どうよう》したから。
エ　今まで必死になって準備してきた祭りで、ようやく神様に出会うことができてうれしかったから。

5　【　⑤　】に入る言葉として最も適当なものを、次のア～オから一つ選び、記号で答えなさい。

ア　一目置いて　　イ　息をのんで　　ウ　頭をひねって　　エ　えりを正して　　オ　二の足を踏《ふ》んで

6　——部⑥「ぼくはもう少しで泣きそうになった」とありますが、どうして「ぼく」は泣きそうになったのですか。その理由を説明しなさい。

７　――部⑦「山から吹いた一陣の風が、ぐっしょりぬれたぼくの顔の汗をかわかしてくれた」とありますが、このときの「ぼく」の心情として最も適当なものを、次のア～エから一つ選び、記号で答えなさい。

ア　サルの役をすることに最初は不満があったが、雄大が立派に猟師役を務めてくれたことに満足している。
イ　必死になってサルの役を演じきったことから、おじいさんがサルのことを理解してくれたことに充実感を感じている。
ウ　目標であったおじいさんのサルへの誤解《ごかい》を解くことができて、サルの役を演じる意味があったと安心している。
エ　人間がサルなど生き物の暮らしを奪っていることに気づき、もっと動物たちのことも考えるべきだと危機感を持っている。

８　本文から読み取れる登場人物の説明として最も適当なものを、次のア～エから一つ選び、記号で答えなさい。

ア　キツネ役のたくとは、親友である壮太といつも一緒に行動し、祭りでも同じ動物の役を演じていた。
イ　サル役の壮太はすぐに感情的になってしまうため、祭りの練習にも集中して取り組むことができなかった。
ウ　先導役の沙也は、持ち前の運動神経の良さを生かして、「しゃぎり」の動きをすぐに覚えてしまった。
エ　猟師役の雄大は、サル役をすることをいやがり、無理矢理に自分の意見を押し通そうとした。

令和五年度　新田青雲中等教育学校入学試験問題　作　文

（30分）

〔問題〕　次のテーマについて、後の**注意**にしたがって作文を書きなさい。

テーマ　苦手なことへの関わり方

注意

1　具体的な体験をまじえながら、そのことを通して、考えたことを書くこと。

2　作文の題は、つけないこと。

3　段落は、内容に応じて設けること。

4　文章の長さは、三百字から四百字までとする。

余白は下書き用紙として利用してもかまいません。

令和５年度　新田青雲中等教育学校入学試験問題　　算　数　(60分)

注意１　答えはすべて解答用紙に書きなさい。
注意２　「式も解答用紙に書きなさい。」と指示されている問題は，解答用紙に途中《とちゅう》の式も書きなさい。
注意３　円周率は，3.14 としなさい。

（その１）

（一）　次の各問題の □ にあてはまる数を入れなさい。

1　$21-18\div(2+4)=\square$

2　$\left(5\frac{1}{2}+\frac{1}{6}\right)\times 3=\square$

3　$\left(\frac{1}{5}+0.125\times 2\right)\times 10-1.5=\square$

4　$13\times 0.25+1.3\times 0.5+130\times 0.07=\square$

5　$6\times\left(\frac{1}{\square}+\frac{1}{3}\right)+15=20$

（二）　次の各問題の □ にあてはまる数を入れなさい。

1　次の表は，ある学校の６年１組で算数のテストの得点を調べて，ちらばりのようすを整理したものです。

得点	0	1	2	3	4	5	6	7	8	9	10
人数	1	0	2	1	3	2	4	2	3	1	1

このとき，4 点以上 6 点未満の人は全体の □ %です。

2　ある数に 0.013 をかける計算を，まちがえて 0.3 をかけてしまったため，答えが 900 になりました。ある数にまちがえることなく 0.013 をかけると □ になります。

3　5 人ですると 30 分で終わる仕事を，7 人で 20 分した後，残りを 2 人で □ 分かけて終わらせました。

4　ある品物の仕入れ値に 3 割増しの定価をつけ販売しました。しかし，売れなかったので，定価の 2 割引きで売ったところ 60 円の利益がありました。この品物の仕入れ値は □ 円です。

5　現在日本では，税ぬき価格に消費税 8%を加えた金額を税こみ価格としています。あるお店ではどら焼き 1 個の税ぬき価格が 125 円で，大福 1 個の税ぬき価格は 100 円です。どら焼きと大福を合わせて 15 個買うと，税こみ価格は 1755 円でした。このとき，買ったどら焼きは □ 個です。

6　あゆみさんはおじいさんからおまんじゅうをたくさんもらいました。そこで，たかひろさんには全体の $\frac{1}{6}$，まさひろさんには全体の $\frac{2}{15}$ のおまんじゅうをあげたところ，21 個残りました。はじめにあゆみさんがおじいさんからもらったおまんじゅうは □ 個です。

7　A は 50 より大きい 2 けたの整数で，B と C は 50 より小さい 2 けたの整数です。A は B の 2.5 倍，C は A の $\frac{3}{7}$ 倍であるとき，B は □ です。

8　ともきさんとゆたかさんがはじめに持っていた金額の比は 3：2 でした。2 人とも 500 円ずつ使ったところ，残った金額の比は 7：3 になりました。はじめにともきさんが持っていた金額は □ 円です。

9　21 km の道のりを時速 4 km の速さで歩くと，時速 □ km の速さで歩くときより 15 分多くかかります。

10　右の図のように，点 O を中心として半径が 5 cm と 7.5 cm の半円があります。半径が 7.5 cm のおうぎの形の曲線の部分 AB の長さと半径が 5 cm のおうぎの形の曲線の部分 CD の長さが等しいとき，色のついた部分の面積は □ cm^2 です。

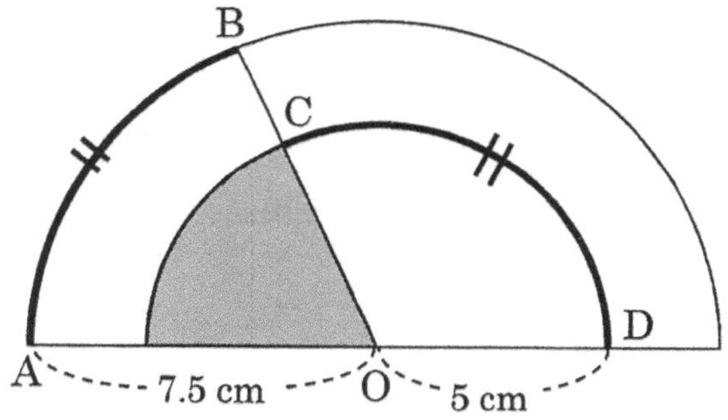

11　右の図は，点 O を中心とした円と，その直径を 1 辺にもつ三角形です。このとき，ⓐ の大きさは □ 度です。

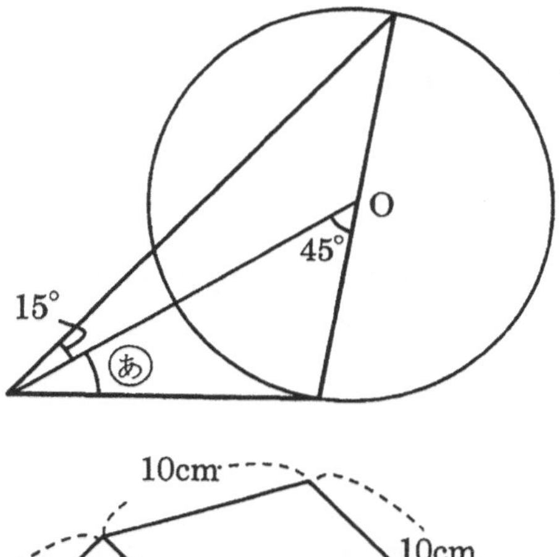

12　右の図の角柱の体積は □ cm^3 です。

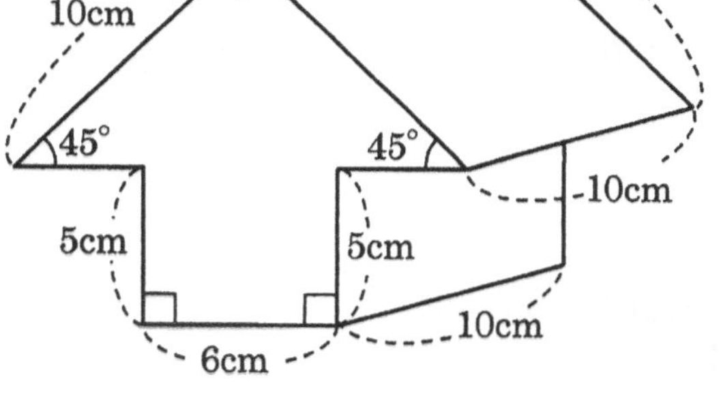

（三）　下の図のように，あるお菓子《かし》製造工場では，ロボットＡが作ったお菓子を，ロボットＢに送ります。ロボットＢでは，送られてきたお菓子を１箱目は１個入り，２箱目は２個入り，３箱目は３個入りにして，４箱目からはこれを順にくり返して箱に入れていきます。たとえば，ロボットＢが作る５箱目には，ロボットＡが作った８個目，９個目の２個のお菓子が入ります。このとき，後の問いに答えなさい。

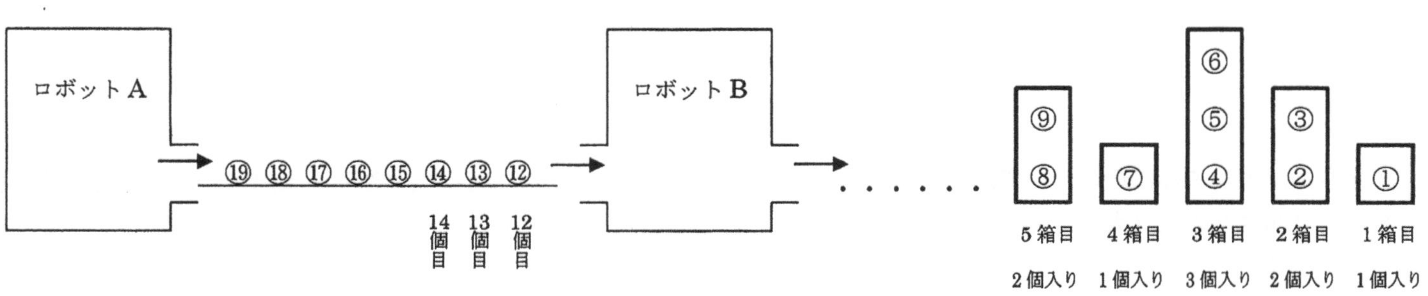

１　ロボットＡで13個目に作られたお菓子は，ロボットＢで作る何箱目に入りますか。

２　その日に製造されたすべてのお菓子が箱に入れられた後，ロボットＡで2023個目に作られたお菓子が不良品であるということが分かりました。不良品が入っているのは何箱目ですか。式も解答用紙に書きなさい。

（四）　下の図のような１辺の長さが10 cmの立方体があります。D→P→Q→Eの線は，頂点Dから面の上を通って頂点Eへ行く最も短い線を表しています。また，C→R→Eの線は，頂点Cから面の上を通って頂点Eへ行く最も短い線を表しています。このとき，後の問いに答えなさい。

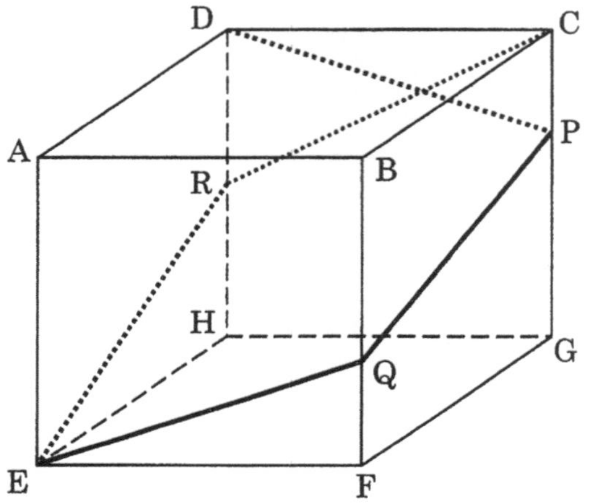

１　D→P→Q→Eの線と，点P，Qを解答欄《らん》の展開図《てんかいず》に記入しなさい。

２　D→P→Q→Eの線とC→R→Eの線が交わる点が１つあります。四角形EFGHを底面とするとき，その点の高さは底面から何cmのところですか。式も解答用紙に書きなさい。

（五）　太郎さんはおばあさんの家へ行くことにしました。太郎さんが家を出てから６分たったとき，お兄さんが，自転車で太郎さんのあとを追いかけました。太郎さんの速さは分速 80 m で，お兄さんの速さは分速 240 m です。このとき，次の問いに答えなさい。式も解答用紙に書きなさい。

１　お兄さんは何分後に太郎さんに追いつきますか。

２　お兄さんは太郎さんに追いついてから，そのままの速さでおばあさんの家に行ったところ，太郎さんより４分早く着きました。おばあさんの家は太郎さんの家から何 m はなれたところにありますか。

（六）　はるこさんの部屋のかべには，下の**図１**のような１辺が 20cm の正方形の窓わく①，②，③があります。それぞれの窓わくに**図２**のような長方形のガラス板を２枚使って模様《もよう》を作ることにしました。このガラス板の厚さや大きさは同じで，色は赤，黄の２色です。１つの正方形の窓わくは，色のちがうガラス板２枚がぴったりはまる大きさになっています。また，ガラス板は縦《たて》にも横にも組み合わせることができます。このとき，後の問いに答えなさい。

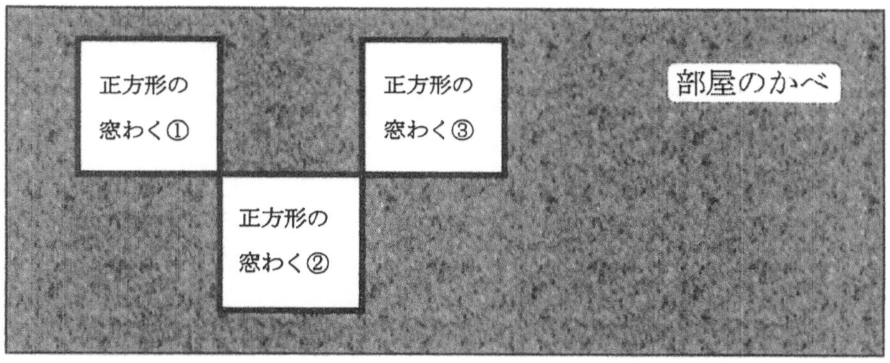

図１

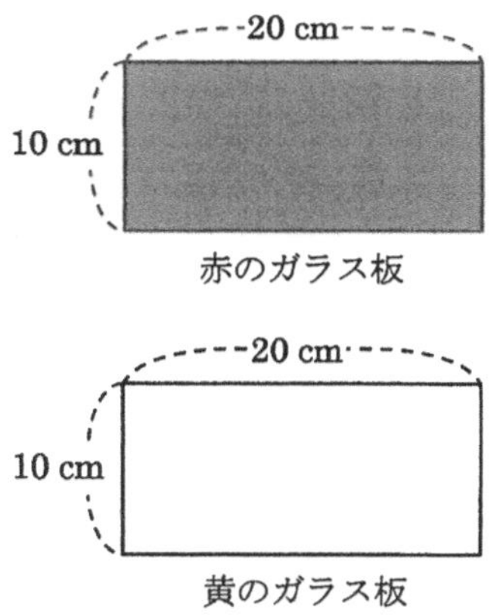

図２

１　**図１**の正方形の窓わく①に，**図２**の色のちがうガラス板を２枚はめてできる模様は何とおりありますか。

２　**図１**の３つの正方形の窓わくに，**図２**の色のちがうガラス板を２枚はめます。３つの正方形の窓わく全体では何とおりの模様ができますか。

令和５年度　新田青雲中等教育学校入学試験問題　　理　科　(40分)

注意　　答えはすべて解答用紙に書きなさい。

（一）　次の１～８の問いに答えなさい。

１　近年，線状降水帯が発生することで大雨による被害《ひがい》が多くなっています。線状降水帯について述べた文として最も適当なものを，次の**ア**～**エ**から１つ選び，記号で答えなさい。

ア　春から夏にかけた梅雨の時期に発生し，広い範囲《はんい》で数日間にわたって大雨が降る。
イ　積乱雲が連続して発生して列をつくり，ほぼ同じ場所で数時間にわたって大雨が降る。
ウ　寒気が暖気をおしのけて進むときに発生し，せまい範囲で１時間程度の大雨が降る。
エ　暖気が寒気に乗り上げて大気の状態が不安定になり，広い範囲で層状の雲ができて大雨が降る。

２　明け方，真南の空に見える月の形として最も適当なものを，次の**ア**～**エ**から１つ選び，記号で答えなさい。

ア 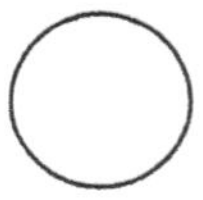　**イ** 　**ウ** 　**エ** 

３　下の図のように，長さ64cm，重さが70gの左右の太さが同じ棒の左はしに90gのおもりをつるしました。棒の左はしから何cmのところを糸で支えると，棒は水平につり合いますか。

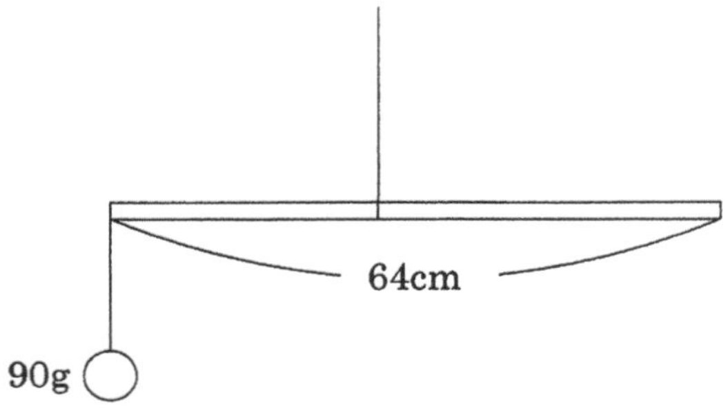

４　**図１**・**図２**のように，導線を方位磁針と平行に置いて，導線に電流を北から南に流し，方位磁針のふれ方を調べました。**図１**は導線を方位磁針の上側に置いたとき，**図２**は導線を方位磁針の下側に置いたときのものです。このときの方位磁針のＮ極のふれ方として最も適当なものを，次の**ア**～**エ**から１つ選び，記号で答えなさい。

ア　**図１**，**図２**ともに東にふれる。
イ　**図１**，**図２**ともに西にふれる。
ウ　**図１**は東に，**図２**は西にふれる。
エ　**図１**は西に，**図２**は東にふれる。

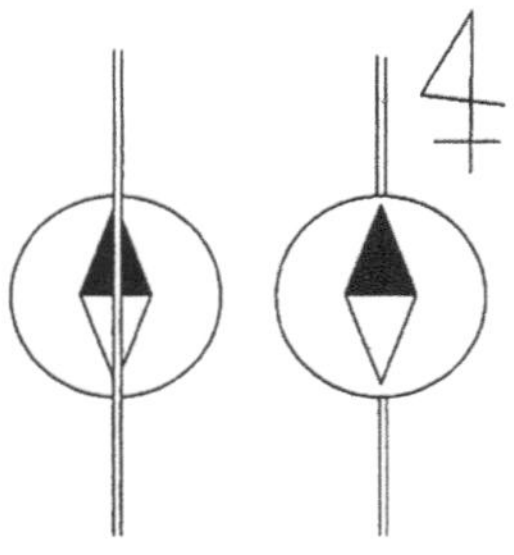

図１　**図２**

５　固体の水酸化ナトリウムを保存する容器として最も適当なものを，次の**ア**～**エ**から１つ選び，記号で答えなさい。

ア　金属容器　　**イ**　木製容器　　**ウ**　ガラス容器　　**エ**　プラスチック容器

６　日常生活で見られる，水蒸気が水に変化することによって起こる具体的な現象を１つ答えなさい。

７　台風について述べた文として最も適当なものを，次の**ア**～**エ**から１つ選び，記号で答えなさい。

ア　台風は，強い風が中心に向かって時計回りにふきこんでいる。
イ　台風は，水蒸気をエネルギー源として中心の気圧が上がる。
ウ　台風は，うずの中心の雲が厚くなり強い雨が降る。
エ　台風は，最大風速がおよそ毎秒17m以上の熱帯で発生した低気圧である。

８　私たちの生活の中で，電気を熱に変えている電気製品を１つ答えなさい。

（二）　図のように，空気が入っている集気びんの中に，火のついたろうそくを入れてふたをしたところ，しばらくすると火が消えました。ものの燃え方について，次の問いに答えなさい。

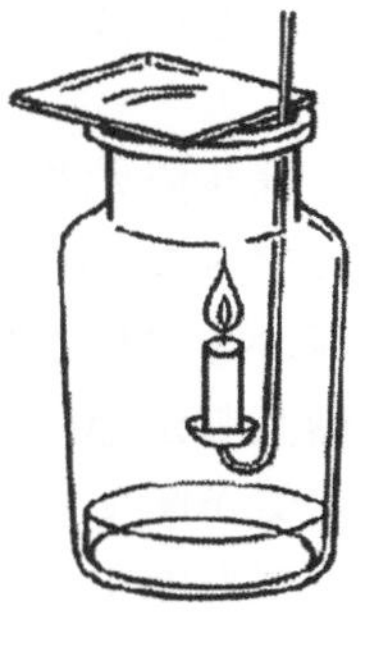

１　ろうそくが燃えた後の集気びんの中の空気では，酸素の体積の割合は燃える前と比べてどのように変化しましたか。

２　ろうそくの火が消えた後，すぐに集気びんにふたをして５分間静かに置いておきました。その後，もう一度火のついたろうそくを入れてふたをするとどのようになりますか。次の**ア**～**エ**から１つ選び，記号で答えなさい。

ア　ろうそくは燃え続ける。　　**イ**　ポンと音を立てて，燃える。
ウ　しばらくすると火が消える。　　**エ**　すぐに火が消える。

３　ろうそくの火が消えた後，集気びんのふたをはずして火のついたろうそくを入れると，ろうそくは燃え続けました。このことから，わかることを答えなさい。

４　ボンベから３つの集気びんの中にちっ素，酸素，二酸化炭素をそれぞれ集めて，集気びんの中に火のついたろうそくを入れてふたをしました。

①　集気びんの中に酸素を集める方法として最も適当な方法を，次の**ア**～**ウ**から１つ選び，記号で答えなさい。

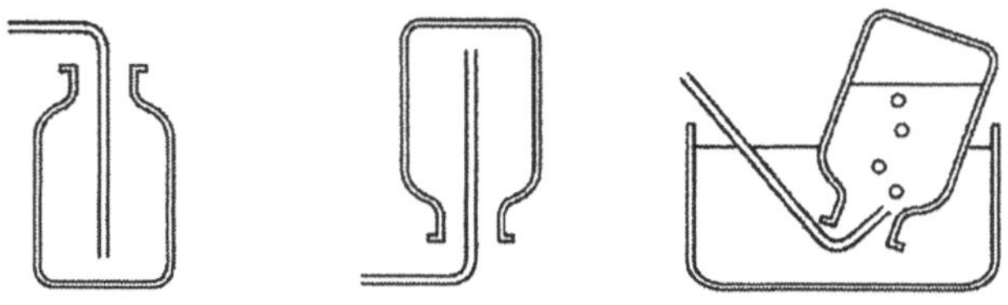

ア　　**イ**　　**ウ**

②　二酸化炭素を発生させる方法として最も適当なものを，次の**ア**～**エ**から１つ選び，記号で答えなさい。

ア　鉄にうすい塩酸を加える。　　**イ**　石灰石にうすい塩酸を加える。
ウ　二酸化マンガンにオキシドールを加える。　　**エ**　水素を燃やす。

③　２つのちっ素と酸素を集めた集気びんの中に，火のついたろうそくを入れたときのようすの組み合わせとして最も適当なものを，次の**ア**～**エ**から１つ選び，記号で答えなさい。

	ちっ素	酸素
ア	火が消える	火が消える
イ	激しく燃える	激しく燃える
ウ	火が消える	激しく燃える
エ	激しく燃える	火が消える

（三）　太陽の１日の動きについて，次の問いに答えなさい。

１　太陽が真南にくることを何といいますか。

２　日本では，兵庫県明石市（東経 135°）で太陽が真南にきたときを，正午と定めています。

①　地上から太陽を観察したとき，太陽が 1°動いて見えるのに何分かかりますか。

②　愛媛県今治市（東経 133°）で，太陽が真南にくるのは，午前または午後何時何分ですか。

３　**図１**のように，１日中陰《かげ》にならない平らな地面に棒を垂直に立てました。太陽の光でできた影《かげ》の先の位置に印をつけて，印を線でつなぐと**図２**のようになりました。

①　棒から見たときの北の方位として最も適当なものを，**図２**の**Ａ**～**Ｄ**から１つ選び，記号で答えなさい。

②　この観察を行ったと考えられる日として最も適当なものを，次の**ア**～**エ**から１つ選び，記号で答えなさい。また，そのように考えた理由を答えなさい。

ア　春分　　**イ**　夏至《げし》　　**ウ**　秋分　　**エ**　冬至《とうじ》

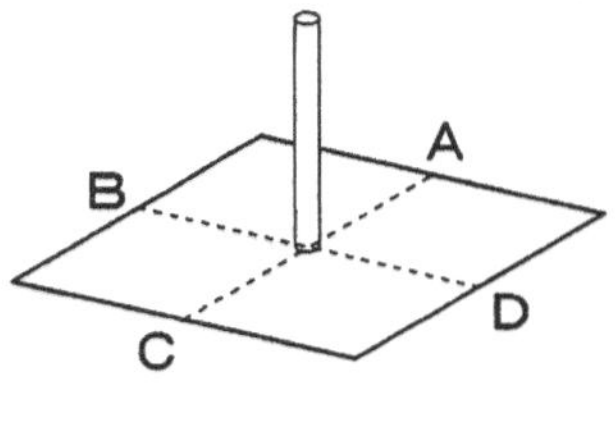

図１

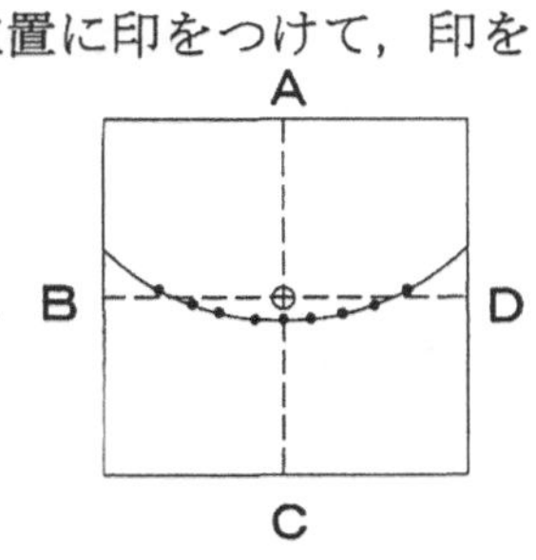

図２

４　太陽が１日のうち，時刻によって見える位置がちがうのはなぜですか。その理由を簡単に答えなさい。

５　冬至の日の昼間の長さが愛媛県より短い地点として最も適当なものを，次の**ア**～**エ**から１つ選び，記号で答えなさい。

ア　北極　　**イ**　南極　　**ウ**　赤道　　**エ**　同じ緯《い》度の地球の裏側

（四）　次の文章は，サケの人工受精を行っている水産試験場を訪れた２人の子供と先生の会話です。会話文を読んで，後の問いに答えなさい。

あきら：メスのサケから卵を取り出しているよ。たくさんの卵があるね。いくつあるんだろう？
けんすけ：たくさんあるから１個ずつ数えるのは時間がかかりそうだね。簡単に数える方法はないかな。
あきら：卵１個の重さと，１ぴきのサケから取れた卵全体の重さがわかれば計算で求めることができるんじゃないかな。
けんすけ：それで求められそうだね。まずａ上皿てんびんを使って，卵１個の重さを調べてみよう。
あきら：卵１個の重さはかなり軽いんだね。上皿てんびんではうまくはかれないよ。
けんすけ：じゃ，10g 分の卵をはかりとろう。はかりとってから，卵の数を数えるよ。
先生：でも，[　　　b　　　]から，１回だけはかったのでは正確ではないよね。どうすればいいかな。
けんすけ：だったら，10g 分の卵をはかりとって，卵の数を数えるという作業を何回か行って，平均の重さを求めたらいいと思います。そのとき，同じ卵をはからないように注意しないといけないです。
先生：いい考えだね。
あきら：ではｃ10g 分の卵をはかりとって，卵の数を数えるという作業を５回行って，10g あたりの平均の卵の数を計算しよう。
けんすけ：次に，１ぴきのサケからとれた卵全体の重さをはかってみよう。
あきら：今度は，台ばかりではかるよ。863g になったね。
けんすけ：ということは，このサケは卵巣に（　ｄ　）個の卵を持っていたことになるね。
あきら：ｅサケは一度にこんなにたくさんの卵を産むんだね。
先生：さあ受精をさせるよ。オスの腹をしぼって卵に精液をかけて，静かにまぜるんだよ。
あきら：卵と精子が受精するのは，人と同じだね。
先生：ｆかえったばかりのサケの子は，はらにある大きなふくらみの中の養分を使って成長するんだ。
けんすけ：今日は勉強になったね。２か月後に予定されている放流が楽しみだ。

１　下線部ａについて，上皿てんびんの使い方として適当なものを，次の**ア**～**オ**から**すべて**選び，記号で答えなさい。
　ア　皿がよごれないようにするために，卵をのせる皿にだけ薬包紙をのせる。
　イ　分銅をのせるときはピンセットを使って，直接さわらない。
　ウ　きき手と同じ側にある皿に，10g の分銅をのせる。
　エ　きき手と同じ側にある皿に，卵をのせる。
　オ　上皿てんびんを使い終わったら，皿をどちらか一方に重ねる。

２　[　b　]　にあてはまる文章を答えなさい。

３　下の表は，下線部ｃにある 10g 分の卵をはかりとって，卵の数を数える作業を５回行い，その結果をまとめたものです。

回	1	2	3	4	5
卵の数〔個〕	40	42	39	38	41

　①　10g 分の卵の数の平均は何個ですか。
　②　卵１個あたりの重さは何 g ですか。

４　（　ｄ　）にあてはまる数を答えなさい。

５　下線部ｅについて，サケが一度にたくさんの卵を産む理由を答えなさい。

６　下線部ｆについて，人の受精卵が成長するようすを説明した次の文の（　**あ**　）・（　**い**　）にあてはまる語句を答えなさい。

　人の受精卵は母親の体内の（　**あ**　）の中で成長し，（　**い**　）になる。

（五）　インゲンマメの種子の発芽にはどのような条件が必要かを調べるために，次の実験ａ～ｅをしました。後の問いに答えなさい。

【実験】

ａ　水でしめらせただっし綿の上に，インゲンマメの種子を置く。

ｂ　かわいただっし綿の上に，インゲンマメの種子を置く。

ｃ　水でしめらせただっし綿の上に，インゲンマメの種子を置き，箱をかぶせる。

ｄ　水でしめらせただっし綿の上に，インゲンマメの種子を置き，冷蔵庫に入れる。

ｅ　水でしめらせただっし綿の上に，インゲンマメの種子を置き，さらに水を加えて種子全体が水でつかるようにする。

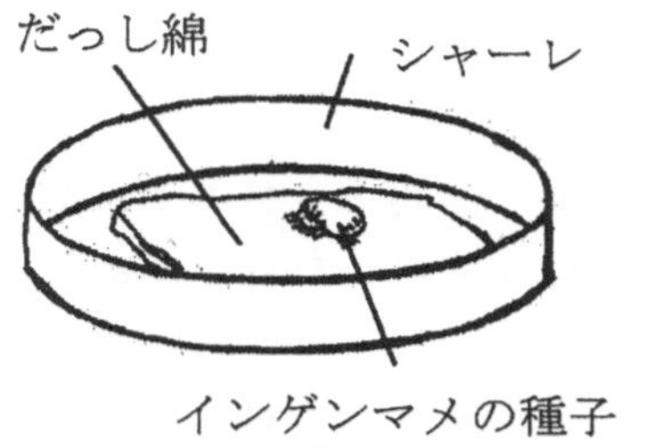

１　次の①～④の条件が，発芽に必要な条件であるかどうかを調べるには，実験ａ～ｅのうち，どれとどれを比べればよいですか。①～④について，比べる実験をそれぞれ答えなさい。

①　光　　②　温度　　③　水　　④　空気

２　種子の発芽に必要な条件である場合は○，必要な条件ではない場合は×としたとき，発芽に必要な条件の組み合わせとして最も適当なものを，次の**ア**～**エ**から１つ選び，記号で答えなさい。

	光	温度	水	空気
ア	○	○	×	×
イ	○	×	○	○
ウ	×	○	×	○
エ	×	○	○	○

３　発芽する前のインゲンマメの種子を半分に切ってヨウ素液をかけたとき，青むらさき色にそまる部分がありました。青むらさき色にそまった部分をぬりつぶした図として最も適当なものを，次の**ア**～**エ**から１つ選び，記号で答えなさい。

ア　**イ**　**ウ**　**エ**

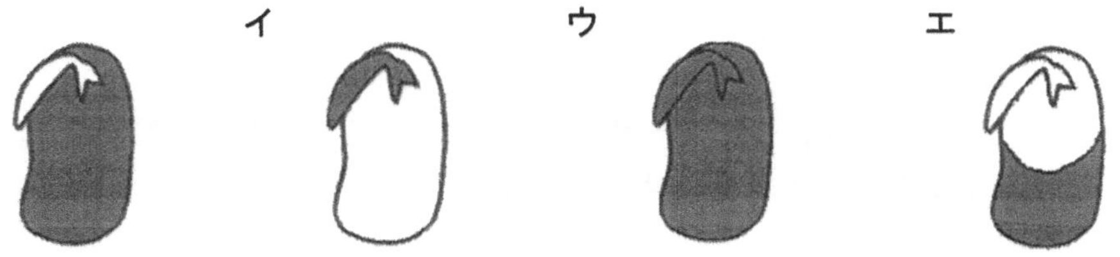

（六）　次の図は，食塩とミョウバンが 100g の水にとける量の温度による変化をグラフで表したものです。次の問いに答えなさい。

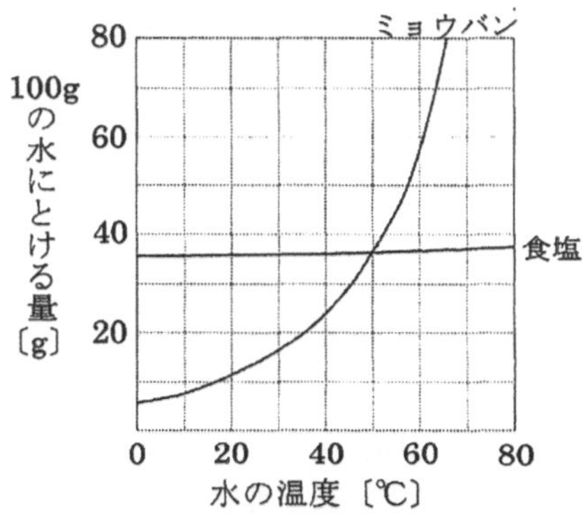

１　ミョウバンが水にすべてとけたときのようすについて述べた文として最も適当なものを，次の**ア**～**エ**から１つ選び，記号で答えなさい。

ア　水よう液はとう明で，時間がたっても水よう液の濃《こ》さはどの部分でも同じである。

イ　水よう液はにごっていて，時間がたつと底にミョウバンがたまっている。

ウ　水よう液はとう明で，時間がたつと底が濃くなっている。

エ　水よう液はにごっていて，時間がたっても同じようににごっている。

２　水 100g を入れた２つのビーカーに，それぞれ食塩とミョウバンを 50g ずつ入れました。水よう液の温度を 70℃から 10℃に変化させたときのとけ方のようすを述べた文の組み合わせとして最も適当なものを，次の**ア**～**エ**から１つ選び，記号で答えなさい。

	食塩	ミョウバン
ア	どの温度でもすべてとける	30℃のときはとけ残る
イ	どの温度でもすべてとける	60℃のときはとけ残る
ウ	どの温度でもとけ残る	30℃のときはとけ残る
エ	どの温度でもとけ残る	60℃のときはとけ残る

３　60℃の水 50g を入れたビーカーに，ミョウバンを 15g 入れました。

①　ミョウバンはあと約何 g とかすことができますか。最も適当なものを次の**ア**～**エ**から１つ選び，記号で答えなさい。

ア　約 13g　　**イ**　約 20g　　**ウ**　約 26g　　**エ**　約 40g

②　この水よう液を 10℃まで冷やしたときにとけきれずに出てくるミョウバンは約何 g ですか。最も適当なものを次の**ア**～**エ**から１つ選び，記号で答えなさい。

ア　約 2g　　**イ**　約 5g　　**ウ**　約 8g　　**エ**　約 11g

４　30℃の水 100g を入れたビーカーに食塩をとけるだけとかしました。このときの食塩水の濃度は約何％ですか。最も適当なものを次の**ア**～**エ**から１つ選び，記号で答えなさい。

ア　約 15％　　**イ**　約 21％　　**ウ**　約 26％　　**エ**　約 30％

（七）　６つの同じ豆電球Ａ～Ｆとかん電池とスイッチａ，スイッチｂを使って，下の図のような回路を作りました。後の問いに答えなさい。

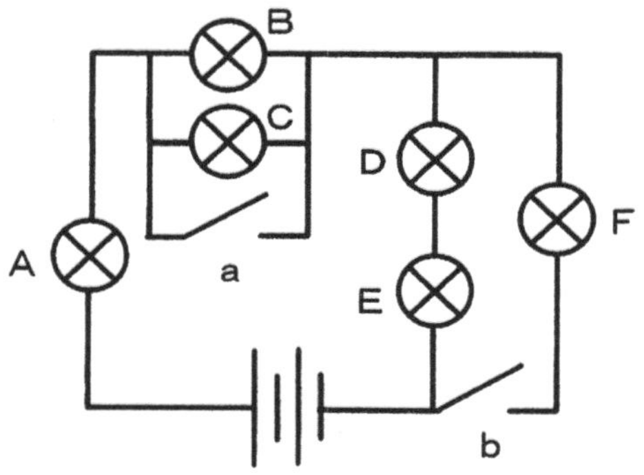

１　スイッチａ，スイッチｂが両方開いているとき，ＣとＤの明るさを比べるとどうなりますか。最も適当なものを次の**ア**～**ウ**から１つ選び，記号で答えなさい。

ア　Ｃの方が明るく光る。　**イ**　ＣとＤは同じ明るさで光る。　**ウ**　Ｄの方が明るく光る。

２　スイッチａ，スイッチｂが両方開いているとき，ＡとＥの明るさを比べるとどうなりますか。最も適当なものを次の**ア**～**ウ**から１つ選び，記号で答えなさい。

ア　Ａの方が明るく光る。　**イ**　ＡとＥは同じ明るさで光る。　**ウ**　Ｅの方が明るく光る。

３　スイッチａを開いて，スイッチｂだけを閉じたとき，最も明るい豆電球はどれですか。Ａ～Ｆから１つ選び，記号で答えなさい。

４　スイッチａ，スイッチｂを操作したとき，Ａが最も明るくなる操作として適当なものを次の**ア**～**エ**から１つ選び，記号で答えなさい。

ア　スイッチａ，スイッチｂを両方開く。　**イ**　スイッチａを開いて，スイッチｂを閉じる。

ウ　スイッチａを閉じて，スイッチｂを開く。　**エ**　スイッチａ，スイッチｂを両方閉じる。

５　スイッチａ，スイッチｂを両方閉じたとき，Ａ，Ｂ，Ｄ，Ｆを明るい順に並べなさい。

令和５年度　新田青雲中等教育学校入学試験問題　　社　会　（40分）

注意　　答えはすべて解答用紙に書きなさい。

（その１）

（一）　次のＡ～Ｅは，ある中学校の社会科の授業で，右下の地図中の**あ**～**お**の都道府県にみられる「古くからあるもの」についてタブレットを使用して調べて，発表している時の様子です。後の１～６の問いに答えなさい。

Ａ

この城は，かつて出雲《いずも》国と呼ばれた地域にある城です。現在も天守が残っているのは全国でわずか12城で，この城はその一つであり，2015年には，国宝に指定されています。

Ｂ

この建物は，徳川家康《とくがわいえやす》をまつるために，江戸時代につくられた建物です。1999年には世界遺産にも登録されています。

Ｃ

この建物は，温泉街のシンボルとして，古くから多くの人々が訪れています。現在は，地震《じしん》に強くするための工事が行われています。

Ｄ

これは大館《おおだて》曲《ま》げわっぱという工芸品で，（　　）県で古くから作られています。国の伝統《でんとう》的工芸品に指定されており，（　　）杉が使われています。

Ｅ

この橋は，通潤橋《つうじゅんきょう》という橋です。今から160年以上前に，布田保之助《ふたやすのすけ》を中心に，石を組んでつくられました。

１　Ａの城の名前を答えなさい。

２　Ｂについて，次の①・②の問いに答えなさい。

①　Ｂの建物がある都道府県を，地図中の**あ**～**お**から１つ選び，記号で答えなさい。

②　Ｂの建物がある都道府県では，ある果物の生産量が全国１位です。その果物は何か，次の**ア**～**オ**から１つ選び，記号で答えなさい。

ア　マスカット　　**イ**　すいか　　**ウ**　みかん　　**エ**　いちご
オ　ラズベリー

３　Ｃの建物には，小説『坊っちゃん』を書いた作家もよく通っていました。この作家の名前を答えなさい。

４　Ｄの文中の（　　）に共通してあてはまる言葉を答えなさい。

５　Ｅの橋がある都道府県を，地図中の**あ**～**お**から１つ選び，記号で答えなさい。

【地図】

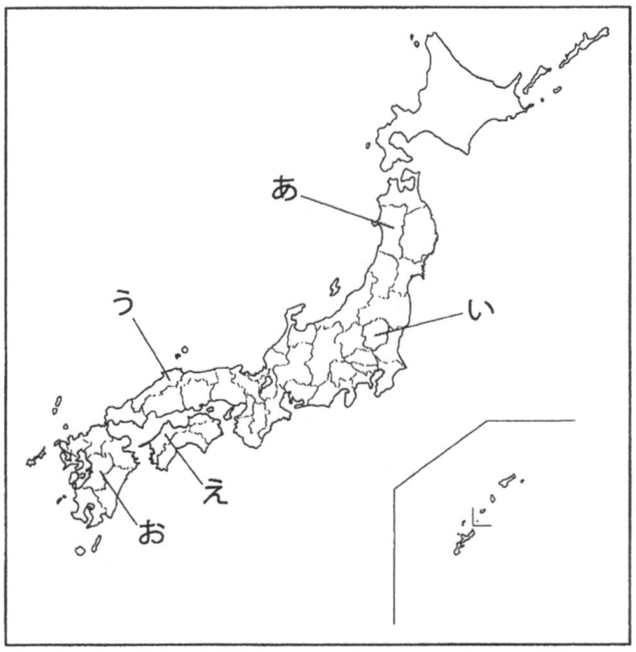

6　下の地形図は，Ｅの橋の周辺のものです。後の①・②の問いに答えなさい。

【地形図】

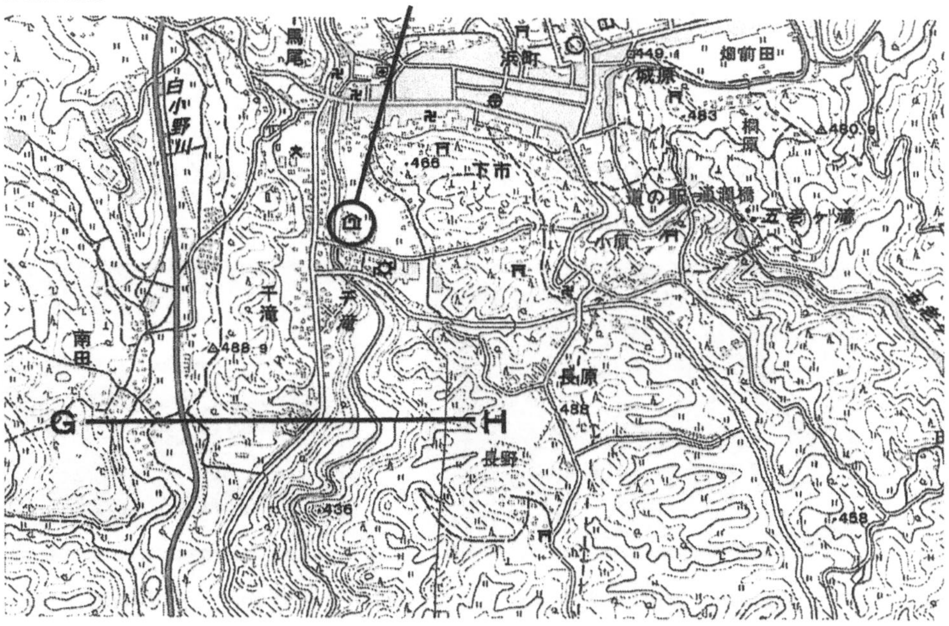

（地理院地図より作成）

①　地図記号は，社会の変化に合わせて新しく作られることがあります。地形図中のＦも2006年に新しく作られた地図記号ですが，どのような社会の変化によって，この地図記号が作られたのか，説明しなさい。

②　地形図中の線ＧＨの断面図を次のア～ウから１つ選び，記号で答えなさい。

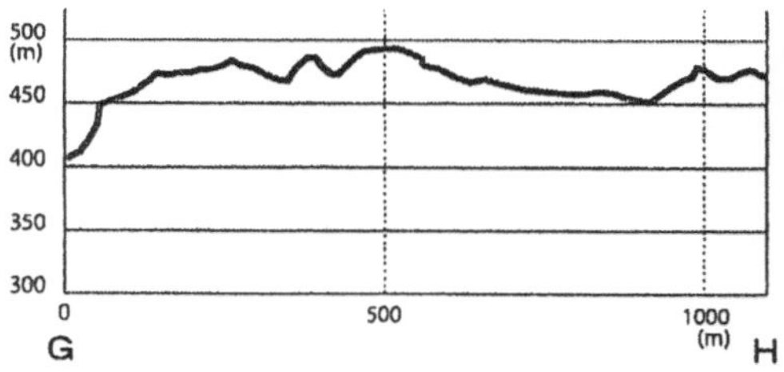

ア

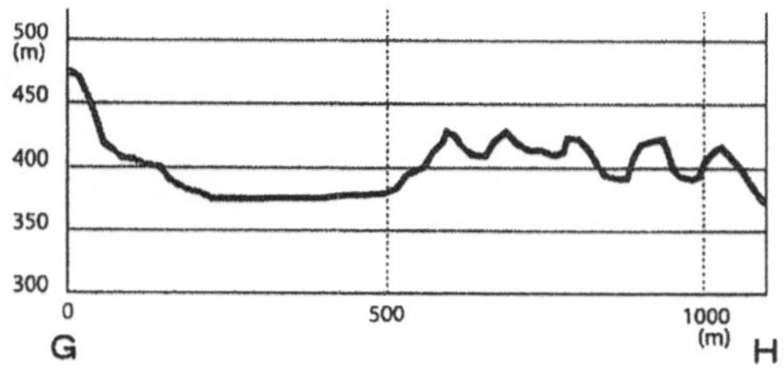

イ

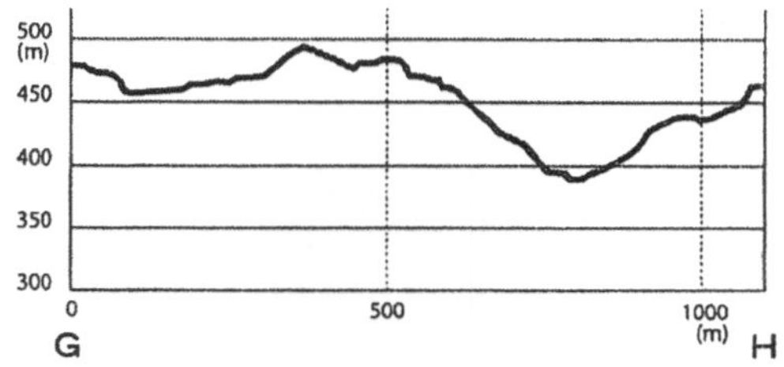

ウ

（二）　次の図１・２を見て，後の１～４の問いに答えなさい。

図１

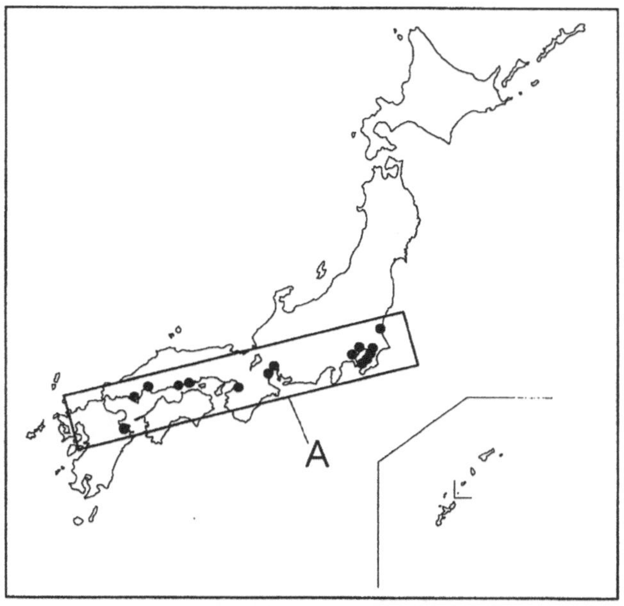

図２

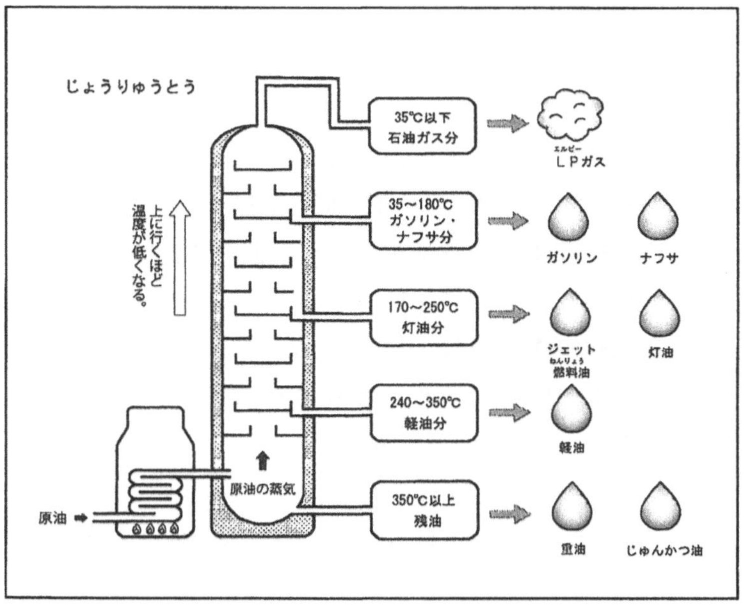

1　図１について，次の①～③の問いに答えなさい。

①　図１中の●は，石油製品をつくる工場が集まっている主な場所です。どのような場所に多いか，答えなさい。

②　図１中のＡは，工業地域や工業地帯が帯のように広がっている状況を示しています。この地域・地帯をまとめて何というか，答えなさい。

③　次の文は，石油製品をつくる工場に関する内容です。（　　　　）にあてはまる言葉を答えなさい。

石油工場を中心に，石油製品を原料や燃料にする工場が集まっているところを，石油化学（　　　　）という。

2　**図２**は，石油製品をつくる工場に見られる施設《しせつ》です。**図２**中のナフサを原料として，どのような製品が作られていますか。具体的な製品名を答えなさい。

3　日本は石油のほとんどを輸入にたよっていますが，近年では，どの国からもっとも多く輸入しているか，国名を答えなさい。

4　近年，世界でもっとも多く石油を生産している国はどこか，答えなさい。

（三）　次のＡ～Ｅの５枚のカードは，古代から近世までの歴史を時代ごとにまとめたものです。後の１～７の問いに答えなさい。

【カード】

Ａ　幕府《ばくふ》は，外国との貿易をさかんにしようとして，大名《だいみょう》や商人に朱印状《しゅいんじょう》をあたえて外国との貿易を保護しました。その結果，多くの貿易船が東南アジアなどに向かい，各地に（　**あ**　）がつくられました。

Ｂ　朝廷《ちょうてい》の命令で地方の争いを平定することは，武士の大切な役割《やくわり》の一つでした。東北で起きた争いでは，（　**い**　）が大きな働きをしましたが，豪族の内部争いに（　**い**　）が勝手にかかわったものとされ，朝廷から恩賞《おんしょう》は出ませんでした。そこで，（　**い**　）は，自分の財産を分けあたえることで武士からの信用を高め，源氏の勢力が東国《とうごく》に広がる結果になりました。

Ｃ　国を治めるための法律《ほうりつ》である（　**う**　）ができあがり，人々は，租《そ》・調《ちょう》・庸《よう》といった税を納《おさ》めるとともに，役所や寺を建てたり，都や九州《きゅうしゅう》を守る兵士の役を務《つと》めたりしました。

Ｄ　平定した土地で（　**え**　）を行い，田畑の広さや土地のよしあし，耕作している人物などを調べ，収入《しゅうにゅう》を確かなものにしました。その一方で刀狩令《かたながりれい》を出し，百姓《ひゃくしょう》たちから刀や鉄砲《てっぽう》などの武器を取り上げて，反抗《はんこう》できないようにしました。

Ｅ　中国《ちゅうごく》から帰国した（　**お**　）は，日本の自然の美しさを求めて，各地をめぐって大自然の雄大《ゆうだい》さをえがきました。岩や山の輪郭《りんかく》をするどく，はっきりとえがき，すみのこい，うすいをぬり分けた画法は（　**お**　）独特のもので，国宝《こくほう》の「天橋立図《あまのはしだてず》」など，現在も多くの人々に親しまれています。

1　カード中の（　**あ**　）～（　**お**　）にあてはまる言葉をそれぞれ答えなさい。

2　Ａ～Ｅを年代の古い順にならべ，記号で答えなさい。

3　Ａの時代の民衆の教育機関について，下の**資料**や**グラフ**の説明文Ｘ・Ｙについて，その正誤の組み合わせとして正しいものを，後の**ア**～**エ**から１つ選び，記号で答えなさい。

資料

グラフ

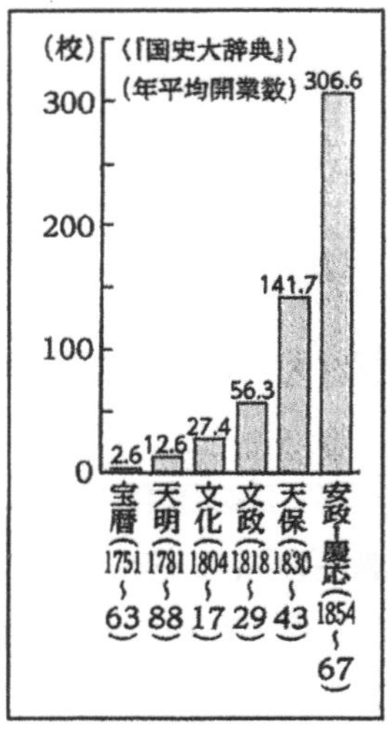

Ｘ　この教育機関では，さまざまな子どもが学んでおり，いっせいに授業するのではなく，一人ひとりに応じた教育を行っている。

Ｙ　この教育機関は江戸時代に開業《かいぎょう》されるようになり，19 世紀以降少しずつ増加していった。

ア　Ｘ・正　Ｙ・正　　**イ**　Ｘ・正　Ｙ・誤
ウ　Ｘ・誤　Ｙ・正　　**エ**　Ｘ・誤　Ｙ・誤

4　Ｂのようにして東国に勢力をのばした源氏《げんじ》は，西国《さいごく》に勢力をのばした平氏《へいし》と争うようになりました。1159 年，源頼朝《みなもとのよりとも》の父を破った平氏は誰《だれ》か，答えなさい。

５　Ｃの（　う　）のような法律は中国の法律にならってつくられました。当時の中国の国名は何か，答えなさい。

６　Ｄの政策《せいさく》を打ち出した人物の名前を答えなさい。

７　Ｅの時代の文化に**あてはまらない資料**を，下の**ア**～**エ**から１つ選び，記号で答えなさい。

ア

イ

ウ

エ

（四）　右の年表を見て，後の１～７の問いに答えなさい。

１　下の資料は，年表中の［　　　　］の内容を示したものであり，新政府の新しい政治の方針を定めたものです。［　　　　］にあてはまる言葉を答えなさい。

> 一　政治のことは，会議《かいぎ》を開き，みんなの意見を聞いて決めよう。
> 一　みんなが心を合わせ，国の政策を行おう。
> 一　みんなの志《こころざし》がかなえられるようにしよう。
> 一　これまでのよくないしきたりを改めよう。
> 一　新しい知識を世界に学び，国を栄《さか》えさせよう。

西暦《せいれき》	できごと
1868	［　　　　］が発布《はっぷ》される。
	A
1894	a日清《にっしん》戦争が始まる。
1904	b日露《にちろ》戦争が始まる。
	B
1914	第一次世界大戦が始まる。
	C
1933	日本が国際連盟《こくさいれんめい》を脱退《だったい》する。
	D
1939	第二次世界大戦が始まる。
	E
1945	日本はポツダム宣言を受け入れる。
	F
1951	c サンフランシスコ平和条約《じょうやく》が結ばれる。
	G
1978	日中《にっちゅう》平和友好条約が結ばれる。
	H
1989	d元号《げんごう》が平成《へいせい》に改まる。

２　次の**ア**～**エ**は，年表中のＡの時期に起きたできごとです。年代の古い順にならべ，記号で答えなさい。

ア　政府による改革《かいかく》が進む中で，多くの士族《しぞく》は武士として得ていた収入を失い，生活に困《こま》るようになったため，西南《せいなん》戦争などが起こった。

イ　初めて選挙《せんきょ》が行われ，第１回の国会が開かれた。

ウ　埼玉県の秩父《ちちぶ》地方の農民3000人余りが，「借金のしはらいを延期《えんき》すること，村にはらう税金を安くすること」などを求めて，役所や高利貸《こうりが》しをおそい，今の秩父市を占領《せんりょう》した。

エ　大日本帝国憲法《ていこくけんぽう》が発布された。

３　次の**ア**～**エ**のうち，年表中のＤの時期の国民生活にかかわるできごとについて述べた文として正しいものを１つ選び，記号で答えなさい。

ア　足尾《あしお》銅山の鉱毒事件や工場で働く人の労働条件など，さまざまな社会問題が起こった。

イ　米が配給制になった。

ウ　議会の承認なしに政府が国民全員を総動員できる法律を出した。

エ　これまで差別されてきた女性たちは，平塚《ひらつか》らいてうや市川房枝《いちかわふさえ》などを中心に，選挙権などの権利《けんり》の獲得《かくとく》，女性や母親の権利を守ることをうったえた。

4　**資料１**は，年表中の下線部ａと下線部ｂの戦争における日本の戦費と戦死者を，**資料２**は，下関条約とポーツマス条約の主な内容を示したものです。国民は日露戦争後の講和条約に不満をいだき，暴動をともなう民衆運動をおこすことになったがそれはなぜか，その理由として考えられることを，**資料１**，**資料２**から読み取り説明しなさい。

【資料１】

	日清戦争	日露戦争
戦費	約２億円	約20億円
戦死者※	約１万3000人	約８万4000人

※病気による死者も含む

資料２

【下関条約】（日清戦争後の講和条約）
○ 清は，朝鮮が独立国であることを認める。
○ 清は，遼東《りょうとう》半島・台湾《たいわん》などを日本にゆずる。
○ 清は，賠償金《ばいしょうきん》として金２億両（約３億1000万円）を日本にはらう。
【ポーツマス条約】（日露戦争後の講和条約）
○ ロシアは，韓国に対する日本の指導《しどう》・監督《かんとく》権を認める。
○ ロシアは，遼東半島の旅順《りょじゅん》・大連《だいれん》の租借《そしゃく》権を日本にゆずる。
○ ロシアは，北緯50度以南の樺太《からふと》を日本にゆずる。

5　年表中の下線部ｃの条約と同時に，日本国内にアメリカ軍の基地をおくことを決めた条約も結ばれました。この条約を何というか，答えなさい。

6　次の文は，年表中の下線部ｄと同じ年に起きたできごとに関する内容です。（　　　　）にあてはまる言葉を答えなさい。
アメリカとソ連《れん》の対立の象徴《しょうちょう》だった（　　　　）の壁《かべ》は，この年にドイツの市民によって取りこわされました。

7　次の**資料３**と**資料４**で述べられていることがらは，年表中のＡ～Ｈのどの時期にあてはまるか，記号で答えなさい。

資料３

この資料は，米を売るお店におしかける人々のようすをえがいたものです。米などの値段が急に高くなったため，人々は生活を守るために，各地で民衆運動を起こしました。

資料４

経済白書には，復興《ふっこう》の時期は終わったとして，「もはや戦後ではない」と記載《きさい》されました。

（五）　次の資料を見て，後の１・２の問いに答えなさい。

> ａ<u>こんどの憲法</u>では，日本の国が，けっして二度と（　　　　）をしないように二つのことをきめました。その一つは，兵隊も軍《ぐん》艦《かん》も飛行機も，およそ（　　　　）をするためのものは，いっさいもたないということです。（中略）これからさき日本には，陸軍も海軍も空軍もないのです。しかしみなさんは，けっして心ぼそく思うことはありません。日本は正しいことを，ほかの国よりさきに行ったのです。世の中に，正しいことぐらい強いものはありません。　『あたらしい憲法のはなし』より

1　下線部ａについて，次の①～③の問いに答えなさい。
① この憲法の名前を答えなさい。
② この憲法が施行《しこう》された年月日を答えなさい。
③ 資料は，憲法の３つの原則のうちの１つを示しています。それは何か，答えなさい。

2　資料中の（　　　　）に共通してあてはまる言葉を答えなさい。

（六）　次の資料を見て，後の１～５の問いに答えなさい。

a 国際連合《こくさいれんごう》（国連）は，世界の平和と安全を守り，人々のくらしをよりよいものにするために，1945年に51か国が参加して発《ほっ》足《そく》しました。

2015年，b 国連本部で「持続可能な開発サミット」が開かれ，持続可能な社会を実現するための2030年までの行動計画が立てられました。その中心として示されたのがｃ「持続可能な開発目標」です。

日本は，国連の活動以外にも国際協力の活動を行っています。例えば，d 政府開発援助《えんじょ》と呼ばれる政府による国際協力の活動があります。社会環境《かんきょう》が十分に整備されていない国に対し，資金や技術を提供《ていきょう》したり，専門家を派けんしたりしています。

e 非政府組織（NGO）は，国連や各国の政府から独立して活動している民間の団体です。その活動は，主に募金《ぼきん》や寄付金，ボランティアなどで支えられています。

これからは政府開発援助と非政府組織が，それぞれのよい点を生かして国際協力を進めていくことが期待されています。

１　下線部ａには現在，約何か国が加盟しているか，次の**ア**～**エ**からもっとも近いものを１つ選び，記号で答えなさい。

ア　約100か国　　**イ**　約150か国　　**ウ**　約200か国　　**エ**　約250か国

２　下線部ｂについて，国連の本部はどこにあるか，次の**ア**～**エ**から１つ選び，記号で答えなさい。

ア　パリ　　**イ**　ロンドン　　**ウ**　ニューヨーク　　**エ**　リオデジャネイロ

３　下線部ｃについて，次の①・②の問いに答えなさい。

①　アルファベット４字で言いかえなさい。

②　下線部ｃには17の目標が設定されているが，下の図はどの目標を示したものか，次の**ア**～**エ**から１つ選び，記号で答えなさい。

ア　平和と公正をすべての人に

イ　鳥たちのすみかを守ろう

ウ　持続可能な農業をしよう

エ　世界中に物が届くように

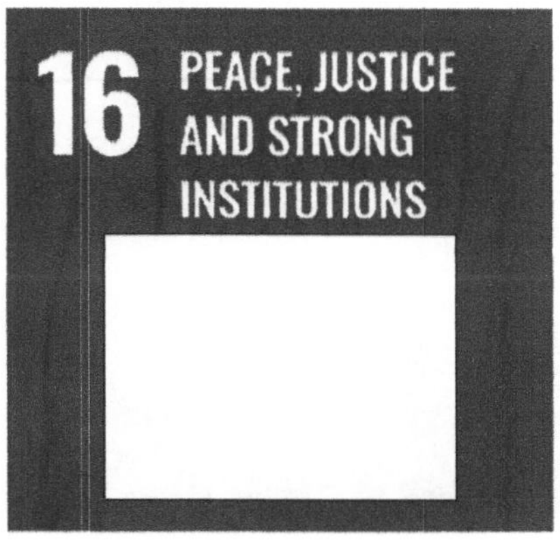
16
PEACE, JUSTICE
AND STRONG
INSTITUTIONS

※お詫び：著作権上の都合により，
イラストは掲載しておりません。
ご不便をおかけし，
誠に申し訳ございません。　教英出版

４　下線部ｄを，アルファベット３字で言いかえなさい。

５　下線部ｅの**活動ではないもの**を，次の**ア**～**エ**から１つ選び，記号で答えなさい。

ア　難民《なんみん》の保護・救済活動や死刑の廃止《はいし》・人権擁護《ようご》などを啓発《けいはつ》する運動を行っている「アムネスティ・インターナショナル」という団体の活動。

イ　子どもたちに地雷《じらい》や不発弾《ふはつだん》の被害《ひがい》にあわないための教育を行う「難民を助ける会」という組織の活動。

ウ　教育や医療《いりょう》，農業などの分野の知識や技術をもった人たちが派けんされ，発展途上の国や地域で活やくする「青年海外協力隊」の活動。

エ　紛争《ふんそう》や自然災害，貧困など，さまざまな理由で命の危機にさらされている人びとに，無償で医療・人道援助を行う「国境なき医師団」の活動。

（七）　次の図は，販売《はんばい》の仕事をするコンビニエンスストアでの情報活用について，関係図にまとめたものです。後の１・２の問いに答えなさい。

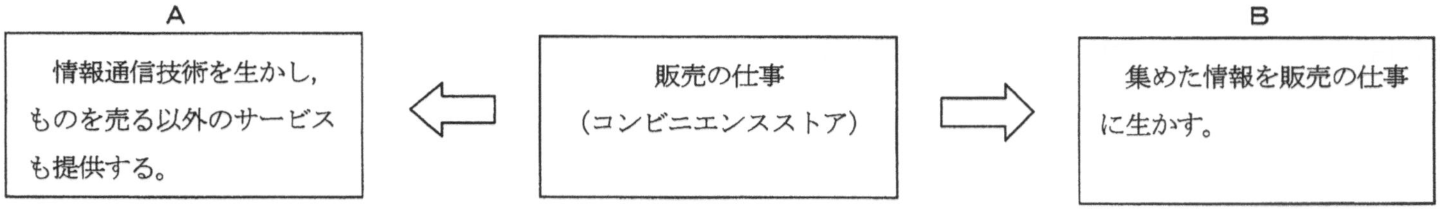
A
情報通信技術を生かし，ものを売る以外のサービスも提供する。
販売の仕事
（コンビニエンスストア）
B
集めた情報を販売の仕事に生かす。

１　関係図中のＡのようなサービスにはどのようなものがあるか，答えなさい。

２　関係図中のＢについて，コンビニエンスストアは集めた情報をどのようにして販売の仕事に生かしているか，説明しなさい。

令和五年度　新田青雲中等教育学校入学試験解答用紙　国語

受験番号

氏　名

（一）

1　①　②（い）　③（って）　④　⑤

2　①　②（く）　③（った）　④　⑤

3　①消（　）　②短（　）　③（　）然　④（　）務　⑤（　）入

4　①　②　③　④　⑤

5　①・　②・　③・　④・　⑤・

（二）

1

2　〜

3

4

5

6

7

8

（三）

1　だから。

2

3

4

5

6

7

8

採点欄	
（一）	
（二）	
（三）	
合計	

※100点満点
（配点非公表）

受験番号
氏　　名

令和五年度　新田青雲中等教育学校入学試験解答用紙　作文

100字

200字

300字

400字

採　点　欄			
※1	※2	※3	合計
			※30点満点 （評価基準非公表）

受験番号		氏　名	

令和５年度　新田青雲中等教育学校入学試験解答用紙　　算　数

(一)	1		2		3		4		5	

(二)	1		2		3		4		5		6	
	7		8		9		10		11		12	

(三)	1	箱目	2	式 箱目

(四)	1	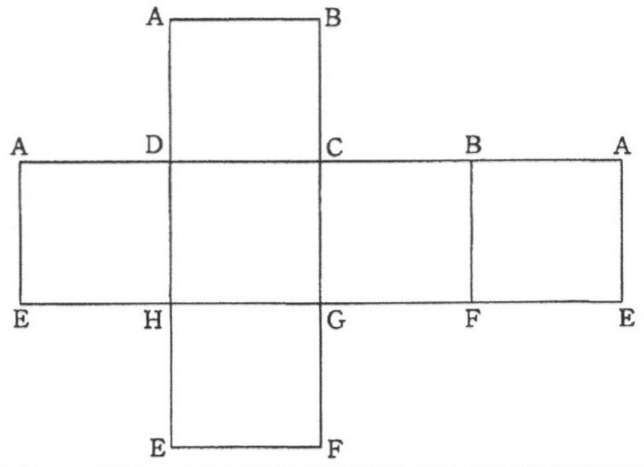	2	式 cm

(五)	1	式 分後	2	式 m

(六)	1	とおり	2	とおり

	(一)	(二)	(三)	(四)	(五)	(六)	合　計
採点欄							※100点満点 （配点非公表）

受験番号		氏　名	

令和５年度　新田青雲中等教育学校入学試験解答用紙　　理　科

(一)	1		2		3	cm	4		5	
	6									
	7		8							

(二)	1					
	2		3			
	4	①		②		③

(三)	1		2	①		②	
	3	①					
	3	②	記号		理由		
	4		5				

(四)	1		2				
	3	①		②	g	4	
	5						
	6	あ		い			

(五)	1	①	実験（　　）と　実験（　　）	②	実験（　　）と　実験（　　）		
		③	実験（　　）と　実験（　　）	④	実験（　　）と　実験（　　）	2	3

(六)	1		2		3	①		②	4	

(七)	1		2		3		4		5	→　→　→

採点欄	(一)	(二)	(三)	(四)	(五)	(六)	(七)	合　計
								※50点満点 （配点非公表）

受験番号		氏　名	

令和５年度　新田青雲中等教育学校入学試験解答用紙　　社　会

(一)								
1		2 ①		②		3		4
5		6 ①					②	

(二)				
1	①		②	
	③	2		3
4				

(三)							
1	あ		い		う		え
	お		2	→ → → →			
3		4		5		6	7

(四)						
1		2	→ → →	3		
4						
5		6		7	資料3	資料4

(五)					
1	①	②	年　月　日	③	2

(六)								
1		2		3 ①		②	4	5

(七)	
1	
2	

	(一)	(二)	(三)	(四)	(五)	(六)	(七)	合計
採点欄								※50点満点 (配点非公表)

令和四年度　新田青雲中等教育学校入学試験問題　国語

（50分）

注意１　答えはすべて解答用紙に書きなさい。
注意２　字数制限のある答えは、句読点・記号も一字とします。

（その１）

（一）　次の文章を読んで、後の問いに答えなさい。

　バナナやリンゴを切って、しばらく置いておくと、切り口が注1黒褐色《こっかっしょく》になります。「どんなしくみで、バナナやリンゴの切り口が黒褐色に変色するのか」と、考えてみてください。

　バナナやリンゴの実が切られることで、それまで皮に包まれていた果肉や果汁《かじゅう》は、①はじめての出会いを経験します。果肉や果汁には、光が直接に当たります。また、果肉や果汁は空気と接触《せっしょく》します。「光との出会い、空気との出会いのどちらが原因で、黒褐色に変色するのか」という疑問は、②容易に調べることができます。

　バナナやリンゴの実を真っ暗な中で切り、そのまま光を当てないで置いておくのです。すると、真っ暗な中でも、時間が経《た》つと、切り口は黒褐色に変色します。だから、切り口が黒褐色に変色するのは、光が当たることが原因ではありません。いっぽう、切ったあとにラップをしたり水につけておいたりすると、光が当たっても変色することはありません。

　切り口が黒褐色に変色するのは、空気とはじめて触《ふ》れるためなのです。しかし、空気と触れるといっても、乾燥《かんそう》した空気の中でも、湿《しめ》った空気の中でも、切り口は黒褐色に変色します。だから、空気中の（　a　）が原因ではありません。いったい、空気の何に㋐反応するのでしょうか。

　空気の中に含《ふく》まれている気体と反応するのです。空気に多く含まれている気体は、窒素《ちっそ》と酸素です。また、植物とかかわりが深いのは、光合成の原料となる二酸化炭素です。このうち、切り口が黒褐色に変色する原因となる気体は、どれでしょうか。

　それは、酸素なのです。バナナやリンゴの果肉や果汁の中には、酸素と反応するものが含まれています。それは、注2ポリフェノールという物質です。ポリフェノールが、空気中の酸素と接触して、黒褐色になるのです。

　ポリフェノールという物質は、バナナやリンゴの果肉や果汁の中に存在します。［A］、皮を剥《む》いたり、実を切ったりしなければ、この物質は空気中の酸素と触れることはありません。だから、切らない実の中では、黒褐色にはならないのです。レタス、ゴボウ、ウドなどでも、切り口が黒褐色になります。これらも、バナナやリンゴの場合と同じしくみです。バナナやリンゴが黒褐色になると、③見た目に汚《きたな》い印象で、おいしそうに見えません。【Ⅰ】

　そこで、③それを防ぐために、水や酢《す》につけて切り口に含まれるポリフェノールと酸素の接触をさまたげます。すると、切り口は黒褐色にはなりません。昔からこれらの食材を㋑チョウリする際に利用されている方法で、（　b　）です。

　「バナナやリンゴなどの切り口が黒褐色になるのは、果肉や果汁の中に含まれていたポリフェノールという物質が、空気中の酸素と反応するからです」という説明は、間違《まちが》ってはいません。［B］、もう少していねい④に説明すると、この反応を進めるためには、もう一つの物質が果肉や果汁の中に必要です。それは、「ポリフェノール酸化酵素《こうそ》」という物質です。【Ⅱ】

　「この物質がなければ、黒褐色にならないのか」という疑問が浮《う》かぶでしょう。「黒褐色にならない」が答えです。そのことを㋒ショウメイするように、「時間が経っても、切り口が黒褐色にならないリンゴ」というのが、新しい㋓ヒンシュとして開発されています。「青森県りんご試験場」で開発された「青り27号」というヒンシュです。【Ⅲ】

　このリンゴは、ふつうのリンゴと同じ量のポリフェノールをもっています。［C］、切ってから時間が経っても黒褐色になりません。その理由は、ポリフェノール酸化酵素をごく少ししかもたないからです。そのために、ポリフェノールと酸素の反応が進みにくいのです。【Ⅳ】

　すりおろしたばかりのリンゴの果肉と果汁は白っぽいのですが、少し時間が経つと、黒褐色になります。ところが、「青り27号」のすりおろした果肉と果汁は、時間が㋔経過しても、なかなか変色しません。ポリフェノール酸化酵素が極端《きょくたん》に少⑤ないので、ポリフェノールと酸素の反応が進まないからです。

　ハガキノキといわれるタラヨウの葉っぱに針金で文字を書くと、その文字が黒く浮かびあがるのは、バナナやリンゴの切り口が黒褐色に変色するのと、まったく同じしくみです。葉っぱに針金で傷がつくと、中に含まれていたポリフェノールを含んだ汁が空気に触れ、ポリフェノール酸化酵素が反応を進めるので、黒くなるのです。傷ついていない部分は酸素と触れないので、そんな反応はおこりません。だから、文字を書いて傷をつけた部分だけが黒く浮かびあがります。

　葉っぱではありませんが、同じ理屈《りくつ》で文字が書けるのは、バナナの皮です。バナナの皮にも、ポリフェノールやポリフェノール酸化酵素が含まれています。そのため、皮に傷をつけて、時間が経つと、ポリフェノール酸化酵素のはたらきで、ポリフェノールが黒褐色になります。

　バナナの皮では、かなり鮮明《せんめい》に文字が浮かびあがります。だから、新鮮《しんせん》なバナナの皮は、「はがき」にはならなくても、⑥ちょっとした伝言をするための「メモ用紙」になら十分使えます。

（田中《たなか》　修《おさむ》「植物はすごい　生き残りをかけたしくみと工夫《くふう》」による）

注１　黒褐色……黒みをおびた茶色。
注２　ポリフェノール……植物の中に存在する化合物。

1　〰〰部㋐～㋔の漢字については読みがなを、カタカナについては漢字を、それぞれ書きなさい。

2　（　a　）・（　b　）に入る語として最も適当なものを、それぞれ次のア～エから一つずつ選び、記号で答えなさい。

a……ア　二酸化炭素　　イ　湿度《しつど》　　ウ　細菌《さいきん》　　エ　温度
b……ア　一時しのぎの技《わざ》　　イ　古代の用法　　ウ　生活の知恵《ちえ》　　エ　民間の伝統

3 ［A］～［C］に入る語の説明として最も適当なものを、次のア～エから一つ選び、記号で答えなさい。

ア ［A］・［B］・［C］にはすべて「しかし」が入り、前の文を打ち消して、後の文には別の内容が続けられている。
イ ［A］・［B］・［C］にはすべて「しかし」が入るが、その中でも、［B］は、前の文を完全に打ち消しているわけではなく、後の文では新たな内容が補われている。
ウ ［A］・［C］には「しかし」が入り、ともに前の文を打ち消して、後の文には別の内容が続けられる。一方［B］は「だから」が入り、前の内容が後に続く文の説明・理由になることを表している。
エ ［A］・［B］・［C］にはすべて「だから」が入り、前の内容が後に続く文の説明・理由になることを表している。

4 ――部①「はじめての出会いを経験します」とありますが、この文章では果肉や果汁が何と出会うことを述べていますか。当てはまるものを、**すべて**答えなさい。

5 ――部②「容易に調べることができます」について、次の問いに答えなさい。

（1） この文章ではどのような方法で調べたと考えられますか。文章中の言葉を使って、説明しなさい。

（2） 文章中にはいくつかの実験について書かれていますが、なぜこのような説明の順番をとっているのですか。最も適当なものを、次のア～エから一つ選び、記号で答えなさい。

ア 印象に残る予想外の実験結果を示して、その後にどのような実験をしたか興味を持たせようと考えたから。
イ 実験は予想とはちがったが、正確な実験結果が出ていれば新たな結果につながることを示そうとしたから。
ウ 研究の結果を得るまでには予想外の結果がつきものだという、研究者の実験の苦労を感じさせようと考えたから。
エ 予想とはちがった実験結果の後に成功した実験結果を書いて、成功した結果以外に結論がないと示そうとしたから。

6 この文章では次の一文が省略されています。文章中の【 Ⅰ 】～【 Ⅳ 】のどこに入れるのが適当ですか。最も適当なものを、後のア～エから一つ選び、記号で答えなさい。

> この物質が、酸素とポリフェノールの反応を進め、ポリフェノールを黒褐色にするのです。

ア Ⅰ　イ Ⅱ　ウ Ⅲ　エ Ⅳ

7 ――部③「それ」とありますが、何を指していますか。文章中の言葉を使って、二十五字以内で説明しなさい。

8 ――部④「に」、⑤「ない」とありますが、同じ意味・用法のものを、それぞれ次のア～エから一つずつ選び、記号で答えなさい。

④「に」
ア 親切に案内してくれたのはこの人だ。
イ 休みの日にスーパーでおかしを買った。
ウ 勉強に運動にがんばる人を応えんする。
エ 晴れたので公園に行って遊んだ。

⑤「ない」
ア 私は食べない。
イ これは美しくない。
ウ ここには何もない。
エ 駅で走るとあぶない。

9 ――部⑥「ちょっとした伝言をするための『メモ用紙』になら十分使えます」とありますが、なぜ「メモ用紙」に使えるのですか。文章中の言葉を使って、説明しなさい。

10 この文章の構成や表現に関する説明として最も適当なものを、次のア～エから一つ選び、記号で答えなさい。

ア 果肉やそれに含まれる成分、また、大気の成分などを具体的な名前で記して、読む者に正確なもののとらえ方をさせようとしている。
イ ハガキノキという話題を出すことで、内容を今までの科学的なものから日常的なものに変え、読む者の気持ちをやわらげようとしている。
ウ 文と文などをつないで、その関係性を示すための言葉を多く用いることで文章に区切りをつけ、読む者に多くの疑問を持たせようとしている。
エ ポリフェノールとポリフェノール酸化酵素という物質を比べることで、読む者に別の視点から変色のしくみがあることを分からせようとしている。

（二）　次の文章を読んで、後の問いに答えなさい。

いつものお稽古《けいこ》だった。
客が飲み終えたお茶碗《ちゃわん》を、今すすごうとしている……。
煮《に》えたぎる釜《かま》の中に注１柄杓《ひしゃく》の頭を深く沈《しず》めて、たっぷりとくみ上げ、㋐湯気の上がるのを、そろりそろりとお茶碗の真上まで持ってきて、静かに傾《かたむ》ける。
とろとろとろとろとろとろ……
まろやかな音と一緒《いっしょ》に、土ものの茶碗が湯気に包まれた。
中をすすぎ、湯をこぼしに捨てた。
「おしまいに①いたします」
続いて、②同じ動作で水をくむ。
柄杓を、注２水指《みずさし》の中ほどまで沈めて、くみ上げ、お茶碗に注ぐ。
キラキラキラキラキラ……
（……あ、ちがう……！）
音がちがうのだ。
お湯は「とろとろ」と、まろやかな音だった。
水は「キラキラ」と、硬《かた》く澄《す》んだ音がした。
③今までは、いつも同じに聴《き》こえていた。同じだと思っていた。
それがなぜか突然《とつぜん》、ちがって聴こえた。
その日から、お湯と水は、いつもちがう音になった。

④雨の日だった。
梅雨《つゆ》のさなかの木造家屋は、湿気《しっけ》で引き戸が敷居《しきい》の上をすべりにくくなった。冬には［Ａ］張りつめていた障子紙《しょうじがみ》が、たるんでいた。
「こんにちは」
「まあまあ、雨の中、ようこそ」
お茶室に入ると、雨音が、やけにはっきり聴こえた。
パラパラパラパラ……
豆が当たるような音で、大粒《おおつぶ》の雨が、注３ヤツデの葉を打っている。
ポツポツポツポツ……
テントをつつくような音をさせて、今を盛《さか》りの注３紫陽花《あじさい》の葉や、丸く大きくなった注３山茱萸《さんしゅゆ》の葉っぱたちが、元気に雨をはね返している。
熱帯雨林を感じさせる雨だった。
「梅雨の雨だわね」
先生が、誰《だれ》に⑤言うともなくつぶやいた。
そのとき、気づいた。
（そういえば、秋雨《あきさめ》の音はちがう……）
十一月の雨は、しおしおと淋《さび》しげに土にしみ込《こ》んでいく。同じ雨なのに、なぜだろう？
（あ！　葉っぱが枯《か》れてしまったからなんだ……。六月の雨音は、若い葉が雨をはね返す音なんだ！　雨の音って、葉っぱの若さの音なんだ！）
パラパラパラパラ……
ポツポツポツポツ……

「ねぇ、あなた、もうちょっと上から注ぎなさいよ」
先生は、お湯や水を注ぐときには、「柄杓の合《ごう》（頭）一つ分」離《はな》れた所から注ぐようにと注意した。
「見た目にきれいだから」
ということの他に、もう一つ理由があった。
「そうすると、水音がきれいでしょ」
たしかに、「合一つ分」離すと、澄んだ水音になる。
「……ほらね。音の美学よ」

茶室の庭には、「つくばい」という、自然石をくりぬいた洗面台がある。稽古のある日は、それにきれいな水がはってあり、お茶室に入る前に、ここで手と口を清める決まりになっている。
⑥先生はその水道の蛇口《じゃぐち》を、ほんの少し開けておいて、水を細く流しっ放しにしておくのだ。
お茶を習い始めたばかりのころは、締《し》めわすれたのだろうと思っていた。けれど真夏に、
「今日は暑いから、つくばいの水を、いつもより少し多めにしてるの」
と聞いて、それが自然の注４ＢＧＭなのだとわかった。
「つくばい」の水面《みなも》で、水が波紋《はもん》を刻みつづける。
チョロチョロチョロチョロチョロチョロ……
注５お点前《てまえ》に没入《ぼつにゅう》している背後には、いつもせせらぎの水音が流れている。知らず知らず、その水音は私の心と体にしみこんでいた。

その日、私は新宿駅《しんじゅくえき》で、猛烈《もうれつ》な頭痛に襲《おそ》われた。頭をペンチで締め付けられるかのような激しい痛みだった。寝不足《ねぶそく》のまま、長時間、雑踏《ざっとう》を歩き回り、疲《つか》れていた。早くこの雑踏を抜け出して、静かな場所で休みたかった。

B エスカレーターに乗って、吸《す》い込まれるように地下の食料品売り場に降りた。売り声と、買い物客で㋑コみ合う売り場のすみに、小さな甘味処《かんみどころ》があるのを見つけた。店の入り口のすぐ脇《わき》の席に、㋒ニモツを放り出すようにドサッと座《すわ》ると、店員さんにみつまめを注文し、割れそうな頭を抱《かか》えて席にうずくまった。

そのとたん、騒音《そうおん》がふぅーっと遠のいた。⑦静寂《せいじゃく》の中に、引きずり込まれるような感じがした。ちぎれそうなほど張りつめた頭の神経に、⑧岩清水《いわしみず》がチロチロチロチロとしみ入るような快さがあった。目の奥《おく》のもつれた神経にも⑨清水がしみわたり、ときほぐしてくれるのだった。あまりの気持ち良さに、私はしばらく目を㋓トじたままでいた。

（あ～、ずーっと、こうしていたい）

どのくらい、うずくまっていただろう。五分か、十分か。

ふと顔を上げると、⑩あの頭痛が消えていた。

（あぁ、助かった……）

目の前に置かれていたみつまめを食べた。リラックスしていた。

短い時間だったのに、嘘《うそ》のように回復していた。

腰《こし》を上げて、帰ろうとした時、初めてその音に気づいた。

チョロチョロチョロチョロチョロチョロ……

（水が流れてる……）

ふり返ると、そこに「つくばい」があった。

石をくりぬいた「つくばい」ではない。掃除《そうじ》用の洗い場の蛇口の下に、瀬戸物《せともの》の花瓶《かびん》を置いて、水を細く流しっ放しにしていたのだ。

張りつめた神経にしみ込み、ときほぐし、激しい頭痛を癒《いや》してくれたのは、この「水音」だったのだ。

（⑪すごい……！）

私は、⑫水音の「神秘的」と言っていいような効果に、驚《おどろ》いた。

子どものころに読んだ「ギリシャ神話」に、不死身の戦士が登場した。戦争で傷を㋔負い、何度も地面にばったり倒《たお》れるが、両手が大地に着くと⑬たちまちよみがえる。あれはきっと、人間は「自然」に触れれば回復する、という意味だったのだ。

「水音」が聞こえるだけで、人はリラックスし、疲れを忘れる。私はいつの間にか、「自然」とつながっていたのだ。

「ごちそうさまー」

元気に店の外へ出た。

その日は、先生の家の玄関《げんかん》に入ったとたん、（……これ、なんだろう？）と気になった。

なんだか、スーッとした匂《にお》いがする。清潔な感じの匂いで、どこか遠い場所の焚《た》き火を思わせた。

廊下《ろうか》を歩きながら、⑭不意にわかった。

（あっ、これ、炭の匂いだ！）

⑮何年もこの家に通って、ずっとこの匂いの中にいたのに今、気づいた。炭に匂いがあったなんて、知らなかった。きっと、眠《ねむ》っていた注6嗅覚《きゅうかく》の神経の一つが、急に目を覚ましたのだ。

ある日、「注7茶筅《ちゃせん》通し」で、濡《ぬ》れた穂先《ほさき》を鼻先に近づけたとたん、

（あ……）

C 水の匂いがして、かつて住んでいた古い家の梅雨を思い出した。雨が今にもザァーッと来そうで、洗濯物《せんたくもの》を取り込もうとすると、縁側《えんがわ》の床板《ゆかいた》が、じっとりとした。

ある日、お釜から柄杓を取り上げようとしたら、庭で D 笹《ささ》の葉をなでて風が渡《わた》った。ふと胸のあたりが切なくなった。しくしく泣きながら、遠い祭りばやしを聞いた日、ちょうどこんな風が吹《ふ》いていた。

口の広い夏の水指の蓋《ふた》を開けると、水まきした庭の匂いと夏休みの解放感が、生き生きと胸に広がった。

冬の厚手の茶碗を、両手で回してあたためていると、体が弱くて、いつも寝《ね》ていた幼いころの寂《さび》しさがよみがえった。

遠い昔に嗅《か》いだ、風や水、雨の匂いが、その時の感情と一つになって、ふっと立ち現われ、煙《けむり》のように消えていく。

⑯過去のたくさんの自分が、今の自分の中で一緒に生きている気がした。

（森下《もりした》 典子《のりこ》 「日日是好日《にちにちこれこうじつ》 『お茶』が教えてくれた15のしあわせ」 新潮文庫刊による）

注１　柄杓……茶道《さどう》の道具の一つで、水などをくみ取る道具。
注２　水指……茶道の道具の一つで、茶碗に注ぐための水を入れておく容器。
注３　ヤツデ・紫陽花・山茱萸……日本の庭園によく植えられている植物。
注４　ＢＧＭ……店などで、なごやかな雰囲気《ふんいき》をつくるために流す音楽。
注５　お点前……茶道の作法のことで、道具を準備して、お茶を点《た》て、客へ出し、片付けをすること。
注６　嗅覚……匂いに反応する感覚。
注７　茶筅通し……茶道で、お茶を点てる道具である茶筅の穂先を調べること。

1　～～～部㋐～㋔の漢字については読みがなを、カタカナについては漢字を、それぞれ書きなさい。

2 [A]〜[D]に入る語として最も適当なものを、それぞれ次のア〜エから一つずつ選び、記号で答えなさい。

A……ア　グンと　イ　シンと　ウ　ピンと　エ　リンと
B……ア　ずんずんと　イ　せかせかと　ウ　そわそわと　エ　ふらふらと
C……ア　しゃきっと　イ　むうっと　ウ　ふわっと　エ　さらっと
D……ア　サヤサヤと　イ　フワフワと　ウ　ビュービューと　エ　ゴーゴーと

3 ――部①「いたします」には、敬語表現が使われています。敬語表現を使わない普通の語を、二字で答えなさい。

4 ――部②「同じ動作で水をくむ」とありますが、同じ動作が書かれている一文を、文章中からぬき出し、初めと終わりの五字を答えなさい。

5 ――部③「今までは、いつも同じに聴こえていた。同じだと思っていた。それがなぜか突然、ちがって聴こえた」とありますが、どのようなちがいがあるのですか。文章中の言葉を使って、説明しなさい。

6 ――部④「雨の日だった」とありますが、雨の音についてまとめた次の文について、（あ）〜（え）に入る語句を、それぞれ指定した字数で、文章中からぬき出して答えなさい。

梅雨の雨音は（**あ**「**十字**」）音がするため（**い**「**二字**」）な印象に対して、秋雨の音は（**う**「**十一字**」）ため、（**え**「**三字**」）な印象をあたえる。

7 ――部⑤「言う」の尊敬語を、「れる」「られる」を用いない、特別な言葉で答えなさい。

8 ――部⑥「先生はその水道の蛇口を、ほんの少し開けておいて、水を細く流しっ放しにしておくのだ」とありますが、その理由として最も適当なものを、次のア〜エから一つ選び、記号で答えなさい。

ア　流れている水を感じさせることで、お茶の稽古に来る人に、水の美しさを体験させられるから。
イ　お点前をしている背後に水音を流して、他のことを考えさせず、お茶だけに打ちこませられるから。
ウ　きれいな水に触れさせることで、体のよごれだけでなく、心のけがれも取り除かせられるから。
エ　お茶を習い始めたばかりの人たちに、お茶室に入る緊張《きんちょう》感をなくさせ、リラックスさせられるから。

9 ――部⑦「静寂の中に、引きずり込まれるような感じ」、⑧「岩清水がチロチロチロチロとしみ入るような快さ」、⑨「清水がしみわたり、ときほぐしてくれる」とありますが、これらの表現について四人の児童がそれぞれ話し合っています。その内容として最も適当なものを、次のア〜エから一つ選び、記号で答えなさい。

ア　Aさん「――部⑦と――部⑧は、『〜ような』という、あることがらと似ている状態を表す言葉で内容を分かりやすく伝えているけれど、――部⑨は、『〜ような』がなくて、生き物ではない『清水』なのに、人間の動作を表す言葉で内容を伝えようとしているね。」
イ　Bさん「そうだね、――部⑦と――部⑧は、『〜ような』でたとえるものとたとえられるものを直接比べて内容を分かりやすく伝えているけれど、――部⑨は、『〜ような』がないので、たとえる表現ではないと思うよ。」
ウ　Cさん「たしかに、――部⑦と――部⑧は、『〜ような』によって同じ状態を別の表現でたとえることで内容を分かりやすく伝えているけれど、――部⑨は、あるものを、そのあるものと関係の強い言葉でたとえている表現だと考えられるよ。」
エ　Dさん「そうかな、――部⑦と――部⑧は、何かをたとえているということではなくて、作者の気持ちをおおげさに伝えるためのかざりのような表現だと思うよ。――部⑨は、たとえを使い、他のことをそれとなく気づかせようとしているんじゃないのかな。」

10 ――部⑩「あの頭痛」とありますが、どのような痛みですか。文章中から二十五字以内でぬき出し、初めと終わりの五字を答えなさい。

11　——部⑪「すごい……!」とありますが、「……!」の部分を言葉で説明すると、どの表現になりますか。最も適当なものを、次のア～エから一つ選び、記号で答えなさい。

ア　あっけにとられる　　イ　息をのむ　　ウ　背筋が寒くなる　　エ　目を疑う

12　——部⑫「水音の『神秘的』と言っていいような効果に、驚いた」とありますが、その効果の説明として最も適当なものを、次のア～エから一つ選び、記号で答えなさい。

ア　ひどい傷を負ったとしても、なんなく復活させる魔法《まほう》のような効果。
イ　自然の力によって体の傷がすぐさま治り、心も正常にもどる効果。
ウ　自然との関係に気づき、体の不調を感じさせなくする効果。
エ　緊張感をやわらげさせ、頭の痛みをまぎれさせる効果。

13　——部⑬「たちまち」、⑭「不意に」の文章中の意味として最も適当なものを、次のア～カからそれぞれ一つずつ選び、記号で答えなさい。

ア　しばらくして　　イ　すぐに　　ウ　すっかり　　エ　少し　　オ　突然　　カ　はっきりと

14　——部⑮「何年もこの家に通って、ずっとこの匂いの中にいたのに今、気づいた」について、次の問いに答えなさい。

（１）「この匂い」とはどのような匂いですか。文章中の言葉を使って、説明しなさい。

（２）「今、気づいた」理由として最も適当なものを、次のア～エから一つ選び、記号で答えなさい。

ア　家の中にはさまざまな匂いがあるので、今まで知らなかった炭という特定の匂いに気づくためには、とても厳しいお茶の修業《しゅぎょう》が必要だったから。
イ　長い時間同じ環境《かんきょう》に置かれることで、本当はいつも存在していた匂いに、やっと気づくことができたという自分自身の成長があったから。
ウ　茶道に向き合い続けることによって、日常では認識されなかった匂いを感じることができるように、感覚がするどくなったから。
エ　お茶を習うことによって、それまでまったく使ったことのなかった炭という存在を初めて知り、その独特の匂いを認識《にんしき》できたから。

15　——部⑯「過去のたくさんの自分が、今の自分の中で一緒に生きている気がした」とありますが、「私」がこのように思った理由を説明したものとして最も適当なものを、次のア～エから一つ選び、記号で答えなさい。

ア　お点前の動作をする中で、自然とともに感じた過去の自分の感情が思い出されたから。
イ　自分が茶道を始めた理由は過去の感情の一つ一つにあったのだと気づかされたから。
ウ　お点前の動作の中に、過去に自分が経験した動作が交じっていたことに気づかされたから。
エ　自然豊かなところで育ってきたことが、お点前をする上で優れた感覚に役立っていると感じたから。

16　この文章の内容を説明したものとして最も適当なものを、次のア～エから一つ選び、記号で答えなさい。

ア　お点前をするときの張りつめた空気や緊張感が様々な音で表現され、その場にいるような感じを生みだしている。
イ　「先生」のちょっとした動作や発言によって、「私」がどんどん茶道にのめりこんでいく様子が描《えが》かれている。
ウ　お稽古を続けるうちに、日々の何気ないことが特別に感じられるようになるという感覚の変化を表現している。
エ　様々な場所で、その場にふさわしい音や匂いがあるという発見を、「私」の体験をもとにつづっている。

令和４年度　新田青雲中等教育学校入学試験問題　　算　数

注意１　答えはすべて解答用紙に書きなさい。
注意２　「式も解答用紙に書きなさい。」と指示されている問題は，解答用紙に途中《とちゅう》の式も書きなさい。
注意３　円周率は，3.14 としなさい。

(50分)　　　　　　　　　　　　　　　　　　　　　　　　　　(その１)

(一)　次の □ の中に正しい答えを入れなさい。

1　$4\times(13+2)-15\div3=\square$

2　$\left(\frac{1}{2}+\frac{1}{3}\right)\div\left(\frac{1}{2}-\frac{1}{3}\right)\times\frac{7}{5}=\square$

3　$1.8\times7+1.2\times6-1.2\times1.5=\square$

4　$\frac{11}{25}\times\left\{\frac{1}{5}\div0.3+\left(0.25-\frac{1}{6}\right)\times7\right\}+0.45=\square$

5　$\left(\frac{50}{337}+\frac{37}{\square}\right)\times6=1$

(二)　次の □ の中に正しい答えを入れなさい。

1　地球から月までのきょりは約 38 万 km です。この地球から月までのきょりを秒速 10m で進むとすると，およそ何日かかりますか。次の①～④の中から最も当てはまるものを，１つ選び，番号で答えると □ です。

①　4400 日　　②　440 日　　③　44 日　　④　4 日

2　12 の約数をすべて足すと □ です。

3　780 円は □ 円の２割増しです。

4　現在，５人家族の子ども３人の年れいの和は 21 才，両親の年れいの和は 58 才です。両親の年れいの和が子ども３人の年れいの和の２倍になるのは □ 年後です。

5　和が 24，積が 143 となる 2 つの整数のうち，小さいほうの整数は □ です。

6　1 円硬貨《こうか》と 5 円硬貨と 10 円硬貨がそれぞれたくさんあります。これらから必要な枚数だけ取り出して，合計金額を 30 円にする方法は □ とおりあります。

7　1 個 80 円のみかんと，1 個 100 円のりんごを合わせて 29 個買うと，代金は 2520 円になりました。このとき，みかんの個数は □ 個です。

8　まさるさんとようこさんは，駅から 2240m はなれている学校を往復します。まさるさんは分速 64m，ようこさんは分速 48 m で同時に駅を出発するとき，まさるさんとようこさんがはじめてすれちがうのは，2 人が駅を出発してから □ 分後です。

9　右の図において，角はすべて直角です。このとき，周の長さは □ cm です。

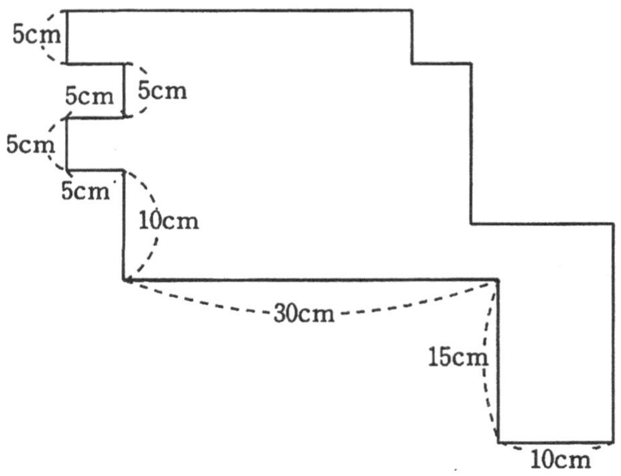

10　右の図は，1 辺の長さが同じ正方形と正三角形を組み合わせたものです。このとき，Ⓐ の角度は □ 度です。

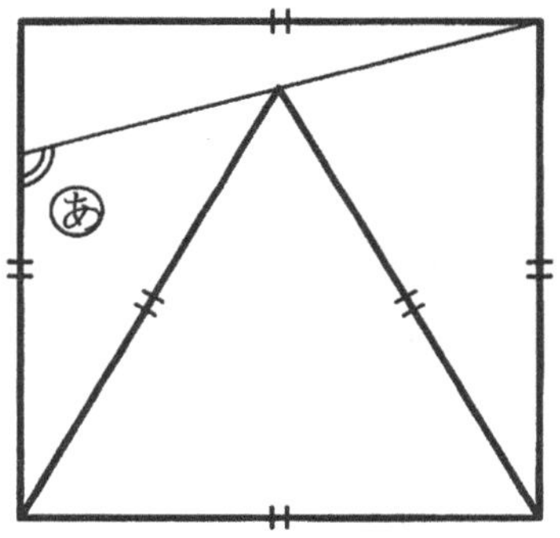

11　右の図の，色のついた部分の面積は □ cm² です。

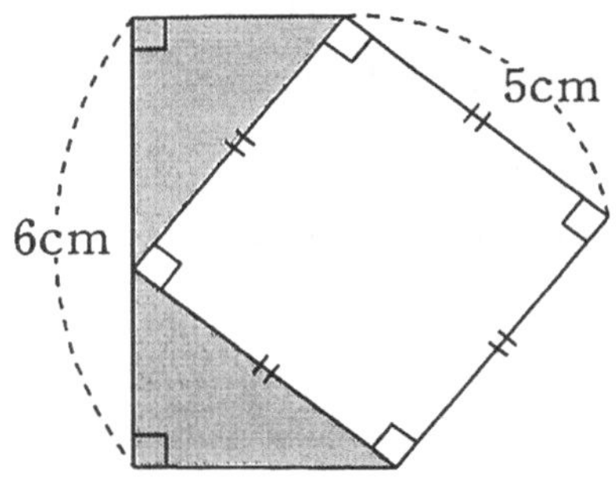

12　右の図は，半径 2cm，高さ 10cm の円柱の一部を切った立体です。この立体の体積は □ cm³ です。

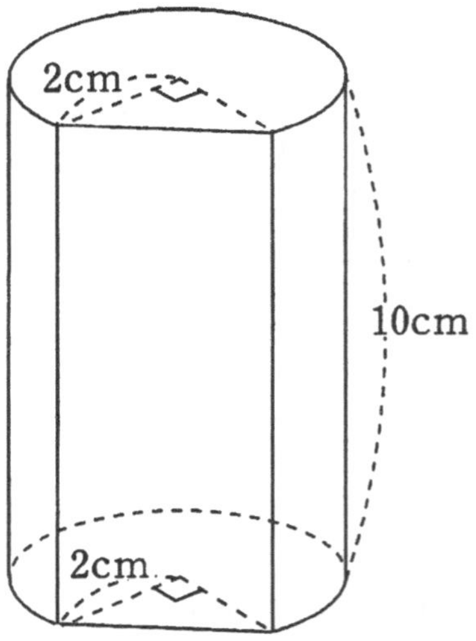

（三）　下の表では，**数**の段の１番目の**数**は２，２番目の**数**は 2×2＝4，３番目の**数**は 2×2×2＝8，……とならんでいます。これらの**数**について，７で割ったときのあまりを考えます。例えば，３番目の**数**は８で，７で割ったときのあまりは１となります。このとき，次の問いに答えなさい。

順番	１番目	２番目	３番目	４番目	・・・	10 番目	・・・
数	2	4	8	16	・・・	③	・・・
７で割ったときのあまり	2	①	1	②	・・・	④	・・・

1　表の①～④に当てはまる数を書きなさい。

2　１番目から 2022 番目までの**数**をすべて足します。これを７で割ったとき，あまりはいくらですか。式も解答用紙に書きなさい。

（四） 下の図１は，直方体を３つの直方体に分けたもので，上から直方体(あ)，直方体(い)，直方体(う)とします。直方体(あ)の体積は96cm³，直方体(う)の体積は120cm³です。また，直方体(あ)と直方体(い)を重ねたときの高さは7cm，直方体(い)と直方体(う)を重ねたときの高さは8cmです。図２は，図１のＡとＢを通るようにまっすぐに切って①と②に分けたものです。このとき，次の問いに答えなさい。式も解答用紙に書きなさい。

図１

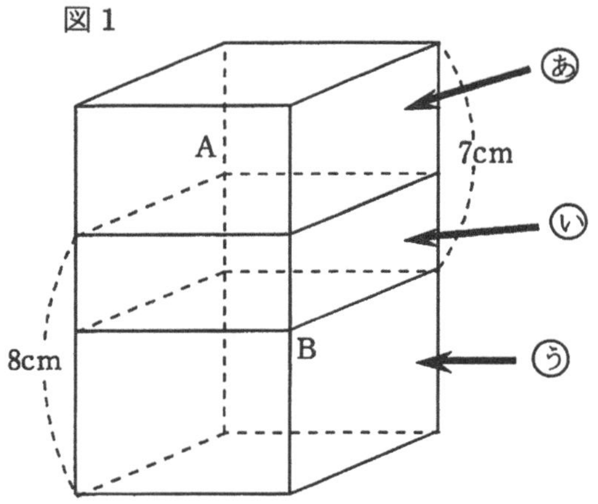

図２

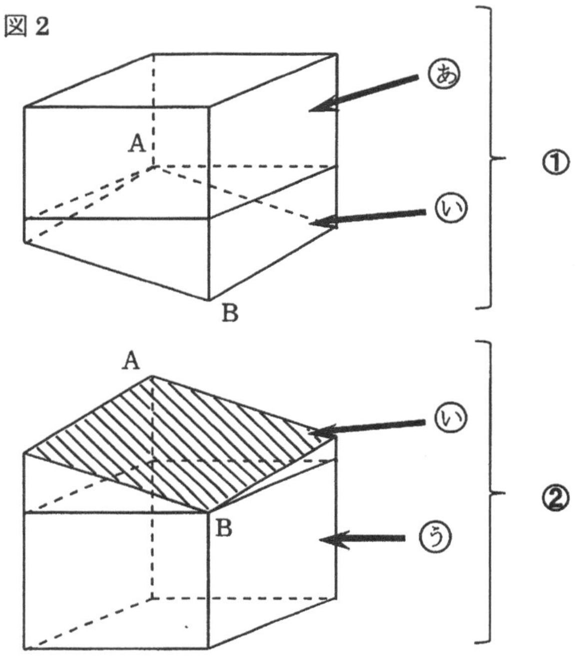

１　図１の直方体(い)の体積は何cm³ですか。

２　図２で，立体②の体積は何cm³ですか。

（五） 下の図のように，歯車Ａ，歯車Ｂ，歯車Ｃがあります。歯車Ａが８回転するとき，歯車Ｃは７回転します。このとき，次の問いに答えなさい。式も解答用紙に書きなさい。

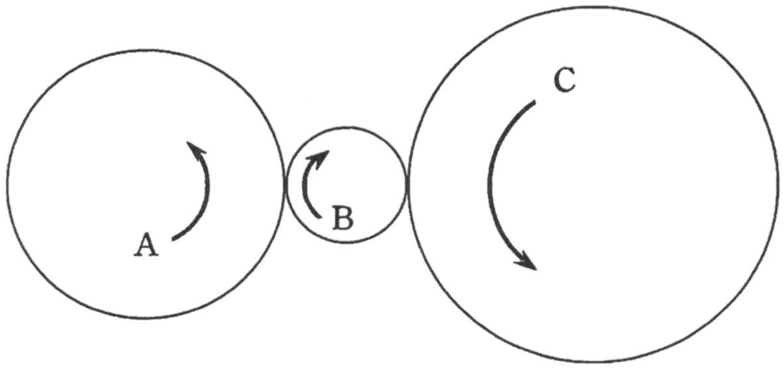

１　歯車Ａの歯の数が56とすると，歯車Ｃの歯の数はいくつですか。

２　歯車Ｂが６回転するとき，歯車Ｃは１回転します。歯車Ａが５回転するとき，歯車Ｂは何回転しますか。

令和４年度　新田青雲中等教育学校入学試験問題　　理　科

注意　　答えはすべて解答用紙に書きなさい。

(40分)　　　　　　　　　　　　　　　　　　　　　　　　　　　　　　　　　（その１）

（一）　次の１～６の問いに答えなさい。

１　2021年６月28日，日本のスーパーコンピューターが，「ＴＯＰ500」（計算速度を競《きそ》う部門）など４部門で世界ランキング１位となりました。そのスーパーコンピューターの名前を，次の**ア**～**エ**から１つ選び，記号で答えなさい。

ア　ＴＯＫＩ－ＳＯＲＡ　　**イ**　ＴＳＵＢＡＭＥ3.0　　**ウ**　京《けい》　　**エ**　富岳《ふがく》

２　2021年10月５日，ノーベル物理学賞に愛媛県出身の真鍋淑郎《まなべしゅくろう》さんが選ばれました。次の文は，真鍋さんの研究成果を簡単に説明したものです。文中の（　①　），（　②　）に適当な語句を入れて，文を完成させなさい。

「空気中の（　①　）の濃度が上がると，地表の温度上昇につながり，（　②　）に影響《えいきょう》するという予測モデルが，世界に先駆《さきが》けて明らかにされました。」

３　地球全体を大きな磁石と考えたとき，Ｎ極があるのはどのあたりだと考えられますか。次の**ア**～**エ**のうち，最も適当なものを１つ選び，記号で答えなさい。

ア　北極　　**イ**　南極　　**ウ**　赤道　　**エ**　地球の中心

４　長さ15cmで，10gのおもりをつるすと２cmのびるばねがあります。このばねに25gのおもりをつるしたとき，ばねの長さは何cmになりますか。

５　右の図のはさみをてことして考えます。次の**ア**～**エ**のうち，３点（支点・力点・作用点）が左から順に正しく並んでいるものを１つ選び，記号で答えなさい。

ア　支点・力点・作用点　　**イ**　力点・支点・作用点
ウ　作用点・支点・力点　　**エ**　作用点・力点・支点

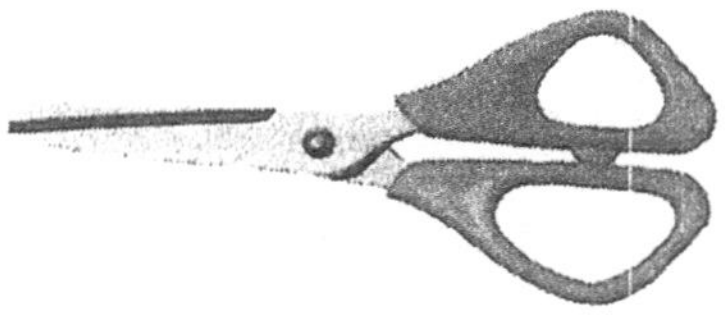

６　うすい鉄の板を用いて実験を行いました。

（１）塩酸の入った試験管にうすい鉄の板を入れると，気体が発生しました。

①　気体が発生した後すぐに，手で試験管に触《ふ》れてみました。次の**ア**～**ウ**のうち，触れたときの感じ方として最も適当なものを１つ選び，記号で答えなさい。

ア　気体が発生する前より，温かく感じた。
イ　気体が発生する前より，冷たく感じた。
ウ　気体が発生する前と後で，温度のちがいを感じなかった。

②　発生した気体は何ですか。次の**ア**～**エ**から１つ選び，記号で答えなさい。

ア　酸素　　**イ**　水素　　**ウ**　ちっ素　　**エ**　二酸化炭素

③　②で選んだ気体であることを，確認する方法を１つ答えなさい。

（２）別のうすい鉄の板を，雨などのあたらない屋外に15日間，放置しました。次の**ア**～**エ**のうち，15日後に観察されたようすとして最も適当なものを１つ選び，記号で答えなさい。

ア　うすい鉄の板は，変化しなかった。　　**イ**　うすい鉄の板は，白っぽく変化した。
ウ　うすい鉄の板は，黒っぽく変化した。　　**エ**　うすい鉄の板は，赤茶色っぽく変化した。

（二）　物体の運動のようすを調べた実験について，後の問いに答えなさい。

【実験１】　１kg の物体を，水平でまさつのない床《ゆか》の０cm の位置（Ａ点）からすべらせて，物体の運動のようすを調べました。下の図は，$\frac{1}{50}$ 秒ごとに撮影《さつえい》したものです。

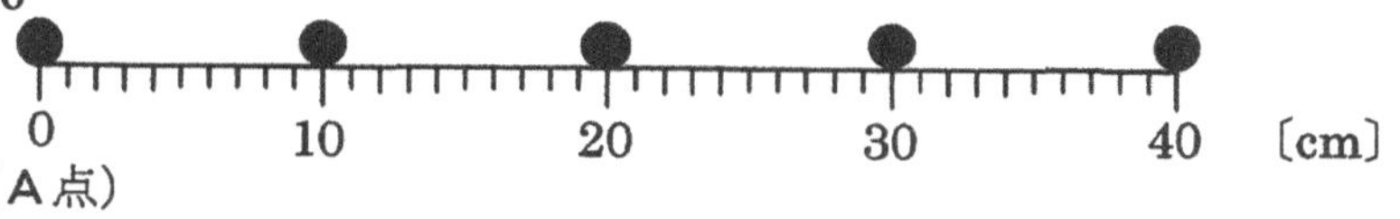

【実験２】　【実験１】と同じように，水平でまさつのない床のＡ点の上に１kg の物体を置き，物体にのび縮みしないひもを取りつけました。右向きに同じ大きさの力でひもを引き続け，１秒ごとの物体の位置に印をつけました。Ａ点からそれぞれの印までのきょりを測定したところ，**表１**のようになりました。

時間〔秒〕	0	1	2	3	4
きょり〔cm〕	0	10	40	90	160

表１

【実験３】　【実験２】のひもを引く力を２倍にして，【実験２】と同じ実験を行ったところ，**表２**のようになりました。

時間〔秒〕	0	1	2	3	4
きょり〔cm〕	0	20	80	180	320

表２

【実験４】　【実験２】の物体を２kg の物体にかえて，【実験２】と同じ実験を行ったところ，**表３**のようになりました。

時間〔秒〕	0	1	2	3	4
きょり〔cm〕	0	5	20	45	80

表３

1　【実験１】で，１秒後のＡ点からのきょりは何 cm ですか。

2　【実験１】の物体の速さは秒速何 m ですか。

3　【実験１】で，物体をすべらせてからの時間と，Ａ点からのきょりの関係を表すグラフをかきなさい。

4　【実験３】でひもを引く力を 1.5 倍にして【実験２】と同じ実験をしたとき，２秒間に進むきょりは何 cm になりますか。

5　３kg の物体にひもを取りつけ，【実験２】と同じ力でひもを引いたとき，３秒間に進むきょりは何 cm になりますか。

6　次の**ア**～**エ**のうち，【実験４】で，ひもを引き始めてからの時間と物体が進むきょりの関係を表すグラフとして最も適当なものを１つ選び，記号で答えなさい。

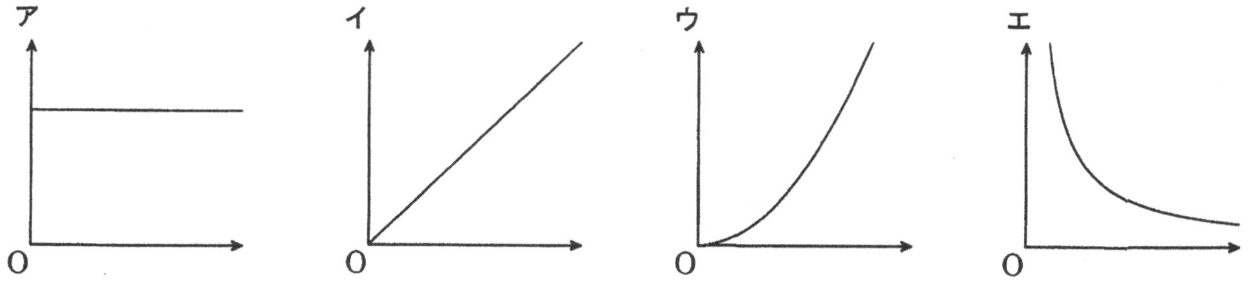

（三）　下の図のように，長さ 120cm で重さ 300g の左右の太さが同じ棒が，点Ａと点Ｂで支えられています。後の問いに答えなさい。

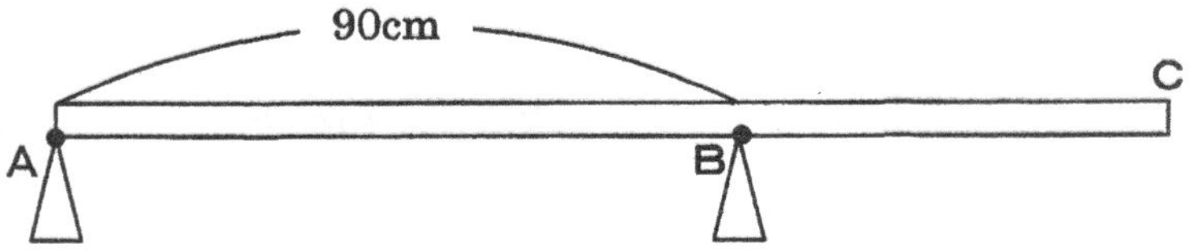

１　棒が点Ａから受けている力の大きさは何 g ですか。

２　棒が点Ｂから受けている力の大きさは何 g ですか。

３　Ｃを 90g の力で上向きに押《お》したとき，棒が点Ｂから受けている力の大きさは何 g ですか。

４　点Ａで支えたまま，Ｃに上向きに力を加えて棒を持ち上げるためには，何 g の力が必要ですか。

５　Ｃを下向きに押す力を少しずつ大きくしていきました。

①　次のア～エのうち，Ｃを下向きに押す力の大きさと棒が点Ａから受ける力の大きさの関係を表すグラフとして，適当なものを１つ選び，記号で答えなさい。

ア

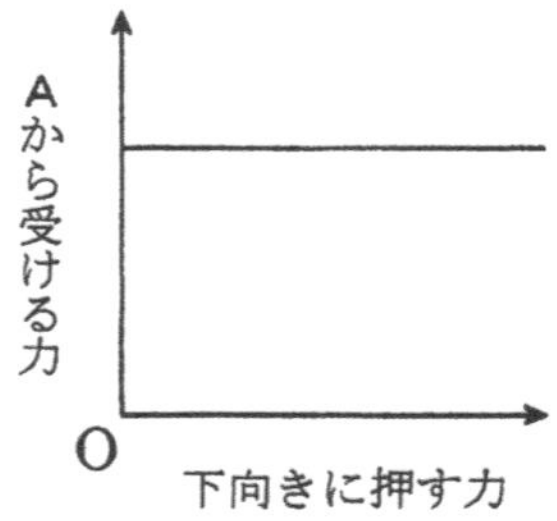

イ

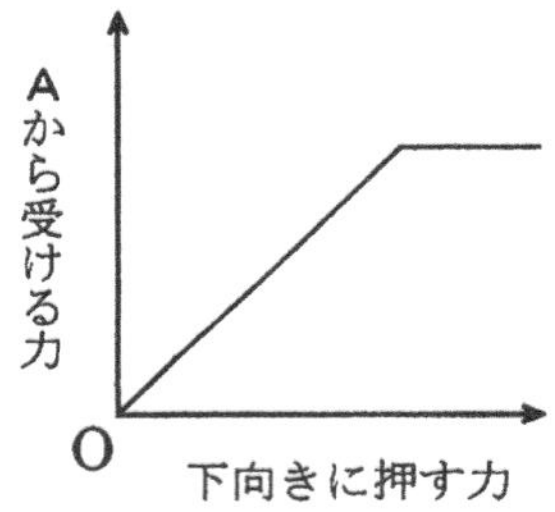

ウ

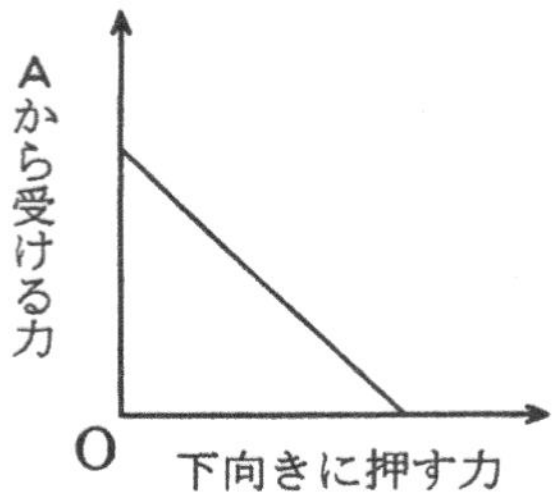

エ

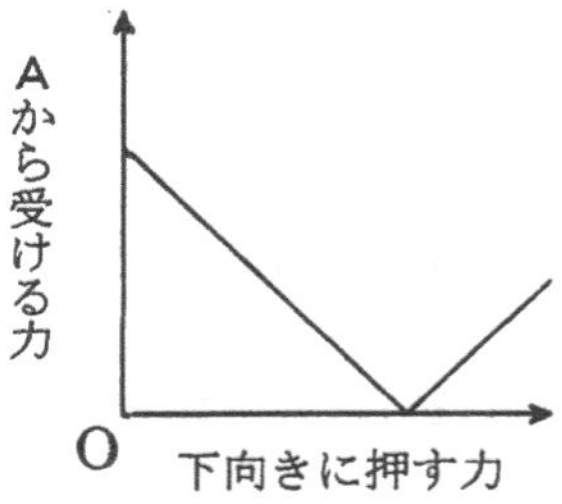

②　Ｃを下向きに押す力を少しずつ大きくしていくと，棒は点Ａからはなれました。このときＣを押す力の大きさは何 g ですか。

（四）　図１はヒトのうでを，図２はヒトの全身の骨格を簡単に表したものです。次の問いに答えなさい。

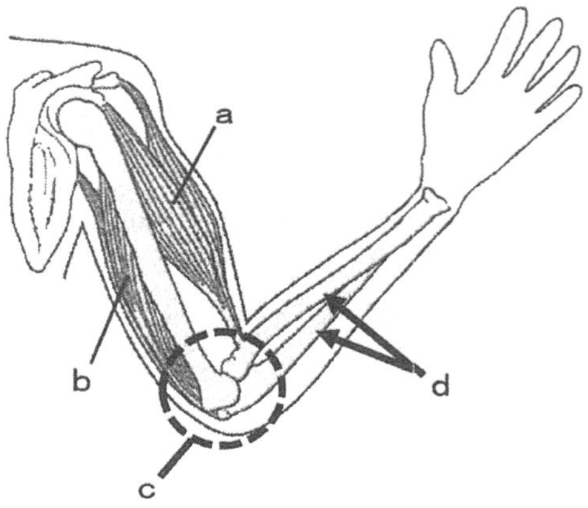

図１

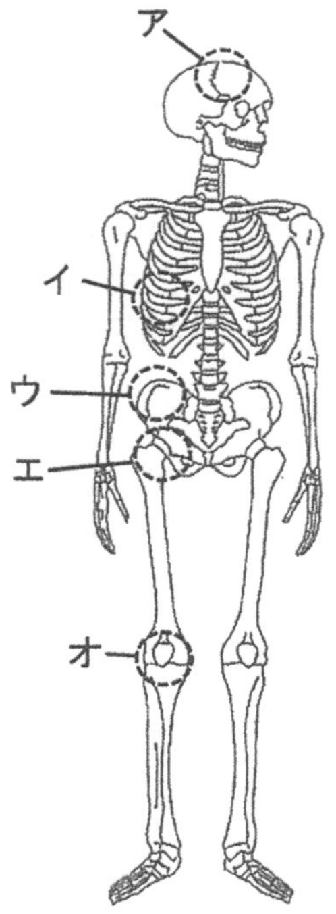

図２

１　骨の役割を１つ答えなさい。

２　図１のａはうでの内側の筋肉を，ｂはうでの外側の筋肉を指しています。次のア～エのうち，図のようにうでを曲げたときのａ，ｂの状態として最も適当なものを１つ選び，記号で答えなさい。

ア　ａは縮み，ｂも縮んでいる。
イ　ａは縮み，ｂはゆるんでいる。
ウ　ａはゆるみ，ｂは縮んでいる。
エ　ａはゆるみ，ｂもゆるんでいる。

３　図１のｃはひじの関節を指しています。関節とは，どのような部分のことをいいますか。簡単に説明しなさい。

４　図１の矢印ｄは，ひじから手首までの部分にある２本の骨を指しています。もし，この部分の骨が１本の場合，ある動きをうででするることができなくなります。次のア～ウのうち，できなくなる動きとして最も適当なものを１つ選び，記号で答えなさい。

ア　曲げる　　イ　のばす　　ウ　ひねる

５　図２のア～オのうち，関節を指しているものをすべて選び，記号で答えなさい。

６　ひじの関節と似た働きをする身近なものを，例以外に１つ答えなさい。
例：折りたたみ式のものさし

（五）　ある小学校で，放課後，科学部のあおいさんとさくらさんは，先生と実験を行おうとしています。次の会話文を読み，後の問いに答えなさい。

先　生：ここにビーカーⅠとビーカーⅡがあります。一方は食塩水が，もう一方には砂糖水が入っています。
あおい：食塩水と砂糖水は，見た目にはどちらがどちらか分からないね。
先　生：そうですね。では，どちらのビーカーに砂糖水が入っているでしょうか。
さくら：見分けるにはどんな方法があるかな？
あおい：なめてみればすぐ分かると思うけれど・・・。
先　生：その方法は危険ですよ。それ以外のやり方で分かる方法を考えてみましょう。
さくら：じゃあ，温めてみたらどうかな？
あおい：それはいい考えだね。さっそく温めてみよう。

あおい：ビーカーⅠの温度が 100℃に近づいてきたよ。
さくら：あわが出てきたのがよく分かるね。
あおい：ビーカーⅡの温度も 100℃に近づいてきたね。
さくら：ビーカーⅡのあわは，ビーカーⅠに比べてあわの大きさが小さいね。
あおい：そういえば，調理実習で（　a　）を加えている料理ほど，あわの大きさが大きいと聞いたことがあるよ。

先　生：２人とも，ビーカーを見てください。だんだん水が無くなって，ようすが変わってきましたよ。
あおい：本当だ。ビーカーⅠの底は黒くこげついているのに，ビーカーⅡの底には白い結晶《けっしょう》が出てきているね。
さくら：それじゃあ，（　b　）が，砂糖水が入ったビーカーだね。

1　ビーカーⅠのあわの正体は何ですか。

2　ビーカーⅡのあわの正体は何ですか。

3　会話文中の下線部について，加熱しているときにあわが出続けている状態を何といいますか。

4　ビーカーを温める器具としてアルコールランプがあります。

①　次の**ア**～**ウ**のうち，アルコールランプの中に入れるアルコールの量として最も適当なものを１つ選び，記号で答えなさい。
ア　５分目　　**イ**　８分目　　**ウ**　10 分目

②　次の**ア**～**オ**のうち，アルコールランプに火をつけるときに気をつけることとして適当なものを**２つ**選び，記号で答えなさい。
ア　人のいない方に向けてマッチをする。
イ　人のいる方に向けてマッチをする。
ウ　自分の方に向けてマッチをする。
エ　マッチの火は，しんの真上から近づける。
オ　マッチの火は，しんの横の方から近づける。

③　右の図はアルコールランプに火をつけたときの状態を簡単に表したものです。図の**ア**～**ウ**のうち，温度が最も高い部分を１つ選び，記号で答えなさい。

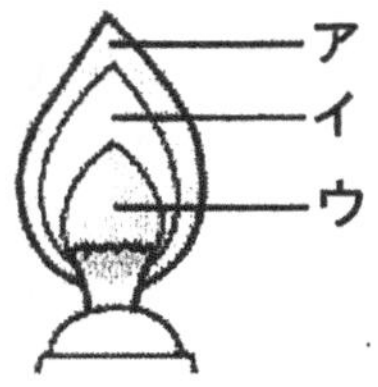

④　次の**ア**～**ウ**のうち，アルコールランプの火を消すときに気をつけることとして適当なものを１つ選び，記号で答えなさい。
ア　アルコールが燃えつきるまで待って消す。
イ　ふたをして消し，そのままにしておく。
ウ　ふたをして消し，一度ふたを開け，冷めてからもう一度ふたをする。

5　会話文中の（　a　）に入る語は，食塩と砂糖のどちらですか。

6　会話文中の（　b　）に入る語は，ビーカーⅠとビーカーⅡのどちらですか。

（六）　川の流れとその働きについて，次の問いに答えなさい。

1　右のグラフは，それぞれの河川《かせん》の，河口からのきょりと海水面からの高さを表したものです。このグラフから，重信《しげのぶ》川は他の河川より全長が短いことが分かりますが，それ以外に重信川について分かることを１つ答えなさい。

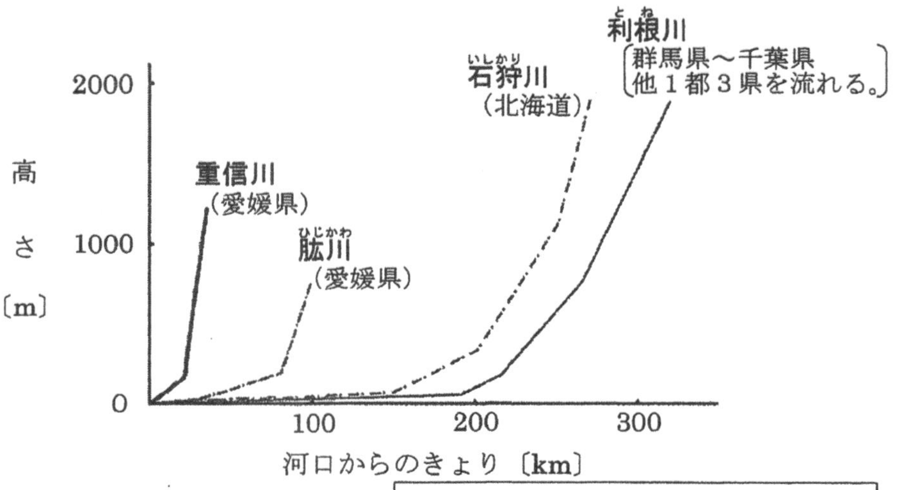

（国土交通省四国地方整備局資料より）

2　下の図は，川の曲がったところを簡単に表したものです。

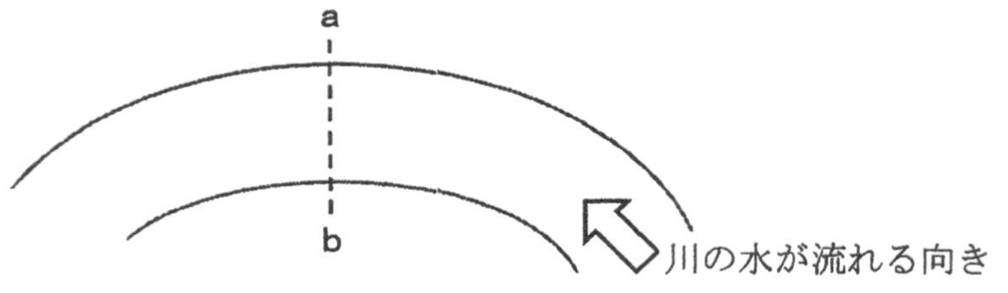

①　次の文は，図のように川の水が流れるときのようすを説明したものです。文中の（　　　）について，正しい方の語をそれぞれ選び，解答用紙に説明文を完成させなさい。

「図の**a**側は，川の水の流れが（　速く　・　おそく　），（　しん食　・　たい積　）する働きが大きい。」

②　**a**と**b**の地点を結《むす》んだところの川底の形はどのようになっていますか。次の**ア**～**ウ**のうち，最も適当なものを１つ選び，記号で答えなさい。

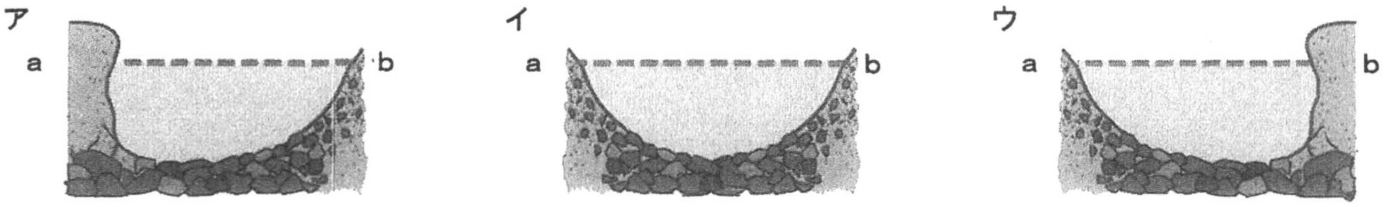

3　下の図は，重信川の下流域を河口側から見たときの航空写真です。

（Google マップより）

①　次の**ア**～**エ**のうち，下流域で見られる石の形状を表すものとして最も適当なものを１つ選び，記号で答えなさい。

ア　大きく角ばっている。　　**イ**　大きく丸みがある。

ウ　小さく角ばっている。　　**エ**　小さく丸みがある。

②　重信川はふだん，川の水量が少ないですが，大雨や台風などにより増水することがあります。増水などによる災害を防ぐため，写真から考えられる対策を１つ答えなさい。

令和４年度　新田青雲中等教育学校入学試験問題　　社　会

注意　　答えはすべて解答用紙に書きなさい。

(40分)

（一）　次のＡ～Ｆの文は，地図中の**あ～か**の都道府県について説明しています。後の１～６の問いに答えなさい。

Ａ　（Ｗ）ドームは，戦争のおそろしさを現在に伝える建物で，世界平和の祈《いの》りを込《こ》めたこの地域の象徴《しょうちょう》となっています。あるプロ野球の球団の本拠地《ほんきょち》があります。

Ｂ　水はけのよい土地と夏の高い気温を利用して，桃《もも》などの果物づくりがさかんです。猪苗代湖《いなわしろこ》などの雄大《ゆうだい》な自然が見られます。

Ｃ　日本有数の米づくりのさかんな地域で，ブランド米《まい》の「はえぬき」は，おいしいお米として知られています。しかし現在では，米の（Ｘ）のため，米以外の作物をつくるようになっています。

Ｄ　昔から生活していたのは，先住民である（Ｙ）の人々です。カムイ（神）を感じて暮らしていました。

Ｅ　１年を通して暖かい地域です。多くの観光客が訪れ，観光産業がさかんです。美しい海にサンゴ礁《しょう》が見られます。

Ｆ　この地域には三つの大きな川があり，水害にあわないために，より高く強い堤防《ていぼう》をつくりました。その堤防のある土地は，（Ｚ）と呼ばれています。

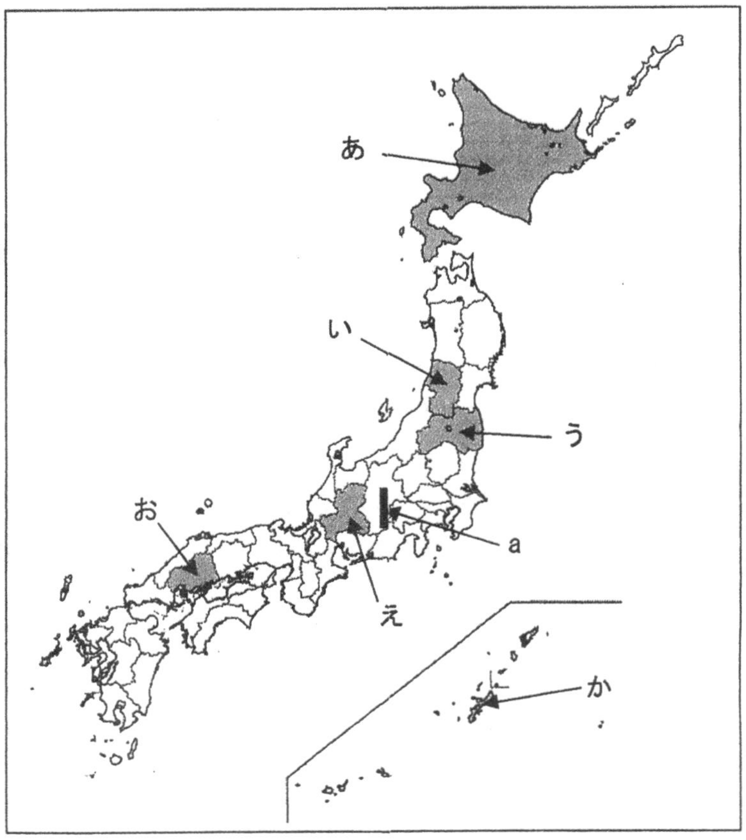

１　文中の（Ｗ）～（Ｚ）にあてはまる言葉をそれぞれ答えなさい。

２　地図中の**あ～か**の都道府県のうち，現在，人口の一番多い都道府県を１つ選び，記号で答えなさい。また，その都道府県の名前も答えなさい。

３　地図中の**あ～か**の都道府県のうち，東京2020オリンピック・パラリンピック（2021年）の競技が行われた都道府県を**すべて**選び，記号で答えなさい。

４　次の表は，地図中の**あ～か**の都道府県の県庁所在地の月ごとの平均気温と降水量の記録です。この記録はどの場所のものか，地図中の**あ～か**から１つ選び，記号で答えなさい。また，その都道府県の名前も答えなさい。

	1月	2月	3月	4月	5月	6月	7月	8月	9月	10月	11月	12月	年間
気温（℃）	5.2	6.0	9.1	14.7	19.3	23.0	27.1	28.2	24.4	18.3	12.5	7.5	平均　16.3
降水量（㎜）	44.6	66.6	123.9	141.7	177.6	247.0	258.6	110.8	169.5	87.9	68.2	41.2	合計　1537.6

［理科年表　2019年］

５　地図中のａの山脈の名前を答えなさい。

６　文Ｃの都道府県は，米づくりに適しています。その理由について述べた文として**適当でないもの**を，次の**ア～エ**から1つ選び，記号で答えなさい。

ア　豪《ごう》雪地帯のため，春から夏にかけての水量が多いから。

イ　春から秋にかけての日照時間が長いから。

ウ　夏の昼と夜の気温差が大きいから。

エ　夏の南東の湿《しめ》った季節風が米の病気を防ぐから。

（二）　次の１・２の問いに答えなさい。

１　下の文について，後の①・②の問いに答えなさい。

> 2021年7月23日から，東京2020オリンピック・パラリンピックが行われました。海外から多くの選手や関係者などが日本を訪れました。選手や関係者などは，選手村を生活の拠点《きょてん》としていました。広大な敷地《しきち》のため，ａ環境《かんきょう》にやさしい自動運転ＥＶ《イーブイ》バスが選手村内を走っていました。自動運転ＥＶバスは，海外の人々から近未来的だと好評でした。しかし，ある選手がこのバスと接触し，けがを負《お》う事故があり，ｂ病院に運ばれました。
>
> 今回の東京2020オリンピック・パラリンピックで，世界で最も安全・快適な未来の都市モデルを示すことが目的の１つでしたが，この事故のような課題も見えた大会でした。

①　下線部ａのような技術が未来の世界になぜ必要になってくるのかを環境面から簡単に説明しなさい。

②　下線部ｂの地図記号を答えなさい。

２　右の表は，東京2020オリンピックで，金メダルを取った数が多い国をまとめたものです。次の①～④の問いに答えなさい。

①　Ａの国の名前を答えなさい。

②　オリンピック開催《かいさい》期間中の，Ａの国の大統領は誰か，名前を答えなさい。

③　次回2024年の夏季オリンピックが開催される都市の名前を答えなさい。

④　日本は，Ｄの国から多くのものを輸入しています。Ｄの国からの輸入品上位１～５位（2018年）の中で**適当でないもの**を，次の**ア**～**オ**から１つ選び，記号で答えなさい。

ア　鉄鉱石　　**イ**　石炭　　**ウ**　豚肉　　**エ**　牛肉　　**オ**　天然ガス

順位	国名	金メダルの数
1	Ａ	39個
2	Ｂ	38個
3	Ｃ	27個
4	イギリス	22個
5	※ロシア	20個
6	Ｄ	17個
7	オランダ	10個

※ロシアオリンピック委員会として参加

（三）　下の表を見て，後の１～15の問いに答えなさい。

時代	生活や文化に関するできごと
昭和《しょうわ》	Ａ
大正《たいしょう》	Ｂ
明治《めいじ》	Ｃ
江戸《えど》	Ｄ
安土桃山《あづちももやま》	朝鮮《ちょうせん》から磁器《じき》という新しい焼き物の技術がもたらされた
室町《むろまち》	現在の住宅にある和室の原型ができた
鎌倉《かまくら》	政治の実権が朝廷《ちょうてい》から幕府《ばくふ》に移り，武士の領地が全国に広がった
平安《へいあん》	朝廷に仕える女性がかな文字で文学作品をつくった
奈良《なら》	中国や朝鮮半島からすぐれた学者や技術者がやってきた
飛鳥《あすか》	国書を持った使者が中国におくられた
古墳《こふん》	九州《きゅうしゅう》地方から東北《とうほく》地方まで，各地の豪族《ごうぞく》や王のため巨大《きょだい》な墓《はか》がつくられた
弥生《やよい》	貯蔵《ちょぞう》された食料，田や用水，鉄の道具をめぐり，むらとむらの争いが起こった
縄文《じょうもん》	むらの周辺で食料を採集し，食べたあとは決まった場所に捨てていた

１　表中の**Ａ**～**Ｄ**にあてはまるものを，次の**ア**～**エ**からそれぞれ１つずつ選び，記号で答えなさい。

ア　ラジオ放送が始まった。

イ　「古事記《こじき》」や「万葉集《まんようしゅう》」から日本人の心をさぐろうとする国学《こくがく》という学問が成立した。

ウ　「三種の神器《じんぎ》」とよばれた家電製品が広まった。

エ　新橋《しんばし》・横浜《よこはま》間に鉄道が開通した。

２　表中の昭和時代の昭和39年に東京オリンピックが開かれました。これに向けて東京《とうきょう》と大阪《おおさか》の間につくられたものは何か，答えなさい。

3　表中の大正時代に民主主義への意識が高まり民衆《みんしゅう》運動が起こりました。大正時代に起きたできごととして，**適当でないもの**を，次の**ア**～**エ**から１つ選び，記号で答えなさい。

ア　全国水平社《ぜんこくすいへいしゃ》が設立され，差別をなくす運動が本格的に始まった。

イ　平塚《ひらつか》らいてう（ちょう）や市川房枝《いちかわふさえ》が新婦人協会《ふじんきょうかい》を設立し，女性や母親の権利を守る運動を始めた。

ウ　米の値段《ねだん》が急に高くなったことに不満を持った人々が，各地で民衆運動を起こした。

エ　足尾《あしお》銅山の鉱毒問題が起こり，田中正造《たなかしょうぞう》が農民の生活を守るため天皇《てんのう》に直訴《じきそ》した。

4　表中の明治時代に設立された官営八幡《やはた》製鉄所は，地元で産出する石炭と，中国から輸入する鉄鉱石を原料として鉄鋼を生産しました。八幡製鉄所の設立された場所を，次の**ア**～**エ**から１つ選び，記号で答えなさい。

ア　北九州《きたきゅうしゅう》市　　**イ**　下関《しものせき》市　　**ウ**　広島《ひろしま》市　　**エ**　神戸《こうべ》市

5　表中の江戸時代には，多色刷り版画の浮世絵《うきよえ》が大量に印刷され，一部は海外にわたりヨーロッパの画家にも影響《えいきょう》をあたえました。右の作品は，その影響を受けた，ある画家がかいたものです。この作品の作者を，次の**ア**～**エ**から１つ選び，記号で答えなさい。

ア　ピカソ　　**イ**　ルーベンス

ウ　ゴッホ　　**エ**　レンブラント

6　表中の安土桃山時代に，朝鮮から磁器をつくる技術がもたらされたのはなぜか，その原因となったできごとを答えなさい。

7　表中の室町時代にできた，現代の住居の中の和室の原型とは何か，答えなさい。

8　表中の鎌倉時代に武士の領地に対する考え方を表す言葉がありました。その言葉になるように解答欄《らん》の「□□懸□」の空欄に適当な漢字を入れなさい。

9　表中の平安時代に使用が広まった，かな文字は，文学作品や随筆《ずいひつ》を執筆《しっぴつ》する非公式な場面で使用されました。一方朝廷など公式な場面で文章を記述する場合は，真名（まな）と呼ばれる文字が使用されました。真名とはどのような文字で，公式な場面で真名が使用されたのはなぜか，簡単に説明しなさい。

10　表中の奈良時代に聖武《しょうむ》天皇が中国から招いた僧《そう》の名前を答えなさい。また，この僧が果たした役割を，次の**ア**～**エ**から１つ選び，記号で答えなさい。

ア　全国に国分寺《こくぶんじ》をつくるため。

イ　東大寺《とうだいじ》の大仏の開眼式《かいげんしき》を行うため。

ウ　日本に正式な仏教を伝えるため。

エ　人々のために橋や道，ため池や水路をつくるため。

11　表中の飛鳥時代の国書を持った使者について正しく記述したものを，次の**ア**～**エ**から１つ選び，記号で答えなさい。

ア　天智《てんじ》天皇の国書を中臣鎌足《なかとみのかまたり》が隋《ずい》に届けた。

イ　文武《もんむ》天皇の国書を行基《ぎょうき》が唐《とう》に届けた。

ウ　聖徳太子《しょうとくたいし》の国書を小野妹子《おののいもこ》が隋に届けた。

エ　天武《てんむ》天皇の国書を蘇我入鹿《そがのいるか》が唐に届けた。

12　表中の古墳時代について，埼玉《さいたま》県の稲荷山《いなりやま》古墳と熊本《くまもと》県の江田船山《えたふなやま》古墳という前方後円墳《ぜんぽうこうえんふん》からは，「ワカタケル」という大和《やまと》朝廷の同じ大王《おおきみ》の名前を刻《きざ》んだと考えられる，鉄の刀剣《とうけん》がそれぞれ発見されています。このことから考えられることを簡単に説明しなさい。

13　表中の弥生時代のむらとむらの争いから集落を守るため，この時期の集落遺跡《いせき》である佐賀《さが》県の吉野ケ里《よしのがり》遺跡に設けられていた施設は何か，答えなさい。

14　表中の縄文時代の集落の遺跡の近くから発掘される，集落の人々が使用し終わったものや，使わなくなったものを捨てたと考えられる遺跡は何か，答えなさい。

15　2021年７月にユネスコから世界文化遺産に登録された北海道《ほっかいどう》・北東北《とうほく》の遺跡群は表中のどの時代の遺跡か，答えなさい。

（四）　次の１・２の問いに答えなさい。

1　下のＡ～Ｆの６枚のカードは，日本国憲法《けんぽう》の基本的人権に関する条文の一部をまとめたものです。また，ⅠおよびⅡの文は，それぞれＡ～Ｆのいずれかのカードにまとめられた，基本的人権に関して争われた裁判について述べたものです。後の①～⑤の問いに答えなさい。

Ａ　すべて国民は，法の下に平等であって，人種，信条，性別，社会的身分または門地《もんち》により，政治的，経済的または社会的関係において，差別されない。（第 14 条）	Ｂ　何人も，［　あ　］に反しない限り，居住，移転および職業選択《せんたく》の自由を有する。（第 22 条）
Ｃ　すべて国民は，健康で［　い　］な最低限度の生活を営む権利を有する。（第 25 条）	Ｄ　すべて国民は，法律の定めるところにより，その能力に応じてひとしく教育を受ける権利を有する。（第 26 条）
Ｅ　勤労者の団結する権利および団体交渉《こうしょう》その他の団体行動をする権利は，これを保障する。（第 28 条）	Ｆ　財産権は，これを侵《おか》してはならない。（第 29 条）

Ⅰ　衆議院議員選挙における各選挙区の議員１人あたりの有権者数が，選挙区によってかたよりがあるとして争われた裁判。

Ⅱ　薬局開設の距離《きょり》制限を定めた法律は，憲法の保障する権利に反するとして争われた裁判。

①　［　あ　］，［　い　］　にあてはまる言葉をそれぞれ答えなさい。

②　Ａ～Ｆの６枚のカードのうち，自由権と関係が深いカードを２枚選び，記号で答えなさい。

③　ⅠおよびⅡのそれぞれの文と関係の深いカードの組み合わせとして最も適当なものを，後のア～カから１つ選び，記号で答えなさい。

ア　Ⅰ：Ａ　Ⅱ：Ｂ	イ　Ⅰ：Ａ　Ⅱ：Ｆ	ウ　Ⅰ：Ｃ　Ⅱ：Ｂ
エ　Ⅰ：Ｃ　Ⅱ：Ｆ	オ　Ⅰ：Ｅ　Ⅱ：Ｂ	カ　Ⅰ：Ｅ　Ⅱ：Ｆ

④　Ⅰの文の，有権者数のかたよりを，「（　　　）の格差」といいます。（　　　）にあてはまる言葉を答えなさい。

⑤　Ⅱの文のように，裁判によって，法律が憲法に違反《いはん》していないかを審査《しんさ》することを何というか，答えなさい。

2　次の文を読み，後の①～⑥の問いに答えなさい。

> ａ<u>地球温暖化</u>や熱帯雨林の減少，砂漠《さばく》化，酸性雨，水や大気の汚《よご》れなど，地球は今，多くの環境問題をかかえています。豊かな生活と環境とのバランスを考えながらｂ<u>持続可能な社会</u>を実現するためには，国連などの計画にもとづいた国際的な協力が必要です。2015 年，ニューヨークの国連本部で「持続可能な開発サミット」が開かれ，持続可能な社会を実現するための 2030 年までの行動計画が立てられました。その中心として示されたのが「（　　　）」です。（　　　）では，地球規模の課題を，「１貧困をなくそう」「２飢餓《きが》をゼロに」などのように 17 の目標に分けて達成を目指しています。

①　文中の（　　　）にあてはまる言葉を，アルファベット４字で答えなさい。

②　①では，16 個目に「平和と公正をすべての人に」という目標があげられています。日本国憲法において，この目標に関わる，戦争放棄《ほうき》をかかげているのは第何条か，答えなさい。

③　下線部ａについて，地球温暖化で海面が上昇《じょうしょう》すると，国全体が将来的に海にしずむおそれがあるといわれている国があります。南太平洋の島国であるこの国の名前を答えなさい。

④　右のマークを何というか，答えなさい。

⑤　下線部ｂについて，右のマークは，あることの促進《そくしん》をはかることを目的とした環境ラベルの１つです。あることとは何か，次のア～ウから１つ選び，記号で答えなさい。

ア　リデュース　　イ　リユース　　ウ　リサイクル

⑥　下線部ｂについて，このような社会づくりのために，2020 年７月から日本であるものが有料化されました。それは何か，答えなさい。

令和四年度　新田青雲中等教育学校入学試験解答用紙　国語

受験番号

氏　名

(一)

1　㋐　㋑　㋒　㋓　㋔

2　a　b

3

4

5　(1)　(2)

6

7

8　④　⑤

9

10

(二)

1　㋐　㋑　(み)　㋒　㋓　(じ)　㋔　(い)

2　A　B　C　D

3

4　〜

5

6　あ　い　う　え

7

8

9

10　〜

11

12

13　⑬　⑭

14　(1)　(2)

15

16

採点欄	
(一)	
(二)	
合計	

※100点満点
（配点非公表）

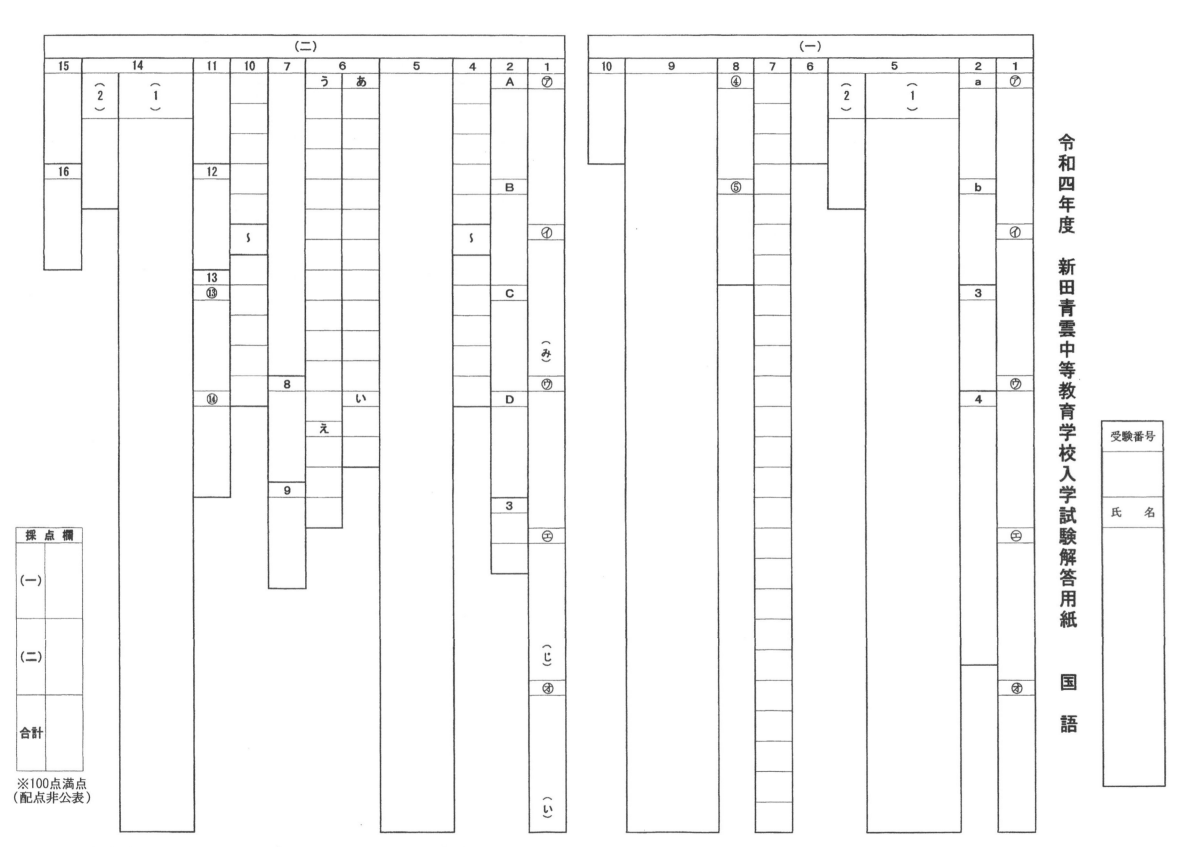

受験番号		氏　名	

令和４年度　新田青雲中等教育学校入学試験解答用紙　　算　数

(一)	1		2		3		4		5	

(二)	1		2		3		4		5		6	
	7		8		9		10		11		12	

(三)	1	①		2	式 あまり
		②			
		③			
		④			

(四)	1	式 cm^3	2	式 cm^3

(五)	1	式	2	式 回転

	(一)	(二)	(三)	(四)	(五)	合　計
採点欄						

※100点満点
（配点非公表）

受験番号		氏　名	

令和４年度　新田青雲中等教育学校入学試験解答用紙　　理　科

(一)	1	2 ① 　②
	3	4 　cm　5 　6 (1) ① 　②
	6 (1) ③	(2)

(二)	1 　cm	2 　m	3
	4 　cm	5 　cm	
	6		

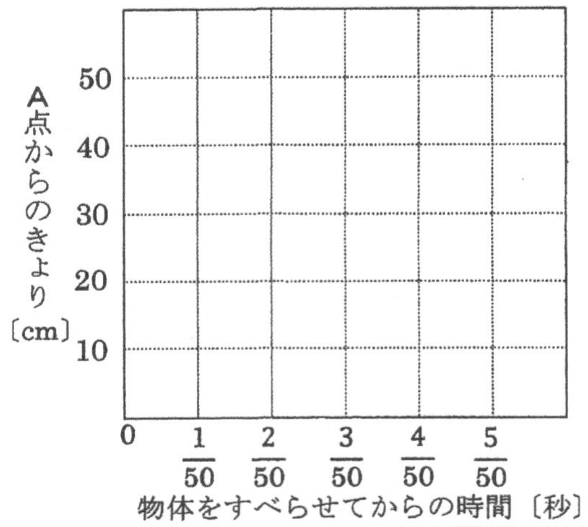

(三)	1 　g	2 　g	3 　g	4 　g
	5 ①	② 　g		

(四)	1	2	3
	4	5	6

(五)	1	2	3	
	4 ①	② 　・	③	④
	5	6		

(六)	1	
	2 ① 図のａ側は，川の水の流れが(　　　　　)，(　　　　　)する働きが大きい。	②
	3 ①	②

	(一)	(二)	(三)	(四)	(五)	(六)	合　計
採点欄							

※50点満点
（配点非公表）

受験番号		氏　名	

令和４年度　新田青雲中等教育学校入学試験解答用紙　　社　会

(一)								
1	(W)		(X)		(Y)		(Z)	
2	記号		名前		3			
4	記号		名前					
5			6					

(二)								
1	①							
	②							
2	①		②		③		④	

(三)								
1	A		B		C		D	
2		3		4				
5		6		7		8		縣
9								
10	名前		役割		11			
12								
13		14		15				

(四)								
1	①	あ		い		②		③
	④		⑤					
2	①		②		③			
	④		⑤		⑥			

	(一)	(二)	(三)	(四)	合計
採点欄					

※50点満点
（配点非公表）

令和三年度　新田青雲中等教育学校入学試験問題　国語　（50分）

★

（その１）

注意１　答えはすべて解答用紙に書きなさい。
注意２　字数制限のある答えは、句読点・記号も一字とします。

（一）　次の文章を読んで、後の問いに答えなさい。

若いみなさんも一度は耳にしたことがあるかもしれませんが、日本では二〇三五年ごろまでに半分の仕事が、人工知能（ＡＩ）やロボットに取って代わられると予測されています。子どもたちの三人に二人は、今は存在しない職業に就《つ》くとも言わ①れています。ＡＩがさまざまな分野に進出し、産業構造の枠組《わくぐ》みも変わってくると考えられているためです。人口減少時代を迎《むか》えた日本にとって、不足した労働力をＡＩが㋐補ってくれるのはありがたいことですが、一方ではこれまで人間にしかできないと思われていた仕事があっさりと奪《うば》われてしまうのも、また避《さ》けようのない未来予想図のようです。

実は私がやっている記者の仕事も、②安泰《あんたい》ではないと言われています。米国の代表的通信社であるＡＰ通信では、すでに企業《きぎょう》の注1決算原稿《げんこう》の作成をほぼＡＩに任せています。労働力を補うという側面もありますが、③ＡＩの書いた原稿はほとんど間違《まちが》いを犯《おか》さないという特長が導入を後押ししています。

記者の仕事をしているとよく分かるのですが、人間が一つ一つのデータや数字を調べてパソコンに打ち込《こ》んだ場合、どれほど注意深く作業をしても間違いは必ず起きてしまいます。反対に、膨大《ぼうだい》なデータの中から取り出すパターンが決まっている情報を集めて記事を自動㋑生成するのは、ＡＩにとってはお手のものです。記事にどのようなデータが必要になるのか、最初は人間がプログラムしなければなりませんが、枠組みさえ作ってしまえば、人為的《じんいてき》なミスをなくすことができるのです。【　Ⅰ　】

ＡＰ通信では「ＡＩ記者」を導入して以降、注2出稿《しゅっこう》記事の本数が大幅《おおはば》に増え、反対に執筆《しっぴつ》時間はずいぶん短縮されました。作業の効率化の観点から見れば、願ったり叶《かな》ったりで、お天気原稿やスポーツデータなど他の分野にも近いうちに活用範囲が広がっていくと考えられています。

仕事を奪われる記者の側には、不満が渦巻《うずま》いているのではないかと㋒スイサツしましたが、そうでもないようです。注目度の低い記事はＡＩに任せて、関心の高い企業に関する記事は従来通り記者が執筆するというすみ分けができるようになったため、④ＡＩ記者の評判は上々だというのです。仕事の自由度が増し、単調な仕事に割《さ》いていた時間は、連載企画《れんさいきかく》や特ダネ取材などの、より重要な仕事に充《あ》てられるようになりました。【　Ⅱ　】

ＡＩの⑤得手不得手《えてふえて》を知ることは、人間に固有の力とは何かをあらためて問い直すことにもつながります。先ほどの決算原稿のように、限られた枠組みの中でより早く正確に答えを出すような戦いをＡＩに挑《いど》んでも、人間には勝ち目がありません。

特定の状況《じょうきょう》からパターンを読み解き、法則性を見つけるのは人間の専売㋓トッキョでしたが、⑥そうした分野にもＡＩは注3食指を伸《の》ばしつつあります。［Ａ］、枠組みそのものを決めたり、意味を理解したり、答えが一つに定まらない問いを考えるといった営みは苦手としている、というのが現時点でのＡＩの姿です。記者が対抗《たいこう》する手がかりも、どうやらその辺りにありそうです。

このままＡＩが進化を続ければ、いずれ記者の仕事はすべて奪われてしまうのでしょうか。二〇三〇年にはニュース記事の九割を人工知能が書いているという恐《おそ》ろしい予測もありますが、人間相手の取材は人間にしかできないのはもちろん、取材で得られた材料の価値を判断し、意味を理解して原稿にする作業もまた、人間にしかできません。【　Ⅲ　】

インターネット上には多くのニュースがあふれていますよね。でも、注4ヘッドラインニュースを見るだけでは⑦優先順位は分からないでしょう？「人によって大事なニュースは違うのだから、優先順位なんかなくてもいいじゃないか」という意見もあるかもしれません。これだけ価値が多様化した時代なので、ある人にとっては重要なニュースも、ある人にはまったく関心のないものになってしまうのも分かります。しかし、報道の現場で働く私たちは、限られた人にしか影響《えいきょう》のないニュースよりも、より多くの人々の生活を左右するニュースほど価値が高いと判断します。【　Ⅳ　】

国内で大きな地震《じしん》が起きれば、大ニュースであることは誰《だれ》でも分かりますよね。政治家が汚職《おしょく》で逮捕《たいほ》されても民主主義に関わる重大な問題ですから、多くの人の関心事《かんしんじ》になります。判断基準がそれだけ㋔メイカイであればよいのですが、注5ニュースバリューの見極《みきわ》めにはさまざまな要素が絡《から》み、⑧一筋縄《ひとすじなわ》ではいかないことも多いのです。似たようなニュースでも、三か月前と三か月後では意味が変わるかもしれませんし、場所や状況によっては価値が変動することもよくあります。ある程度常識的な「注6相場感」はありますが、方程式に当てはめれば答えが出るほど単純なものではありません。でも、価値判断という要素があるからこそ、ニュースに関わる仕事は魅力的《みりょくてき》で、人間が判断材料を集める取材を行う意味もあるのです。

（名古谷《なごや》　隆彦《たかひこ》「質問する、問い返す――主体的に学ぶということ」岩波ジュニア新書による）

注１　決算……一年間の成績。
注２　出稿記事……印刷所にわたす用にまとめた記事。
注３　食指を伸ばし……可能性をもって働きかける。
注４　ヘッドラインニュース……新聞などの見出しに使われるような大ニュース。
注５　ニュースバリュー……ニュースとして報道する価値。
注６　相場感……物事の意味や良し悪しを直観的に感じ取り判断する能力。

１　〰〰部㋐～㋔の漢字については読みがなを、カタカナについては漢字を、それぞれ書きなさい。

２　［Ａ］に入る語として最も適当なものを、次のア～エから一つ選び、記号で答えなさい。

ア　だから　　イ　しかし　　ウ　つまり　　エ　たとえば

（その２）

3 ――部①「れ」とありますが、その意味や用法が同じものを、次のア～エから一つ選び、記号で答えなさい。

ア 必死にがんばった気持ちが思い出される。
イ クラスで一番速く走れる自信がある。
ウ 雨に降られて非常に困った。
エ 先生が語られた内容に納得した。

4 ――部②「安泰ではないと言われています」とありますが、「安泰ではない」とは「安心ではない」という意味です。ここではどのようなことに「安泰ではない」と言っているのですか。最も適当なものを、次のア～エから一つ選び、記号で答えなさい。

ア 人間よりＡＩの方がスポーツに詳しいため、記者の仕事を奪われてしまう可能性があること。
イ 人間よりＡＩの方がおもしろい記事が書けるため、記者の仕事を奪われてしまう可能性があること。
ウ 人間よりＡＩの方が原稿のミスが少ないため、記者の仕事を奪われてしまう可能性があること。
エ 人間よりＡＩの方が書いた記事に価値が出るため、記者の仕事を奪われてしまう可能性があること。

5 ――部③「ＡＩの書いた原稿」とありますが、その内容の例として最も適当なものを、次のア～エから一つ選び、記号で答えなさい。

ア 過去のデータと現在の気温から桜の開花を予測した記事。
イ ある野球選手が普段練習で意識することを取材して書いた記事。
ウ 新人作家の作品に感動し、そのすばらしさを伝える記事。
エ 人はなぜ生きるのかという根本的な問いについてよく考えられた記事。

6 ――部④「ＡＩ記者の評判は上々だ」とありますが、どうしてですか。**適当でないもの**を、次のア～エから一つ選び、記号で答えなさい。

ア ＡＩに物事を解決する一定の手順を設定すると、それを使って別の分野への活用範囲が広がるから。
イ 手間ひまをかけなければならなかった記事が簡単にできてしまい、仕事をしなくてもよくなるから。
ウ 今までになかった内容を考えたり、想像力を働かせたりする仕事に力を注ぐことがこれまで以上にできるから。
エ 人口が減少して働き手が少なくなっている中、その労働力を補ってくれるから。

7 ――部⑤「得手不得手」とありますが、「得手不得手」とは「得意不得意」という意味です。ＡＩの得意なことを二十二字以上二十五字以内で、不得意なことを三十五字以上四十字以内で、「こと。」に続くように、それぞれ文章中からぬき出し、最初と最後の五字を答えなさい。

8 ――部⑥「そうした分野」とありますが、どのような分野ですか。文章中の言葉を使って、説明しなさい。

9 ――部⑦「優先順位」とありますが、記者が読者に伝えたい優先順位の高い記事はどれですか。適当なものを、次のア～エから一つ選び、記号で答えなさい。

ア 地域の特産物を紹介するニュース。
イ ＡＩが重要だと判断したニュース。
ウ 多くの人の生活を左右するニュース。
エ 三か月前と三か月後では意味の異なるニュース。

10 ――部⑧「一筋縄ではいかない」とありますが、この言葉の意味として最も適当なものを、次のア～エから一つ選び、記号で答えなさい。

ア 普通の方法ではうまくいかない。
イ 解決の方法が見つからない。
ウ 何通りもの方法があり選べない。
エ 一人の力では足りない。

11　この文章では次の一文が省略されています。文章中の【 Ⅰ 】～【 Ⅳ 】のどこに入れるのが適当ですか。最も適当なものを、後のア～エから一つ選び、記号で答えなさい。

かつては炊飯器《すいはんき》や洗濯機《せんたくき》の発明が炊事や洗濯の労力を軽減し、人間は空いた時間を有効活用できるようになったのと同じことが、今度は頭脳労働の現場でも始まっているのです。

ア　Ⅰ　　イ　Ⅱ　　ウ　Ⅲ　　エ　Ⅳ

12　この文章を読んだ四人の児童は、最後に先生から次の［学習プリント］を渡され、「将来ＡＩに仕事を奪われないために、どのような能力をつけていけばよいか」というテーマで話し合いを持ちました。四人の児童の発言のうち、文章と［学習プリント］の内容に合うものとして最も適当なものを、後のア～エから一つ選び、記号で答えなさい。

［学習プリント］

著作権に関係する弊社の都合により
本文は省略いたします。
教英出版編集部

（問題の都合上、一部変更《へんこう》したところがあります。）

注１　懸念……不安に思うこと。
注２　文科省……文部科学省の略。教育や学術文化、科学技術が発展するように働きかける中央行政機関。
注３　学習指導要領……文部科学省が示す、学校で行う教育の基準を示したもの。
注４　第三次産業……商業、運輸通信業、サービス業などの産業。
注５　ＩＣＴ……情報通信技術。
注６　駆逐……追いはらうこと。

（石川《いしかわ》　一郎《いちろう》「２０２０年からの新しい学力」による）

ア　Ａさん…文章には「子どもたちの三人に二人は、今は存在しない職業に就くとも言われています」と書かれてあるから、第三次産業で働くのではなく、農業や漁業などＡＩが進出できない分野で用いる力をどんどんつけていくべきだと思うよ。

イ　Ｂさん…学習プリントに「人口減少社会の日本はさほど心配しなくていい」と書いてあり、文章にも「人口減少時代を迎えた日本にとって、不足した労働力をＡＩが補ってくれるのはありがたいことです」とも述べられているので、あまり怖がらずにＩＣＴのスペシャリストになればいいのかな。

ウ　Ｃさん…学習プリントにある「思考力・判断力・表現力が充分でなく、読解力も足りず、意味をわからずに答える」ような人がＡＩに仕事を奪われるのかな。そうならないためにも、多くの情報から重要な内容を読みとって、自分の考えを決める必要があるわね。

エ　Ｄさん…文章に「ＡＩがさまざまな分野に進出し、産業構造の枠組みも変わってくると考えられている」とあるように、私たちの未来はもう決まっているのかもしれないね。だったら、先進的科学技術に頼《たよ》らない、農林水産業を主体とした自然に根ざした生活のための能力が必要になるはずだよ。

（二）　代筆の仕事をしている主人公「私」の、ある雪の日について書かれた次の文章を読んで、後の問いに答えなさい。（問題の都合上、一部変更したところがあります。）

㋐シンコクな表情を浮《う》かべた男性がツバキ文具店に現れたのは、鎌倉《かまくら》の空にちらちらと小雪の舞《ま》う肌寒《はだざむ》い午後だった。

「ごめんください」

男性は注１律儀《りちぎ》に店の前で帽子《ぼうし》を取ると、肩《かた》についた雪を払《はら》い落としてから中に入ろうとする。

外は、よっぽど寒いのだろう。ガラス戸を閉めていても十分肌寒い店内に、更《さら》に冷たい空気が押《お》し寄せた。

男性は、まっすぐに私の方へと向かって歩いてきた。手には、大事そうに風呂敷《ふろしき》包みを抱《かか》えている。代書依頼《いらい》のお客に間違いない。

「こちらにどうぞ」

男性に丸椅子《いす》を差し出す。その足で、湯飲み茶碗《ちゃわん》に注２葛湯《くずゆ》のもとを入れ、ストーブの上で沸《わ》いている鉄瓶《てつびん》のお湯を㋑注いだ。

男性は、脱《ぬ》いだコートを丁寧《ていねい》に畳《たた》み、膝《ひざ》の上にのせている。よく探偵《たんてい》が着ているような、注３肩にケープのついているコートだ。そういう形の注４外套《がいとう》を、トンビと呼ぶのかムササビと呼ぶのか思い出せない。とにかく、生き物の名前であったことだけは覚えているのだが。

「㋒アタタかいうちに、どうぞ」

木のスプーンで葛湯をよく混ぜてから、一方を男性の前に差し出した。

男性と、やや斜《なな》めに向かい合う形で腰《こし》を下ろす。自分の葛湯は、客用の湯飲み茶碗ではなくマグカップに入れた。注５バーバラ婦人が、年末にボーイフレンドと奈良《なら》に旅行に行った際、お土産《みやげ》に買ってきてくれた葛湯である。

男性は、湯飲み茶碗を両手で包んで自分の手をあたためている。その口元から、かすかに銀色の息がこぼれた。

「書ける範囲《はんい》で結構ですので、お願いできますか？」

男性の手があたたまるのを見計らい、その前に紙とペンを置く。男性は、背筋を伸《の》ばしたようなはっきりとした筆跡《ひっせき》の字で、自分の名前を記入した。

私は、目の前の白川清太郎《しらかわせいたろう》さんにそっとたずねた。

「ご用件は？」

すると、清太郎さんが①切羽詰《せっぱつ》まった表情で話し始めた。

「実はね、お袋《ふくろ》を、楽にしてあげてほしいんですよ」

「お母様を？」

楽にしてあげる、とはどういう意味だろう。一瞬《いっしゅん》、物騒《ぶっそう》なことを考えそうになり、慌《あわ》てて打ち消した。清太郎さんが、困ったように一度大きなため息をつく。それから、一気に話し始めた。

「お袋は②気丈《きじょう》な性格でして、九十を過ぎるまでずっと誰《だれ》の力にも頼らず、横浜《よこはま》でひとり暮らしをしていたんですけどね、施設《しせつ》に入ってから、③妙《みょう》なことを言うようになりまして。話は前後しますが、私の親父《おやじ》は㋓ボウエキ商でしたが、もうとっくの昔に亡《な》くなっています。なのに、その親父から手紙が届くはずだから、どうしても家に帰らせてくれってきかないんですよ。

親父は無愛想な男で、正直なところ私にはあまりいい思い出がありません。子どもの頃《ころ》に一緒《いっしょ》に遊んでもらった記憶《きおく》も全くないんです。勇気を持って話しかけても無視されるし。たまに家に帰ってきても A 笑いもしないし、お袋に対しても、何か贈《おく》り物をしたりだとか、優《やさ》しく労《ねぎら》ったりだとか、そういうことは一切《いっさい》していませんでした。昔かたぎの男そのものでして、かといって、酒を飲んで暴れたり、暴言を吐《は》いたりするようなことも、なかったですけどね。

そんな親父だったものですから、お袋に手紙を書いていたなんて話、にわかには信じられなくて。ずっと姉貴《あねき》と、お袋のたわ言っていうか、妄想《もうそう》じゃないかって片づけてたんですよ。

でも、先日姉貴がお袋の家を片づけに行ったら、箪笥《たんす》の奥《おく》から、現物を見つけちゃいましてね。それが、これなんです」

清太郎さんはそこまで話すと、おもむろに膝の上に置いてある風呂敷包みに視線を落とした。

私は自分のマグカップに手を伸ばし、少し冷めた葛湯をすする。のほほんとした丸い味が、舌の上に B 広がった。

清太郎さんが、丁寧に風呂敷を畳んでから、手紙の束を私に差し出す。手紙は、ひとまとめにして赤い紐《ひも》でくくってある。葉書《はがき》の方が多いけれど、中には封書《ふうしょ》も混じっていた。

「どうぞ、どれでも広げて④見てください」

清太郎さんがそう言ってくれたので、両手で手紙の束を持ち上げ、自分の方へと引き寄せた。古い紙特有の、乾《かわ》いた土ぼこりのような匂《にお》いが近づいてくる。そっと紐をほどくと、⑤手紙の束が優《やさ》しくなだれ、机の上で扇《おうぎ》のように広がった。

一番上にあるのは、注６モノクロ写真の絵葉書だった。巨大《きょだい》なプールで、古めかしい水着を着た人々が楽しそうに泳いでいる。

「拝読《はいどく》しても、よろしいですか？」

自分宛《あ》てに書かれたものではない手紙に目を通す時は、いつだってその手紙の差出人と受取人の両方に対して、⑥心から申し訳ない気持ちになるものだ。それでも、清太郎さんが読んでくださいという目で私を強く見返したので、会釈《えしゃく》をしてから手のひらの葉書を裏返した。

「あの注７仏頂面《ぶっちょうづら》の親父に、こんな茶目っ気があったなんて、いまだに信じられんのです」

私が文面を読んでいると、その内容を一緒に覗《のぞ》き込《こ》みながら清太郎さんがつぶやく。もう、どの葉書にどんな内容が綴《つづ》られているのか、すべて㋔ジュクチしているらしい。

「これじゃあ、⑦僕《ぼく》らの知ってる親父とは、まるっきり別人ですよ」

言葉では呆《あき》れたように突《つ》き放しているけれど、内心はやっぱり、うれしいのかもしれない。清太郎さんの目じりに、優しさが滲《にじ》み出ている。

「私や姉貴にも、⑧こういうのを一枚でも送ってくれたら、人生違ったかもしれないのにな」

そこには、清太郎さんのお母様に対する愛情が、注８臆面《おくめん》もなく綴られていた。きっと、奥さんのことが心配で心配で仕方がなかったのだろう。滞在地《たいざいち》の先々から、奥さん宛てに手紙を書いていた。時には、一日のうちに二通立て続けに書かれたものまである。

「羨《うらや》ましいですね」

しみじみと、手紙の文面を見つめたまま言った。⑨ひとりでに、ため息がこぼれる。

「よく考えれば当たり前のことなのですが、親父とお袋も、男と女だったっていうだけの話なんですよね。子どもの立場からは、そんなこと全く考えもしなかったけど」

「お母様は、いつもお父様からのお手紙が来るのを、待っていらしたんですね」

私の放ったその言葉に、清太郎さんが目を閉じて深くうなずいている。

「そして、今もまだ、待って⑩いるってことですよね」

私は、その意味を嚙《か》みしめるような気持ちでつぶやいた。

「だから、家に帰らせてくれって。その姿を見ていると、切なくなっちゃうんですよ。幼い俺《おれ》たちの目を盗《ぬす》んで、お袋、いっつも郵便受けを覗《のぞ》いてたんだろうなぁ、なんて想像するとね。きっと、子どもたちには見せない、秘密の愛だったんでしょう」

途中《とちゅう》から堪《こら》えるような声で一気に言うと、清太郎さんは目じりに溜《た》まった涙《なみだ》をそっと拭《ぬぐ》った。そして、改めて姿勢を正し、私の方をまっすぐに見て言った。

「天国からの親父の手紙を、かわりに書いてもらえませんか？」

⑪清太郎さんからのお願いに、今度は私が目じりの涙を拭う番だった。

（小川《おがわ》　糸《いと》　「ツバキ文具店」による）

注1　律儀……感じの良い行動を意識すること。
注2　葛湯……葛粉を水で溶き、砂糖を加えて加熱したもの。とろみがあり冷めにくく、体があたたまる飲み物。
注3　肩にケープのついているコート……肩かけのマントのついたコート。トンビコートとも言われた。
注4　外套……防寒用に着る上着。
注5　バーバラ婦人……隣《となり》の家の住人。
注6　モノクロ写真……白黒の写真。
注7　仏頂面……ふきげんな顔、ふくれっつら。
注8　臆面もなく……はずかしがったり、えんりょしたりする様子がない。

1　〰〰部㋐～㋔の漢字については読みがなを、カタカナについては漢字を、それぞれ書きなさい。

2　A ・ B に入る語として最も適当なものを、それぞれ次のア～エから一つ選び、記号で答えなさい。

A　ア　びくびくして　イ　ぶすっとして　ウ　がっくりきて　エ　じっとして
B　ア　じわりと　イ　もぞりと　ウ　すかっと　エ　ぴりぴりと

3　――部④「見て」・⑩「いる」の尊敬語を、それぞれ答えなさい。

4　――部①「切羽詰まった表情」とありますが、そのような表情になるのはなぜですか。最も適当なものを、次のア～エから一つ選び、記号で答えなさい。

ア　目の前にペンと紙を置かれて質問事項《じこう》に答えるように言われたが、今のこの状況を説明するのに書いている時間すらおしいと気持ちがせきたてられているから。
イ　日暮れも近づく午後、雪が降り気温もどんどん下がっていくため、早く用件をすませてすぐにでもこの店を出なければ帰れなくなると考えているから。
ウ　助けを求めようにも自分ではその方法がわからず、これからの話でなんとか依頼の内容を分かってもらいたいと必死になっているから。
エ　どのように伝えたらよいかと考えていると手が冷たくなるほど緊張《きんちょう》してしまい、表情がこわばり怒《おこ》ったようになってしまったから。

5　――部②「気丈な」とありますが、この言葉の意味として最も適当なものを、次のア～エから一つ選び、記号で答えなさい。

ア　優しく思いやりのあること。　イ　気持ちがしっかりしていること。
ウ　がんこでわがままであること。　エ　気が強く、自信に満ちていること。

6　――部③「妙なことを言う」とありますが、どのような内容ですか。四十字以内で説明しなさい。

7　――部⑤「手紙の束が優しくなだれ、机の上で扇のように広がった」とありますが、この表現が意味することとして最も適当なものを、次のア～エから一つ選び、記号で答えなさい。

ア　清太郎さんの母親へ宛てた手紙がたくさんあり、夫として妻を大切に思っていたということ。
イ　葉書や封書など、形や大きさがばらばらなのは、清太郎さんの父親が仕事で様々な場所を飛び回っていたということ。
ウ　もう何十年もたった古い手紙であり、手紙の持ち主にも忘れ去られたさびしさがあふれ出ていること。
エ　夫が亡くなったことをいつまでも受け入れられず、清太郎さんの母親が混乱しているということ。

8　――部⑥「心から申し訳ない気持ちになるものだ」とありますが、私はなぜそのような気持ちになったのですか。その理由として最も適当なものを、次のア～エから一つ選び、記号で答えなさい。

ア　手紙から差出人の言いたいことを読み取ることは容易ではないことを、受取人に伝えなければならないから。
イ　差出人と受取人の秘密を共有してしまうと、自分とは違う考え方に気づき、いらいらしてしまうから。
ウ　どんなにいい手紙の内容であっても、自分には関係のない話だと他人事のような気持ちになってしまうから。
エ　差出人も受取人も誰かに読まれると思っていないのに、赤の他人である自分が読んでしまうことになるから。

9　――部⑦「僕らの知ってる親父」とありますが、清太郎さんはどのような父親だと思っていたのですか。それがわかる表現を、文章中から五字でぬき出しなさい。

10　――部⑧「こういうの」とありますが、どういうものですか。文章中の言葉を使って、説明しなさい。

11　――部⑨「ひとりでに、ため息がこぼれる」とありますが、このときの私の気持ちとして最も適当なものを、次のア～エから一つ選び、記号で答えなさい。

ア　奥さんには優しい気持ちを示すのに、子どもたちには見向きもしない父親に腹を立てている。
イ　手紙の中には、奥さんを思いやる気持ちがあふれており、ほのぼのとあたたかい気持ちになっている。
ウ　どんな時でも母親を気づかう清太郎さんのけなげな様子に心をうたれ、すばらしいと思っている。
エ　いつまでも手紙を待ち続ける奥さんがかわいそうで、何もできない自分を残念に思っている。

12　――部⑪「清太郎さんからのお願いに、今度は私が目じりの涙を拭う番だった」とありますが、このときの私の気持ちとして最も適当なものを、次のア～エから一つ選び、記号で答えなさい。

ア　これから自分のすることが清太郎さんのお母さんを傷つけることになるかと思うと、泣いてなどいられないと平静を保とうとしている。
イ　清太郎さんの純真さに心を打たれ、店に入ってきた時に抱いた不信感を反省するとともに、自分の役目を果たそうと考えている。
ウ　ついさっきまで清太郎さんに無難な受け答えをしようとしていたが、これ以上話が進む前にこの話を断る決意を固めている。
エ　清太郎さんの話に感動しながらも、何とかしてその願いをかなえ、清太郎さんのお母さんを安心させてあげようと気持ちを切りかえている。

13　文章を読んだ児童が、文章中における手紙の良さについて意見を出し合っています。文章の内容に**適当でないもの**を、次のア～エから一つ選び、記号で答えなさい。

ア　Aさん…手紙って、便箋《びんせん》や葉書を買い求め、内容を書き、宛名《あてな》を書き、切手をはって、ポストへ投函《とうかん》するという手間と時間をかけて送るものだから、単なる連絡《れんらく》手段というだけでない、差出人の深い気持ちまで届けてくれる感じがするよ。
イ　Bさん…そうだね。文章ではAさんの言うような面を持つものだから、いつでも手に取ってながめたり、読み返したりできるところも良いところだと思うよ。
ウ　Cさん…人が書くものだから文字の大きさや行をそろえてしまうことはできないこともあるけれど、だからこそ、差出人が書いたものだという特別な感じも手紙でなら伝えることができるね。
エ　Dさん…それに、今回は高齢者《こうれいしゃ》をいつわるために書くのだから、難しい漢字を使わず、ひらがなで読みやすく書いてあげて、何通りか解釈《かいしゃく》できるようにすればいいよね。みんなの話を聞いて、改めて手紙の良さが感じられるお話だったね。

令和３年度　新田青雲中等教育学校入学試験問題　　算　数　(50分)

注意１　答えはすべて解答用紙に書きなさい。
注意２　「式も解答用紙に書きなさい。」と指示されている問題は，解答用紙に途中《とちゅう》の式も書きなさい。
注意３　円周率は，3.14 としなさい。

（その１）

（一）次の □ の中に正しい答えを入れなさい。

1　$13\times7-8\times5\div2=\square$

2　$\left(1\frac{1}{2}-\frac{1}{6}\right)\div\frac{1}{4}+\frac{2}{3}=\square$

3　$5.6\times7+2.8\times12-8\times2.1=\square$

4　$\left(5-1\frac{1}{3}\times0.6\right)\div2.8+\left(6.5+2\frac{1}{4}\right)\times\frac{2}{7}=\square$

5　$\dfrac{2020}{50-\square}+\dfrac{1}{43}=47$

（二）次の □ の中に正しい答えを入れなさい。

1　一筆書きとは，えん筆を紙からはなさずに，同じ線を 1 回しか通らない形をかくことです。書き始めの点と書き終わりの点は同じでなくてもかまいません。また，交わる点は 2 回以上通ってもかまいません。次の①から④の中から一筆書きが**できないもの**を，1 つ選び，番号で答えると □ です。

①　②　③　④

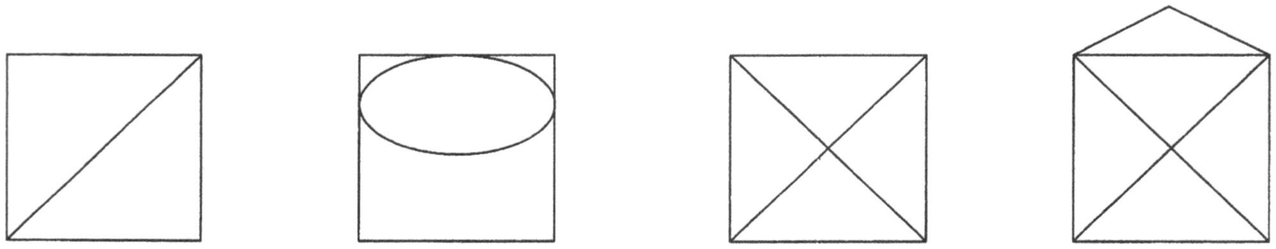

2　みのりさんは本を読んでいます。読んだページ数と残りのページ数の比は 11 : 13 で，読んだページ数は 121 ページです。この本のページ数は全部で □ ページです。

3　10 から 30 までの間に素数は □ 個《こ》あります。

4　長さ 100m の電車が 350m のトンネルを通過するのに 18 秒かかりました。この列車が 850m のトンネルを通過するのに □ 秒かかります。

5　なおやさんとひろみさんがいっしょに仕事をすると 4 日で終わる仕事があります。この仕事を，なおやさんだけでするとと 6 日かかり，ひろみさんだけですると □ 日かかります。

6　13 を 2021 回かけた数の，一の位は □ です。

7　□ 個のみかんを箱に入れます。12 個入る箱に 12 個ずつ入れると最後の箱だけ 4 個入ります。20 個入る箱を使うと 12 個入る箱より 14 箱少なく，最後の箱まで 20 個ずつ入ります。

8　消費税《しょうひぜい》が 8%から 10%に上がったので，ある本の値段《ねだん》が 9 円上がりました。この本の値段は，消費税が 20%になると □ 円になります。

9　1 時から 2 時までの 1 時間で，時計の長針の方向と 12 時の方向の作る角を短針が 2 等分するのは 1 時 □ 分です。

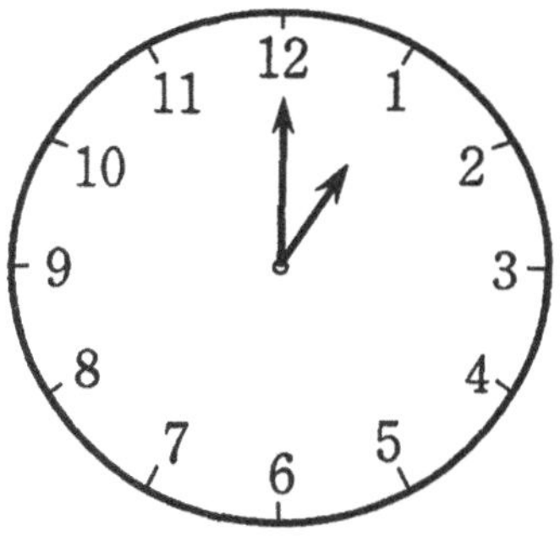

10　右の図はある三角柱の展開図《てんかいず》です。この三角柱の体積は □ cm^3 です。

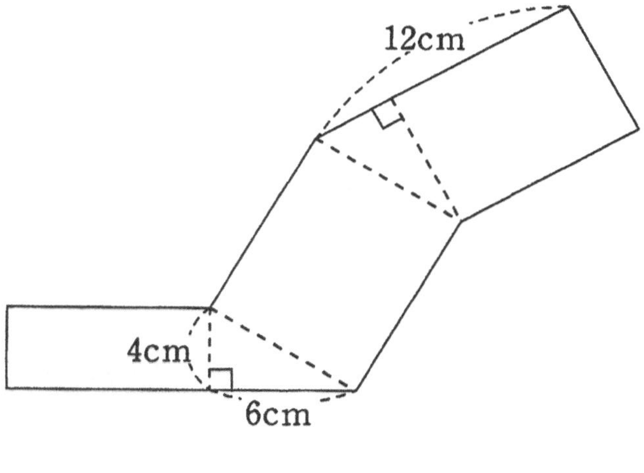

11　右の図のように，半径 2cm の円が２つ交わっています。色のついている部分の面積は［　　］cm^2 です。

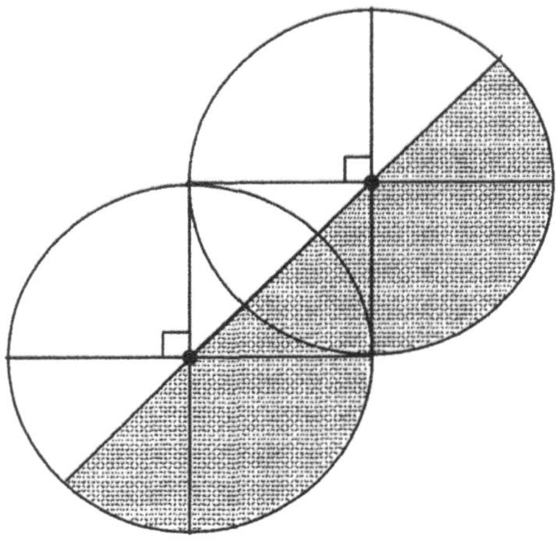

12　右の図１のように線対称な五角形のタイルがあります。このタイルを右の図２のようにすき間なく並《なら》べて，１つの輪を作ります。輪を作るためには［　　］枚《まい》のタイルが必要です。

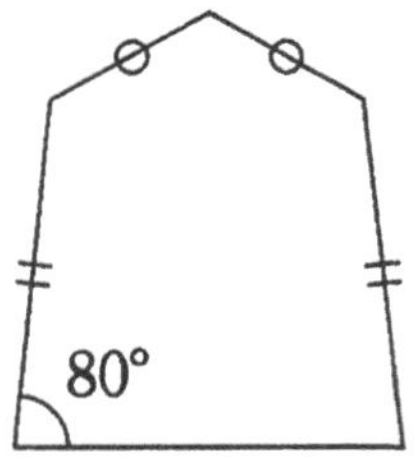

図１

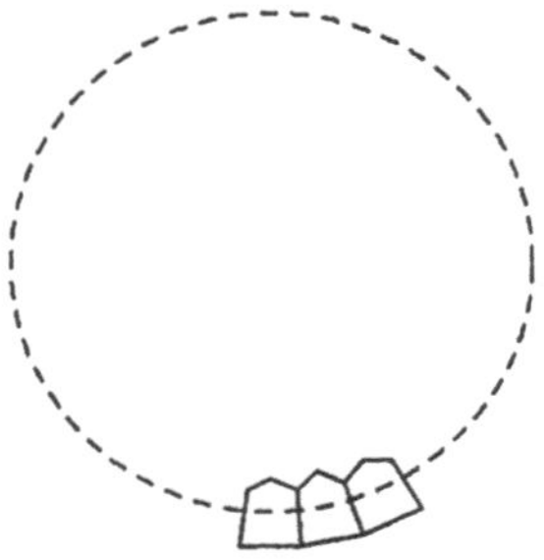

図２

（三）　箱 A，B，C にそれぞれお菓子《かし》がいくつか入っています。箱 A と箱 B に入っているお菓子の個数の合計は 39 個です。それぞれの箱に入っているお菓子を同時に，$\frac{1}{3}$ ずつ箱 A から箱 B に，箱 B から箱 C に，箱 C から箱 A にうつしました。お菓子をうつしたあとでも，箱 C に入っているお菓子の個数は変わりませんでした。このとき，次の問いに答えなさい。

1　はじめに入っていたお菓子の個数が同じだった箱があります。それはどの箱とどの箱ですか。

2　お菓子をうつしたあと，箱 B の方が箱 C よりお菓子の個数は３個多くなりました。お菓子をうつしたあと，箱 A のお菓子の個数は何個ですか。式も解答用紙に書きなさい。

（四）　１辺の長さが 1cm の黒と白の正六角形があります。下の図のように，黒の正六角形を１個，２個，３個，……と横１列に１個ずつ増やし，それらの周りに白の正六角形をすき間なく並べて図形を作っていきます。このとき，次の問いに答えなさい。式も解答用紙に書きなさい。

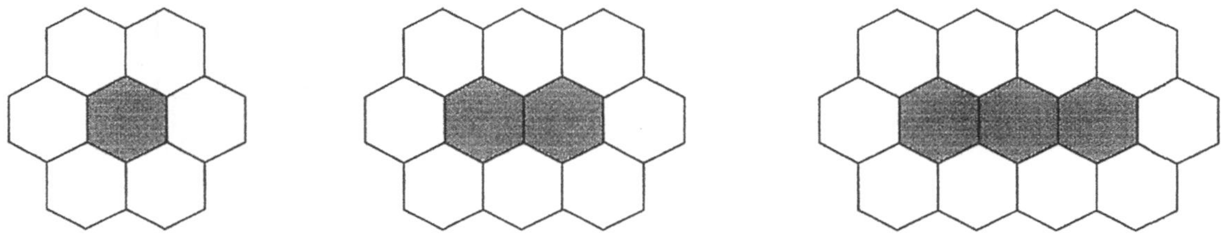

１　黒の正六角形を４個使うとき，この図形の周りの長さは何 cm ですか。

２　黒の正六角形を 2021 個使うとき，この図形の周りの長さは何 cm ですか。

（五）　下の図１のような 60 L 入る水そうに，はじめ９L の水が入っています。管Ａから水そうに水が入り，管Ｂから水が出ます。管Ａは３分間開いたあと３分間閉じる動作をくり返し，管Ｂは２分間開いたあと２分間閉じる動作をくり返します。下の図２のグラフは，管Ａ，管Ｂを同時に開いてからの時間と水そうに入っている水の量の関係を表したものです。このとき，次の問いに答えなさい。式も解答用紙に書きなさい。

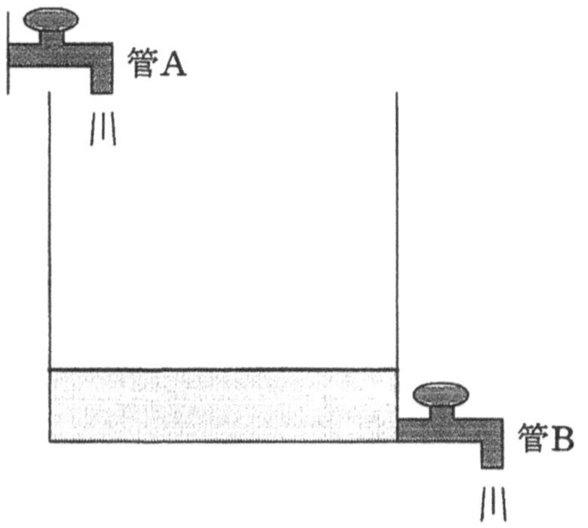

図１

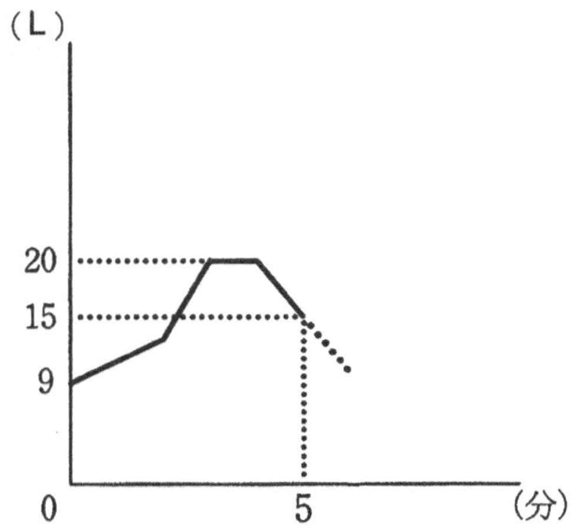

図２

１　管Ｂが開いているとき，管Ｂから出る水の量は毎分何Ｌですか。

２　水そうの水がはじめていっぱいになるのは，管Ａ，管Ｂを同時に開いてから何分後ですか。

令和３年度　新田青雲中等教育学校入学試験問題　　理　科　(40分)

注意　　答えはすべて解答用紙に書きなさい。

（一）　次の１～８の問いに答えなさい。

１　たん生から長い歴史をもつ地球は，いくつもの時代に分けられています。2020 年１月 17 日，国際地質科学連合によって，日本の地名をもとにした時代の名前が初めて認められました。その名前を次のア～エから１つ選び，記号で答えなさい。

ア　ジャパニアン　　**イ**　チバニアン　　**ウ**　ニホニウム　　**エ**　ヒメニアン

２　2020 年７月９日，国際自然保護連合が世界の絶滅《めつ》危惧《ぐ》種をまとめた最新のリストを発表しました。絶滅危惧種をまとめたリストを何といいますか。次の**ア**～**エ**から１つ選び，記号で答えなさい。

ア　イエローリスト　　**イ**　ダークリスト　　**ウ**　ブルーリスト　　**エ**　レッドリスト

３　次の**ア**～**オ**のうち，風の力で動いているものを**すべて**選び，記号で答えなさい。

ア　自動車　　**イ**　うちわ　　**ウ**　こいのぼり　　**エ**　ヨット　　**オ**　風鈴《りん》

４　次の**ア**～**エ**の文のうち，光《こう》電池について書かれたものとして最も適当なものを１つ選び，記号で答えなさい。

ア　明るいところでも，暗いところでも使うことができる。

イ　＋極と－極があり，交互《ご》に入れかわる。

ウ　光が当たっている間に，電気をためることができる。

エ　大きなものは家の屋根につけると，家で使う電気に利用できる。

５　次の**ア**～**エ**のうち，電磁石の力が最も強いものと，最も弱いものをそれぞれ１つずつ選び，記号で答えなさい。ただし，導線とかん電池はすべて同じものを使います。

ア　100 回まきのコイルで，かん電池２個を並列つなぎ　　**イ**　100 回まきのコイルで，かん電池２個を直列つなぎ

ウ　200 回まきのコイルで，かん電池２個を並列つなぎ　　**エ**　200 回まきのコイルで，かん電池２個を直列つなぎ

６　右の図のように，黒くぬった木の板，白くぬった木の板，とう明なガラス板をよく晴れた日の昼間に，運動場に置きました。

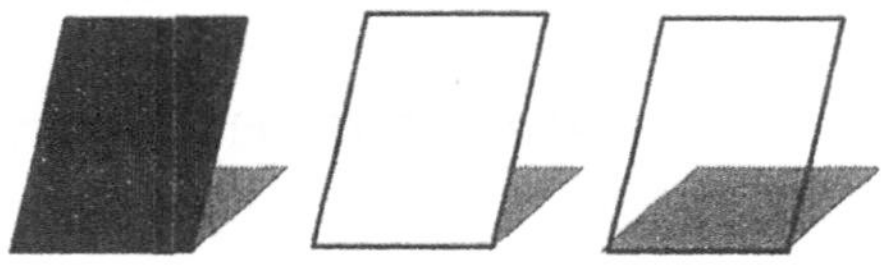

①　次の**ア**～**ウ**のうち，最もあたたまりやすい板を１つ選び，記号で答えなさい。

ア　黒くぬった木の板　　**イ**　白くぬった木の板　　**ウ**　とう明なガラス板

②　次の**ア**～**エ**のうち，板をあたたまりやすくするのに最も適当な方法を１つ選び，記号で答えなさい。

ア　表面を水でぬらす。

イ　板の面積を広くする。

ウ　板のかげの大きさが最も小さくなるように板を動かす。

エ　板のかげの大きさが最も大きくなるように板を動かす。

７　下の**図**のように，注射器に水と空気を入れてふたをし，ピストンを上から手で強く押しました。次の**ア**～**エ**のうち，注射器の中の空気と水のようすとして最も適当なものを１つ選び，記号で答えなさい。

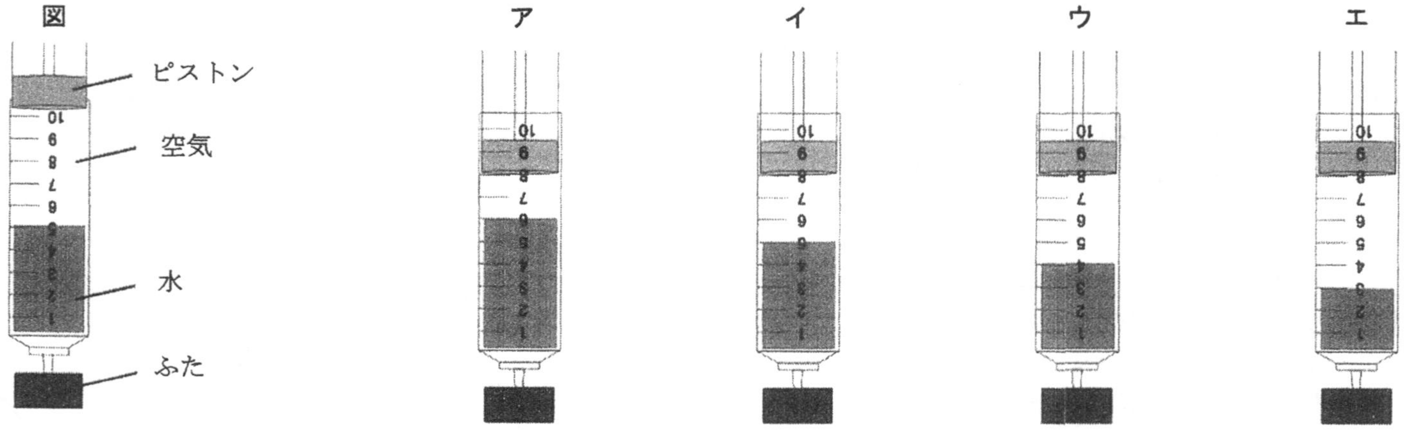

８　右の図は，金属の平らな板を上から見たものです。**ア**～**ケ**の９点にろうをたらし，冷やして固めました。ただし，たてと横の，点から点までの長さはすべて等しいものとします。

①　板の下側から**イ**を炎《ほのお》であたためました。**エ**とほとんど同時にろうがとけ始めるのはどの点ですか。**エ**以外から１つ選び，記号で答えなさい。

②　板の下側から**ア**を炎であたためました。**キ**がとけ始めるとき，すでにとけているのはどの点ですか。**ア**と**キ**以外から**すべて**選び，記号で答えなさい。

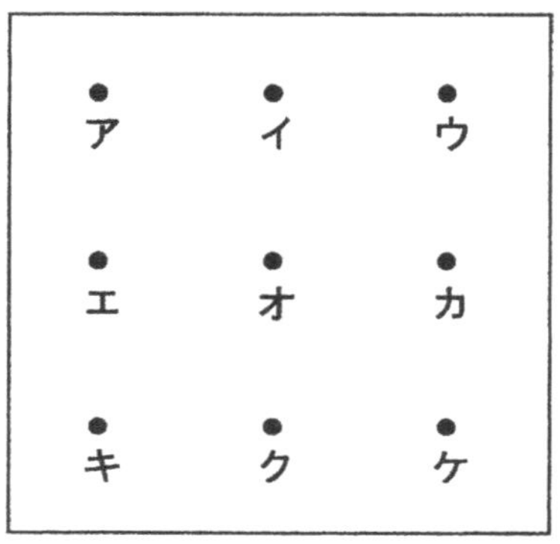

（二）　水とミョウバンを，下の表のような割合でビーカーＡ～Ｅに入れ，よくかき混ぜて水溶《よう》液をつくりました。ビーカーＡ，Ｂ，Ｃではミョウバンがすべてとけ，ビーカーＤ，Ｅでは一部がとけきれずに残りました。実験はすべて同じ温度で行ったものとして，後の問いに答えなさい。

ビーカー	Ａ	Ｂ	Ｃ	Ｄ	Ｅ
水の重さ〔g〕	100	125	150	175	200
ミョウバンの重さ〔g〕	5	10	15	25	30
とけ残り	なし	なし	なし	あり	あり

１　ビーカーＡの水溶液の重さは何ｇですか。

２　ビーカーＡ～Ｃの水溶液のうち，最も濃度の高いものはどれですか。Ａ～Ｃから１つ選び，記号で答えなさい。

３　ビーカーＤの中にあるものをすべてろ過し，ろ紙に残ったミョウバンの重さをはかると４ｇでした。

①　次のア～オのうち，ろ過に使用したろ紙を広げたときに，とけ残ったミョウバンがついている位置を示す図として最も適当なものを１つ選び，記号で答えなさい。ただし，色のついている部分に，ミョウバンがついているものとします。

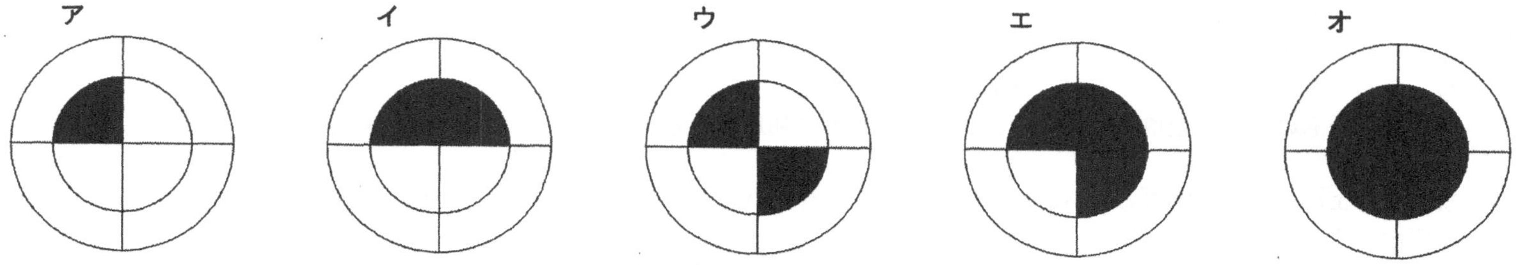

②　100g の水にとかすことのできる，最大の物質の重さを溶解度といいます。この実験での温度におけるミョウバンの溶解度はいくらですか。

４　ビーカーＥの中にあるものをすべてろ過すると，ろ紙に残ったミョウバンは何ｇですか。

５　ビーカーＣの水溶液には，さらに最大で何ｇのミョウバンをとかすことができますか。

（三）　図１は，空気にふくまれる気体の体積の割合を示したものです。図２は，2019 年の日本における，気体Ｃの量を月ごとに表したものです（気象庁データより作成）。後の問いに答えなさい。

１　気体Ａ～Ｃの名前を答えなさい。

２　下の文は，気体Ｃの量が図２のように変化する理由を説明したものです。

「気体Ｃの量が，他の時期に比べて（　あ　）に少ないのは，植物の（　い　）が活発になるためです。」

①　（　あ　）にあてはまる季節は何ですか。

②　（　い　）にあてはまる植物の活動を漢字でかきなさい。

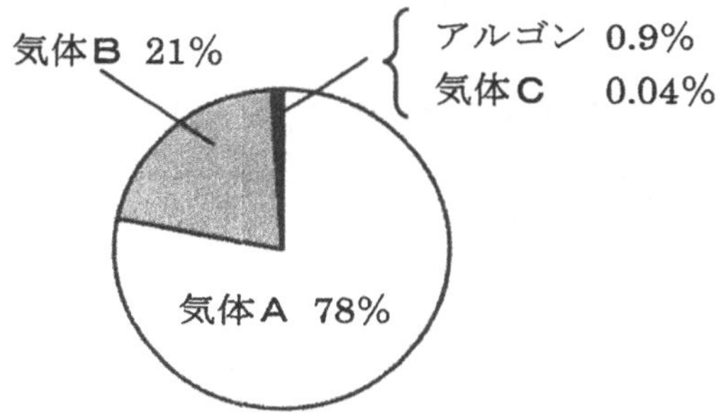

図１

３　空気を集めた集気びんの中でろうそくを燃やしたとき，集気びんの内側がくもっているのが観察できました。

①　ろうそくを燃やした後，気体Ａ～Ｃの量は，それぞれどのようになると考えられますか。次のア～カのうち，最も適当な組み合わせを１つ選び，記号で答えなさい。

	ア	イ	ウ	エ	オ	カ
増える	Ａ	Ａ	Ｂ	Ｂ	Ｃ	Ｃ
変わらない	Ｂ	Ｃ	Ａ	Ｃ	Ａ	Ｂ
減る	Ｃ	Ｂ	Ｃ	Ａ	Ｂ	Ａ

②　集気びんの内側がくもったのは，ろうそくが燃えるときにある物質が発生したためです。ある物質とは何ですか。

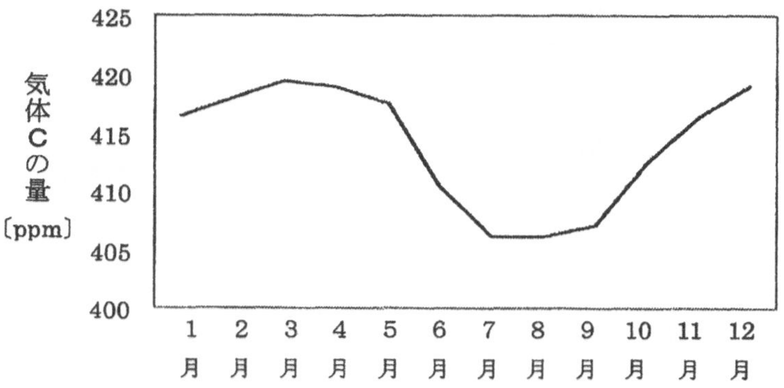

図２

（四） ある小学校で，放課後，理科係のあおいさんとさくらさんは，先生と授業の準備をしています。次の会話文を読み，後の問いに答えなさい。

先　生：明日の授業は，学校の中庭にある，ひめっこ池の水を観察します。水中にすんでいる小さな生物を見つけましょう。この水そうに入っているのがひめっこ池からとった水ですよ。
あおい：ひめっこ池の水に生物がいるのかなぁ。メダカやタニシがいるのは知っているけれど。
さくら：水そうの水は，ちょっとにごっているし，枯《か》れ葉や藻《も》もありますね。
先　生：よく見ると，**a**小さな生物がいるんですよ。明日は，**b**けんび鏡も使って観察しましょう。
あおい：先生，枯れ葉はどうするんですか？
先　生：そこに生物がたくさんついているので，水そうの中で洗うようにしておきましょう。
さくら：そういえば，ひめっこ池は，去年の卒業生と先生たちでつくったんですよね。
先　生：そうそう。**c**池を設計してスイレンなどの植物を植えたり，メダカやタニシを移動させたりと大変でした。
あおい：ひめっこ池が完成して１年たちますね。でも，**d**お世話の当番がないのはどうしてですか？
先　生：あおいさん，いいところに気がつきましたね。一緒《いっしょ》に考えてみましょう。

1　下線部**a**について，次の**ア**～**オ**のうち，水中に**すんでいない**生物を１つ選び，記号で答えなさい。

ア　　**イ**　　**ウ**　　**エ**　　**オ**

2　下線部**b**について，右の図はけんび鏡を簡単に表したものです。
① けんび鏡を使うとき，先につけるのは**ア**と**イ**のどちらですか。記号とその名前を答えなさい。
② 観察したいものを**ウ**に置くとき，２種類のガラスを使います。２種類のガラスのうち，観察したいものをのせるガラスを何といいますか。
③ 観察したいものにピントを合わせるとき，**エ**と**オ**のどちらを使いますか。記号とその名前を答えなさい。

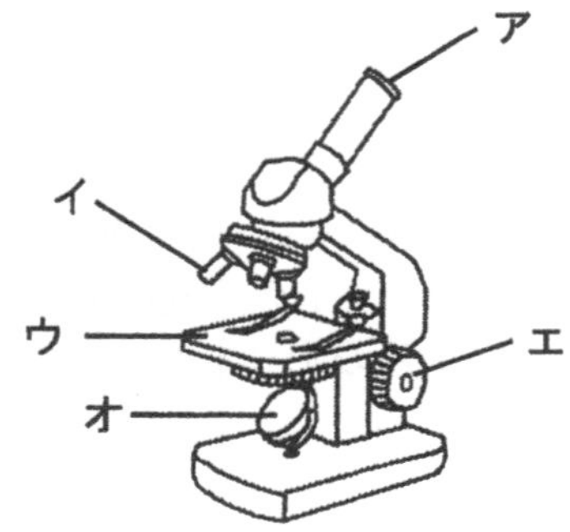

3　下線部**c**について，自然に近い環《かん》境をつくり，地域の環境や生物について学ぶ場所をつくる取り組みが，全国で進んでいます。このようにしてつくられる，生物の生息空間を何といいますか。

4　下線部**d**について，人が世話をしなくても，メダカやタニシがえさ不足になることは，あまりありません。その理由として考えられることを答えなさい。

（五） **図１**は，太陽のまわりをまわる地球と，地球のまわりをまわる月のようすを北極上空から見たものです。このとき，月は**図１**の**A**～**H**のどこかにあるものとします。また，**図２**，**図３**は，それぞれ別の日の夜に撮《さつ》影された月の写真です。

1　月が地球のまわりをまわる向きは，**図１**の**a**，**b**のどちらですか。記号で答えなさい。

2　**図２**は，月がどの位置にあるときの写真ですか。**図１**の**A**～**H**から１つ選び，記号で答えなさい。

3　**図３**のような形の月が南の空に見えたとき，太陽はどの方向にありますか。東西南北から１つ選び，答えなさい。

4　2021年5月26日，日本で皆既《かいき》月食を見ることができます。皆既月食でも，月はまっ暗になって見えなくなるわけではなく，赤黒い色に光って見えます。その理由を次の**ア**～**エ**から１つ選び，記号で答えなさい。
ア　太陽の光が地球の磁場により曲がり，月で反射するため。
イ　太陽の光が地球の大気により曲がり，月で反射するため。
ウ　太陽の光が地球で反射し，さらに月で反射するため。
エ　月そのものが光を発するため。

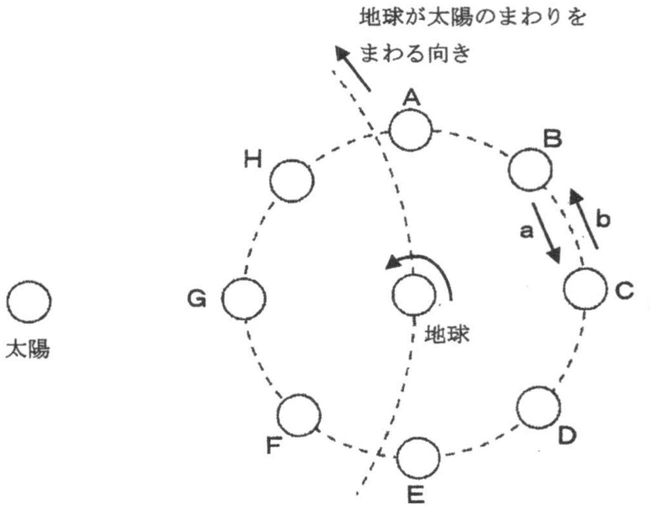

図１

図２

図３

（六）　下の**図１**のように，ひもがたるまないようにふりこのおもりを持ち上げた後，おもりを静かにはなしました。おもりが最下点にきたとき，ゆかに置いた木片と衝突《しょうとつ》させて，木片がすべるきょりをはかりました。**図２**は，おもりの重さを変えたときの，おもりをはなす高さと木片がすべるきょりの関係をまとめたものです。後の問いに答えなさい。

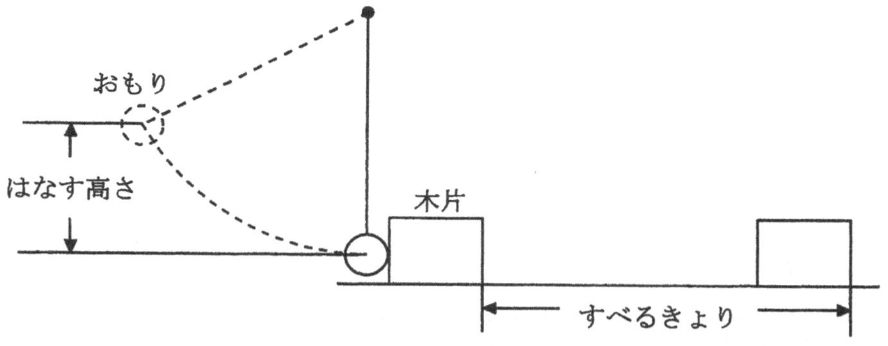

図１

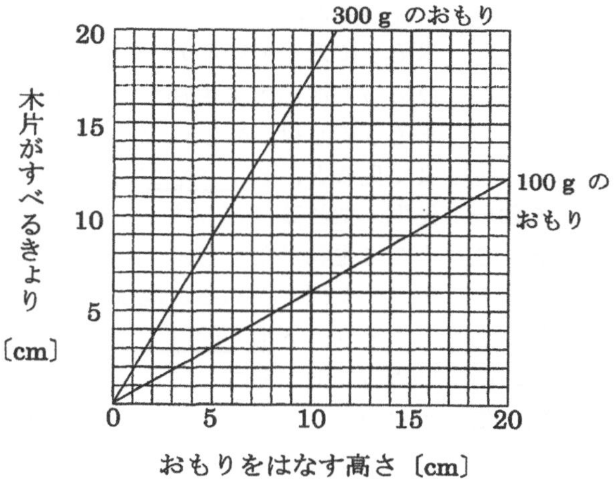

図２

１　100g のおもりを 30cm の高さからはなしたとき，木片がすべるきょりは何 cm ですか。

２　おもりを 40cm の高さからはなしたところ，木片がすべるきょりが 12cm になりました。おもりの重さは何 g ですか。

３　木片がすべるきょりは，おもりをはなす高さとどのような関係がありますか。30 文字程度で説明しなさい。

４　200g のおもりを使ったとき，おもりをはなす高さと木片がすべるきょりの関係を**図２**から予想し，解答用紙にグラフをかきなさい。

５　300g のおもりを使い，ひもの長さを少し短くして同じ実験をしたところ，木片のすべるきょりは**図２**のときとほとんど変わりませんでした。次の文は，その理由について述べたものです。（　　　）にあてはまる適当な語句を答えなさい。
「木片のすべるきょりがほとんど変わらなかったのは，ふりこのおもりが最下点にきたときの速さが（　　　）からである。」

（七）　たろうさんは，**図１**のようなハンガーに洗たく物を干すことにしました。バランスよく取りつけるために，洗たく物を取りつける位置を**図２**のように表してみました。**図１**のハンガーは，**図２**の●の位置でつるすと水平につり合います。また，洗たく物には10gのハンカチが１枚，１枚20gのくつ下が２枚，30gのタオルが１枚あります。次のルールを読み，後の問いに答えなさい。

【ルール】洗たく物を取りつける位置は（**アルファベット・数字**）の順で表す。

例：図２の●の位置は（C・4）

図１

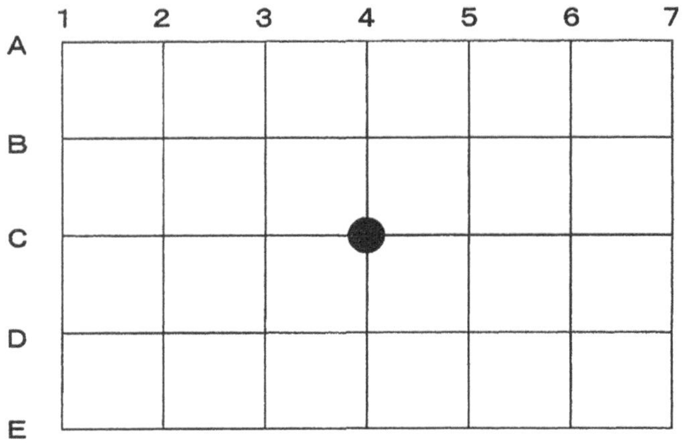

図２

1　（C・2）にハンカチを取りつけました。ハンガーを水平につり合わせるためには，くつ下１枚をどこに取りつければよいですか。

2　（C・2）と（C・3）にくつ下を１枚ずつ取りつけました。ハンガーを水平につり合わせるためには，タオルをどこに取りつければよいですか。

3　（B・3）にくつ下１枚を取りつけました。ハンガーを水平につり合わせるためには，ハンカチをどこに取りつければよいですか。

4　（B・5）にくつ下１枚を，（E・5）にハンカチを取りつけました。ハンガーを水平につり合わせるためには，タオルをどこに取りつければよいですか。

5　（C・3）にタオルを，（D・5）にくつ下１枚を取りつけました。ハンガーを水平につり合わせるためには，残りのくつ下１枚とハンカチを，それぞれどこに取りつければよいですか。

令和３年度　新田青雲中等教育学校入学試験問題　　社　会　(40分)

注意　　答えはすべて解答用紙に書きなさい。

（その１）

（一）　次の１～３の問いに答えなさい。

１　後の①～④の問いに答えなさい。

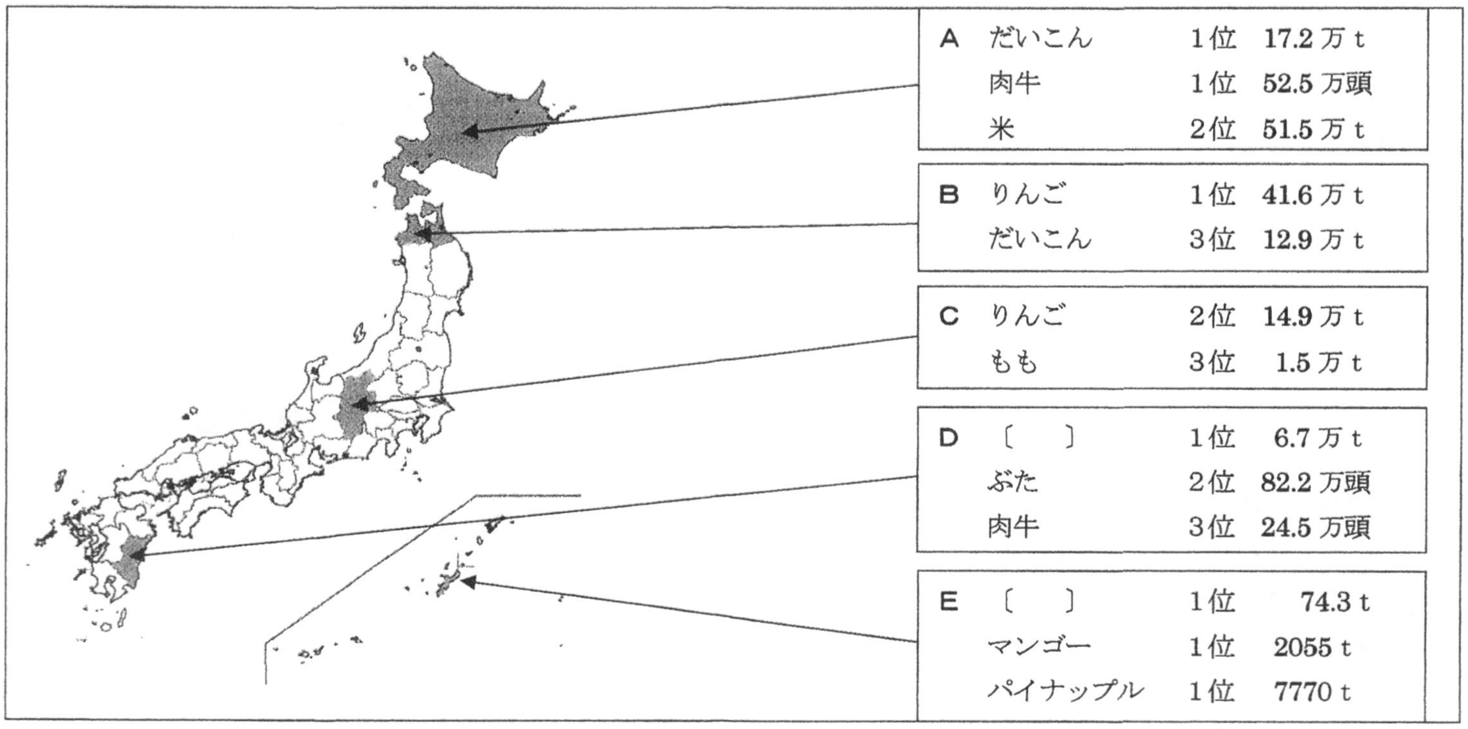

①　A～Eは，地図中の都道府県とその都道府県で生産される農産物の全国での順位を表しています。（2017・2018 年，農林水産省資料）D・Eの〔　　〕にあてはまるものをそれぞれ答えなさい。

②　下の文は，A～Eの都道府県のいずれかにあてはまります。文中の（　　）にあてはまる言葉を答えなさい。また，この文が表す都道府県を，A～Eから１つ選び，記号で答えなさい。

きくの生産がさかんで出荷時期をおくらせる（　　）が行われています。また，観光業を中心に情報通信産業の成長もみられます。

③　Eの都道府県に含《ふく》まれる島を，次の**ア**～**エ**から１つ選び，記号で答えなさい。

ア　沖ノ鳥島《おきのとりしま》　　**イ**　与那国島《よなぐにじま》　　**ウ**　択捉島《えとろふとう》　　**エ**　南鳥島《みなみとりしま》

④　右のグラフは，日本の主《おも》な農産物の生産額の割合（2017 年）を表したものです。グラフ中の**a**にあてはまるものを，次の**ア**～**エ**から１つ選び，記号で答えなさい。

ア　米　　**イ**　野菜　　**ウ**　果物　　**エ**　畜産物《ちくさんぶつ》

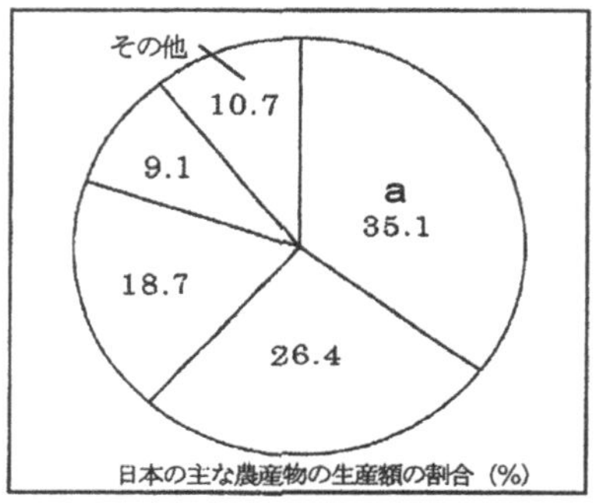

日本の主な農産物の生産額の割合（%）

２　下の文について，後の①～④の問いに答えなさい。

日本は，まわりを太平洋・日本海などの海に囲《かこ》まれています。そのため，**a**領海が広くなっています。日本の海岸線の長さは，約３万 km です。世界で（　　）番目に長く，**b**日本より広い面積のオーストラリアよりも長くなっています。日本の国土には**c**川や山脈などいろいろな地形が見られます。外国と比べると川は短く流れが急です。

①　文中の（　　）にあてはまる数字を，次の**ア**～**エ**から１つ選び，記号で答えなさい。

ア　３　　**イ**　６　　**ウ**　９　　**エ**　12

②　文中の下線部**a**は海岸線から何海里か，答えなさい。

③　文中の下線部**b**の理由を簡単に説明しなさい。

④　文中の下線部**c**について，**本州にはない川**を，次の**ア**～**エ**から１つ選び，記号で答えなさい。

ア　淀川《よどがわ》　　**イ**　天竜川《てんりゅうがわ》　　**ウ**　信濃川《しなのがわ》　　**エ**　石狩川《いしかりがわ》

3　下の文について，後の①～⑤の問いに答えなさい。

2020年に新型（あ）ウイルス感染症《かんせんしょう》が世界各地で流行しました。10月4日には，a全世界で感染者数の合計が約3500万人にのぼりました。緊急事態宣言《きんきゅうじたいせんげん》が出され，商業施設《しょうぎょうしせつ》が長期休業するなど，社会全体に大きな影響《えいきょう》が見られました。感染予防として，多くの人々が不要不急の外出をひかえるようになり，人の移動の制限や工場の停止などで，石油・石炭などの使用が，急激に減りました。その後，経済活動が少しずつ回復し，b発電時のエネルギーとしても利用される石油・石炭の使用は増加しています。自粛《じしゅく》生活で困難な生活をしいられた人もいましたが，経済を優先するだけではなく環境にも配慮《はいりょ》した（い）な社会を目指すことが求められています。このような感染症流行の中で，日本ではさらに新しい技術やしくみを発展させていくことが必要になってきています。また，cこれからの日本の人々の生活も大きく変化することが予想されます。

①　文中の（あ）・（い）にあてはまる言葉をそれぞれ答えなさい。

②　文中の下線部aについて，2020年10月4日時点で感染者数が1番多い国を，次の**ア**～**エ**から１つ選び，記号で答えなさい。

ア　ブラジル　　**イ**　インド　　**ウ**　アメリカ合衆国　　**エ**　中国

③　文中の下線部bのような発電方法でなく，石油・石炭を使用せず，環境に配慮した発電方法を１つ答えなさい。

④　「発電所」の地図記号を答えなさい。

⑤　文中の下線部cについて，感染症流行後に変化を求められる日本人の生活を予想した文として**適当でないもの**を，次の**ア**～**エ**から１つ選び，記号で答えなさい。

ア　身体的距離の確保などに配慮した，在宅勤務などの新しい生活様式が求められる。

イ　リニア中央新幹線が完成し，日常的に非常に多くの人々に利用される。

ウ　仕事の効率化が進み，ロボットやドローンなどの利用がさらに拡大する。

エ　通信環境の整備が進み，デジタル技術の活用がさらに拡大する。

（二）　下の年表を見て，後の１～11の問いに答えなさい。

時代	できごと	
A縄文	狩《か》りや漁《りょう》のくらしが行われる	
弥生《やよい》	米づくりが広がる	
古墳《こふん》	B古墳がつくられるようになる	
飛鳥《あすか》	C大化《たいか》の改新《かいしん》が行われる	
D奈良《なら》	E平城京《へいじょうきょう》に都《みやこ》が移る	↕※
平安《へいあん》	平安京《へいあんきょう》に都が移る	
F鎌倉《かまくら》	源頼朝《みなもとのよりとも》が守護《しゅご》や地頭《じとう》をおくことを朝廷《ちょうてい》に認めさせる	
G室町《むろまち》	H応仁《おうにん》の乱《らん》がおこる	
安土桃山《あづちももやま》	織田信長《おだのぶなが》が室町幕府《ばくふ》を滅《ほろ》ぼす	
I江戸《えど》	J日米修好通商条約《しゅうこうつうしょう》が結ばれる	

1　年表中の下線部Aの時代に，女性をかたどり，自然の豊《ゆた》かな恵《めぐ》みなどを祈《いの》ってつくられたものを，次の**ア**～**エ**から１つ選び，記号で答えなさい。

ア

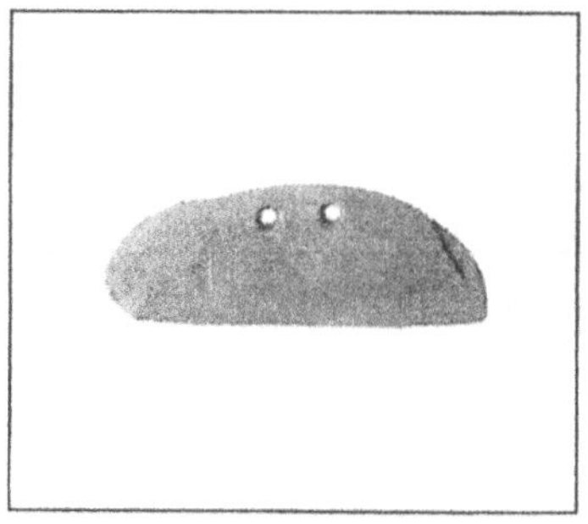
イ

ウ

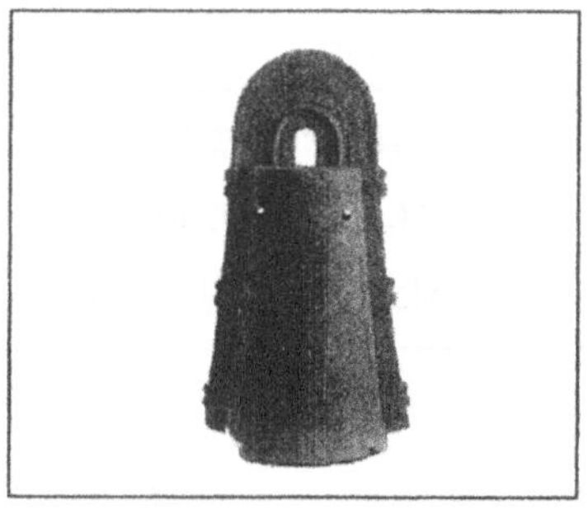
エ

2　右の写真は，年表中の下線部Bの時代につくられた大仙《だいせん》（仁徳陵《にんとくりょう》）古墳です。写真のような形式の古墳は，その形から何とよばれるか，名前を答えなさい。

3　年表中の下線部Cについて，645年，中大兄皇子《なかのおおえのおうじ》らは，蘇我《そが》氏を滅ぼし，大化の改新とよばれる政治改革にとりかかりました。この改革では，それまでの土地と人民の支配をどのように変えようとしたか，簡単に説明しなさい。

4　次の**ア**～**エ**のうち，年表中の下線部Dの時代の中国や朝鮮半島《ちょうせんはんとう》のようすを示す地図を１つ選び，記号で答えなさい。

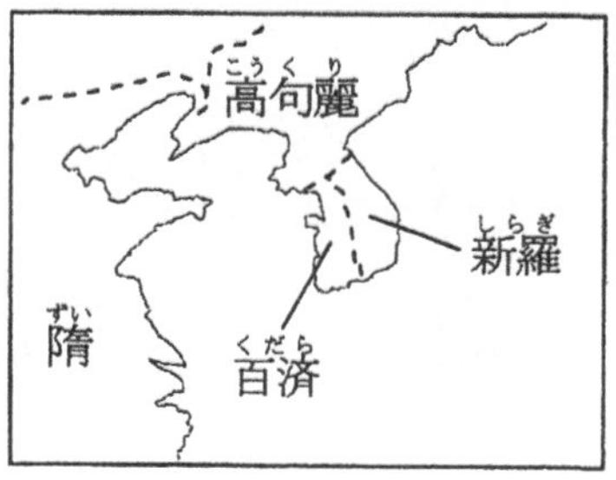

ア

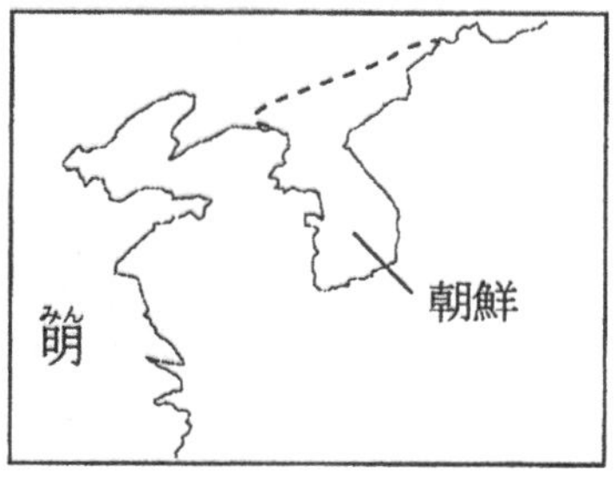

イ

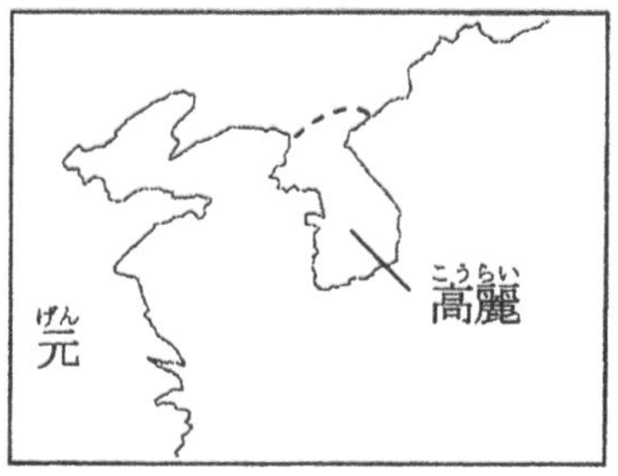

ウ

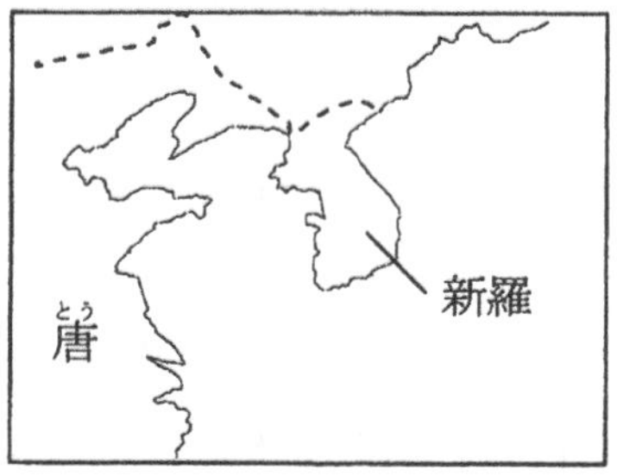

エ

5　右の図は，年表中の下線部Eの復元《ふくげん》模型です。模型から**読み取れない内容**を，次の**ア**～**エ**から１つ選び，記号で答えなさい。

ア　朱雀門《すざくもん》から羅城門にかけて，中央を南北に通る広い朱雀大路《すざくおおじ》がある。

イ　平城宮《へいじょうきゅう》は中央にあり，耳成山《みみなしやま》・畝傍山《うねびやま》・天香具山《あまのかぐやま》の３つの山に囲まれている。

ウ　天皇がいる場所から見て右側が右京となっている。

エ　東西南北にのびる道路で，碁盤《ごばん》の目のように区切られている。

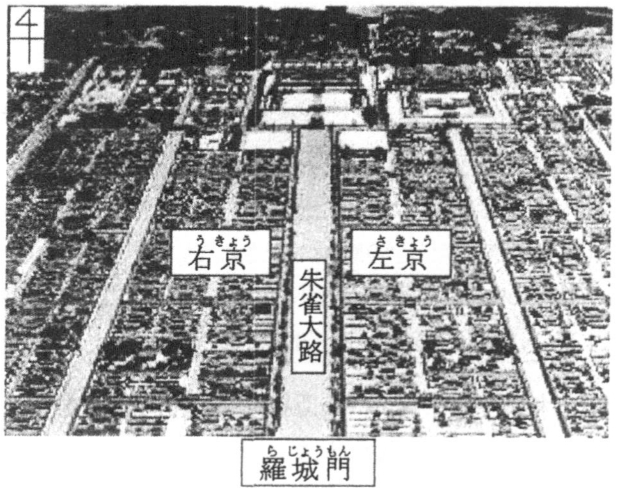

6　次の**ア**～**ウ**は年表中の※の時期に起きたできごとです。年代の古い順にならべ，記号で答えなさい。

ア　仏教の力で社会の不安をしずめて国を治《おさ》めようと願った天皇は，国ごとに国分寺《こくぶんじ》を建てることを命じた。

イ　きらびやかな極楽浄土《ごくらくじょうど》に対するあこがれが強まり，世の中に対する不安から貴族や天皇による熊野《くまの》もうでが行われたり，多くの阿弥陀堂《あみだどう》がつくられたりした。

ウ　神話《しんわ》や伝承《でんしょう》，記録などをもとにした，「古事記《こじき》」や「風土記《ふどき》」がまとめられた。

7　右の絵は，年表中の下線部Fの時代の武士の館《やかた》を描《えが》いたものです。絵から**読み取れない内容**を，次の**ア**～**エ**から１つ選び，記号で答えなさい。

ア　まわりは，堀《ほり》と垣根《かきね》で囲まれている。

イ　屋敷地《やしきち》の一部では，武士が武芸《ぶげい》の訓練を行っている。

ウ　複数の建物が，渡殿《わたどの》とよばれる廊下《ろうか》によって結ばれている。

エ　敵の接近《せっきん》を見張る物見矢倉《ものみやぐら》がある。

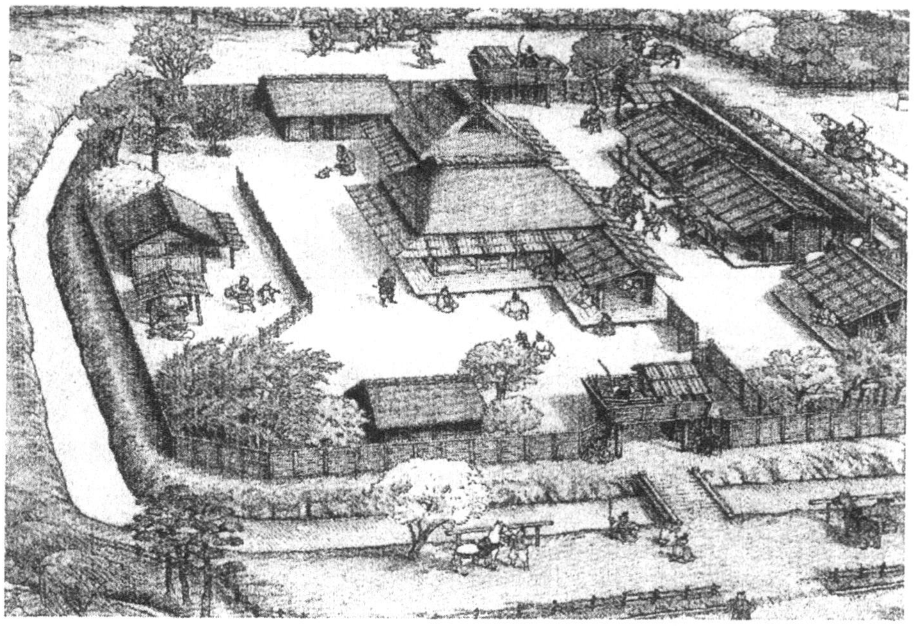

8　次の**ア**～**エ**のうち，年表中の下線部Gの時代の日本のようすについて述べた文として正しいものを１つ選び，記号で答えなさい。

ア　国の収入を安定させるため，税は土地の価格の３％を現金で納めることになった。

イ　国を治めるための法律《ほうりつ》（律令《りつりょう》）もできあがり，人々は租《そ》・庸《よう》・調《ちょう》といった税を納めるとともに，役所や寺を建てたり，都や九州を守る兵士の役を務《つと》めたりしなければならなくなった。

ウ　百姓《ひゃくしょう》は，名主《なぬし》（庄屋《しょうや》）とよばれる有力者を中心に，自分たちで村を運営した。

エ　農業の生産力が上がり，都市を中心に商業やさまざまな工業もさかんになった。

9　年表中の下線部Ｈが終わった後に右の写真の建物が造られました。この建物についてまとめた下の文中の下線部ａ～ｄの中には１か所誤りがあります。誤りをａ～ｄから１つ選び，記号で答えなさい。また，そこにあてはまる正しい言葉を答えなさい。

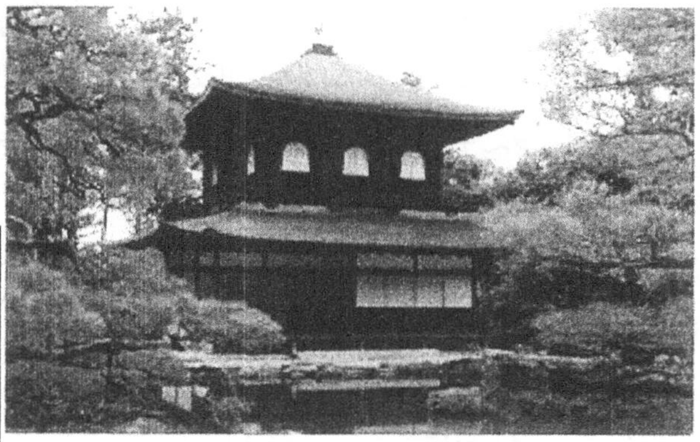

> 写真の建物は，当時の将軍であるａ足利義満《あしかがよしみつ》が，京都のｂ東山《ひがしやま》に造営した別荘《べっそう》の一部である。この建物の下層《かそう》はｃ書院造《しょいんづくり》であり，住宅《じゅうたく》の中で客をもてなすための専用《せんよう》の部屋のつくりとして発達した。日本の文化に合ったつくりなので長く受けつがれ，現在の和室につながっている。この建物のすぐ近くには東求堂《とうぐどう》があり，東求堂の部屋には，ｄ付け書院や違《ちが》い棚《だな》があり，床《ゆか》にはたたみがしいてあった。

10　下の文は年表中の下線部Ｉの時代の文化について説明したものです。文中の下線部ａ～ｄの中には１か所誤りがあります。誤りをａ～ｄから１つ選び，記号で答えなさい。また，そこにあてはまる正しい人物名を答えなさい。

> 平和で，安定した社会が続いた江戸時代にはさまざまな新しい文化が生まれた。歌舞伎《かぶき》や人形浄瑠璃《にんぎょうじょうるり》の作者であるａ近松門左衛門《ちかまつもんざえもん》は，歴史上の物語や実際に起きた事件を題材にして，約 150 編の脚本《きゃくほん》を書いた。学問においては，江戸時代の中ごろになると，洋書の輸入ができようになり，蘭学《らんがく》を学ぶ人々が増えた。ｂ杉田玄白《すぎたげんぱく》があらわした「蘭学事始《らんがくことはじめ》」には，「解体新書《かいたいしんしょ》」をほん訳した苦心《くしん》と，人体の解剖《かいぼう》を初めて見たときの感動が記されている。また，仏教や儒教《じゅきょう》などが中国から伝わる前の日本人がもっていた考え方を研究しようとする国学《こくがく》も広まった。ｃ本居宣長《もとおりのりなが》は「古事記」の研究に全力を注ぎ，「古事記伝《こじきでん》」を完成させた。美術では，当時の世の中や人々の様子を描いた浮世《うきよ》絵《え》が庶民《しょみん》に人気があり，ｄ菱川師宣《ひしかわもろのぶ》の描いた「東海道五十三次《とうかいどうごじゅうさんつぎ》」は大量に印刷された。

11　年表中の下線部Ｊの条約は，日本にとってたいへん不利な内容でした。日本に関税自主権《かんぜいじしゅけん》がなかったことについて説明した下の文の（あ）・（い）にあてはまる語の適切な組み合わせを，後のア～エから１つ選び，記号で答えなさい。

> 外国から商品を輸入する際，輸入品に対して関税が課せられる。関税の税率が高いと，輸入量は（あ）なる。日米修好通商条約が結ばれたのち，外国が日本に輸出しやすいように，日本の関税の税率は（い）設定された。そのため，外国から安い綿織物《めんおりもの》などが多く輸入され，日本の綿織物が売れなくなる原因のひとつとなった。

ア　（あ）　多く　（い）　高く　　**イ**　（あ）　多く　（い）　低く

ウ　（あ）　少なく　（い）　高く　　**エ**　（あ）　少なく　（い）　低く

（三）　次の１～４の問いに答えなさい。

1　下の**資料Ⅰ**のグラフは，1882 年から 1897 年にかけての日本の輸出入品の割合の変化を示したもので，**資料Ⅱ**のグラフは，1897 年の日本の生糸《きいと》・綿糸《めんし》の輸出先を示したものです。**資料Ⅰ・Ⅱ**から読み取れる内容として正しいものを，後の**ア～エ**から１つ選び，記号で答えなさい。

資料Ⅰ　日本の輸出入品の変化（%）

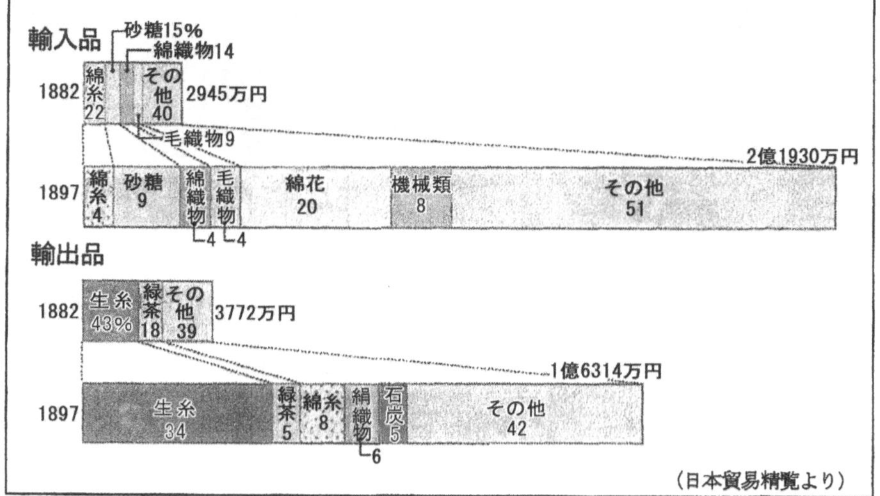

（日本貿易精覧より）

資料Ⅱ　日本の生糸・綿糸の輸出先（%）

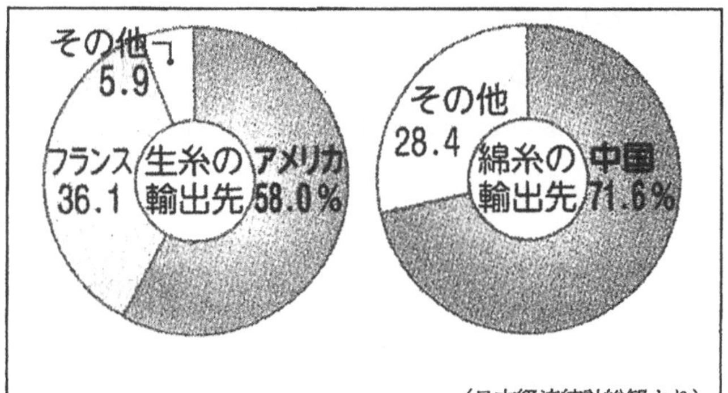

（日本経済統計総観より）

ア　生糸の主な輸出先はアジアであり，外貨獲得《がいかかくとく》に欠かせないものとなった。

イ　1882 年から 1897 年にかけて，輸出額は大幅に増加したが，輸入額はやや減少した。

ウ　1882 年から 1897 年にかけて，主に重工業部門の発展が著《いちじる》しかった。

エ　1882 年から 1897 年にかけて，綿花などの原料の輸入が増え，綿糸などの製品の輸出が増えた。

2　1925年に普通選挙法《ふつうせんきょほう》が成立しました。どのような人たちが衆議院議員の選挙権をもったか，答えなさい。

3　次の**ア**～**エ**のうち，太平洋戦争後の改革《かいかく》について述べた文として**適当でないもの**を１つ選び，記号で答えなさい。

ア　小作《こさく》農家も自分の農地をもてるようになる農地改革が行われた。

イ　日本国憲法の三原則である，国民主権《しゅけん》・基本的人権《じんけん》の尊重《そんちょう》・平和主義が定められた。

ウ　学制《がくせい》が公布《こうふ》され，６才以上の男女が小学校に通うことが定められた。

エ　労働者の権利が保障された。

4　次の**ア**～**エ**のうち，1960年代のわが国の経済について述べた文として正しいものを１つ選び，記号で答えなさい。

ア　朝鮮戦争によって大量の軍需物資《ぐんじゅぶっし》が注文され，好景気になった。

イ　「もはや戦後ではない」と表現された「経済白書」が発行された。

ウ　政府は，国民所得倍増計画を発表し，産業を急速に発展させる政策《せいさく》を進めた。

エ　「三種《さんしゅ》の神器《じんぎ》」とよばれたテレビ，電気洗濯機《せんたくき》や電気冷蔵庫《れいぞうこ》などの電化製品が家庭に広まった。

(四)　次のＡ～Ｄの４枚のカードは，「愛媛県の市や町」について書かれたものです。後の１～５の問いに答えなさい。

【カード】

Ａ　松山市は，1595年に伊予国の藩主《はんしゅ》になった加藤嘉明《かとうよしあき》が，1602年に勝山に松山城をつくり始めたことで開かれた城下町です。その過程《かてい》で重信川《しげのぶがわ》や石手川《いしてがわ》は現在の位置を流れるように治水《ちすい》工事が行われ，松山平野は水害《すいがい》が減り，米の収量《しゅうりょう》が増加しました。

Ｂ　砥部《とべ》町は，松山市南部の山のふもとにあり，1800年ごろから焼き物がさかんに作られるようになりました。その焼き物は砥部焼とよばれています。現在たくさんのかま元がありますが，そのほとんどは働く人の数が10人以下の小さな工場です。

Ｃ　今治《いまばり》市は，愛媛県の北東部にある海に面した工業がさかんな町で，日本一のタオル生産地で全国生産量のおよそ半分を作っています。また，あるものの製造では全国２位の生産額です。しまなみ海道で広島県ともつながる四国の玄関《げんかん》のひとつです。

Ｄ　愛南《あいなん》町は，南に黒潮《くろしお》の流れる太平洋，西に九州との間の豊後水道《ぶんごすいどう》がある，豊かな海に恵まれた町です。漁港が19もあって漁業がさかんで，深浦《ふかうら》漁港はかつおの水あげ量が四国一です。また，「育てる漁業(養殖《ようしょく》業)」がさかんに行われています。

1　Ａについて，次の①～③の問いに答えなさい。

①　加藤嘉明が松山城をつくり始める２年前にあった大きな戦いの名前を答えなさい。

②　①の戦いで加藤嘉明は誰《だれ》に協力しましたか，次の**ア**～**エ**から１つ選び，記号で答えなさい。

ア　豊臣秀吉《とよとみひでよし》　　**イ**　織田信長《おだのぶなが》　　**ウ**　石田三成《いしだみつなり》　　**エ**　徳川家康《とくがわいえやす》

③　次の**ア**～**エ**のうち，重信川や石手川の治水工事で使われた，霞堤《かすみてい》という方法について述べた文として正しいものを１つ選び，記号で答えなさい。

ア　両岸からかわるがわる直角に石や岩を組み水の勢いを弱め，水害を防ぐ。

イ　じょうぶな堤防《ていぼう》を作ったうえに竹や木を植《う》えて堤防を強化し，水害の被害《ひがい》を軽くする。

ウ　人が住んでいない地域の堤防をわざととぎれさせてこう水の水をあふれさせ，水害の被害を軽くする。

エ　自然にまかせて曲がっている川の流れを，まっすぐ流れるように堤防を作り水害を防ぐ。

2　Ｂについて，次の①～④の問いに答えなさい。

①　砥部町でさかんに焼き物が作られるようになった理由として**適当でないもの**を，次の**ア**～**エ**から１つ選び，記号で答えなさい。

ア　焼き物を焼くための登りがまを作りやすい地形であったから。

イ　焼き物を輸出するための港が近く，製品を港まで運ぶための河川《かせん》交通が発達していたから。

ウ　焼き物を焼くための燃料になるたき木が豊富にあったから。

エ　焼き物の原料の陶石《とうせき》の産地で，それをねんどに加工する水車を動かす川もあったから。

②　日本国内で，焼き物を作る窯業《ようぎょう》が発達している場所は，砥部町と同じような条件を備えています。窯業の**生産額が少ない**県を，次の**ア**～**エ**から１つ選び，記号で答えなさい。

ア　愛知県　　**イ**　岐阜県　　**ウ**　福岡県　　**エ**　鳥取県

③　砥部焼のように，昔からある材料や作り方を受けついで，今の時代に合った物作りをしていると認められているものを伝統工芸品といいます。愛媛県の**伝統工芸品でないもの**を，次の**ア**～**エ**から１つ選び，記号で答えなさい。

ア　水引細工《みずひきざいく》　　**イ**　和ろうそく　　**ウ**　錦織《にしきおり》　　**エ**　鬼瓦《おにがわら》

④　砥部焼の場合，ほとんどが小規模《しょうきぼ》な工場で生産されています。このような伝統工芸を守るために行うこととして**適当でないもの**を，次の**ア**～**エ**から１つ選び，記号で答えなさい。

ア　若い後継者《こうけいしゃ》を養成するために技術を教える塾《じゅく》を開く。

イ　もともとの伝統工芸品の技術やデザインをいかしながら，多くの人に受け入れられる作品の製作を試みる。

ウ　誰でも気軽に伝統工芸品にふれられるようなイベントを開いたり，インターネットで製品を購入《こうにゅう》できるようにする。

エ　全国のあらゆるところに常設の販売店を作り，大規模な展示会や見本市を開いて，多くの人に販売できるようにする。

3　Cについて，次の①・②の問いに答えなさい。

①　今治市で全国２位の生産額の工業製品を，次の**ア**～**エ**から１つ選び，記号で答えなさい。

ア　貨物船　　**イ**　トラック　　**ウ**　銅合金　　**エ**　石油製品

②　しまなみ海道が今治と結んでいる都市を，次の**ア**～**エ**から１つ選び，記号で答えなさい。

ア　尾道《おのみち》　　**イ**　福山《ふくやま》　　**ウ**　児島《こじま》　　**エ**　明石《あかし》

4　Dについて，次の①・②の問いに答えなさい。

①　愛南町に 19 もの漁港があるのは，海岸線が入り組んでいて岸の近くの水深が深く，豊かな漁場が近いためです。このような海岸線が入り組んだ地形の名前を答えなさい。

②　深浦漁港のかつお漁は，とったその日に市場でせりにかけるため，新鮮《しんせん》さを特色としてブランド化を進めています。このような漁業の分類を，次の**ア**～**エ**から１つ選び，記号で答えなさい。

ア　沿岸《えんがん》漁業　　**イ**　内水面漁業　　**ウ**　沖合《おきあい》漁業　　**エ**　遠洋漁業

5　2020 年８月５日に総務省が発表した住民基本台帳人口（2020 年１月１日時点）にもとづく人口調査によると，日本の人口は東京都・神奈川県・沖縄県の３都県を除き減少しています。下の表は日本を６つの地方に分けて，前年と比べて人口の減少した割合が最も大きい県（A）と，人口の減少した割合が最も小さい，または人口の増加した割合が最も大きい都府県（B）について，この調査の数値をあらわしたものです。この表から人口減少について考察し，人口減少の原因，それによって起きる問題，人口減少を解決する方法について，あなたの考えを書きなさい。（＋は増加，－は減少を表す。）

	北海道・東北地方	関東地方	中部地方	近畿地方	中国・四国地方	九州地方
A	秋田県 －1.52％	群馬県 －0.79％	新潟県 －1.11％	和歌山県 －1.14％	高知県 －1.21％	長崎県 －1.12％
B	宮城県 －0.58％	東京都 ＋0.52％	愛知県 －0.14％	大阪府 －0.19％	広島県 －0.59％	沖縄県 ＋0.16％

（　全国平均　－0.4％　）

令和三年度　新田青雲中等教育学校入学試験解答用紙　国語

受験番号	
氏　名	

(一)

1　㋐（って）　㋑　㋒　㋓　㋔

2

3

4

5

6

7　得意なこと　～　こと。　不得意なこと　～　こと。

8

9

10

11

12

(二)

1　㋐　㋑（いだ）　㋒（かい）　㋓　㋔

2　A　B

3　④　⑩

4

5

6

7

8

9

10

11

12

13

採点欄	
(一)	
(二)	
合計	

※100点満点
（配点非公表）

受験番号		氏　名	

令和３年度　新田青雲中等教育学校入学試験解答用紙　　算　数

（一）	1		2		3		4		5	

（二）	1		2		3		4		5		6	
	7		8		9		10		11		12	

（三）	1	と	2	式 個
（四）	1	式 cm	2	式 cm
（五）	1	式 毎分　　L	2	式 分後

	（一）	（二）	（三）	（四）	（五）	合　計
採点欄						

※100点満点
（配点非公表）

受験番号		氏　名	

令和３年度　新田青雲中等教育学校入学試験解答用紙　　理　科

(一)												
	1		2		3		4		5	最も強い		最も弱い
	6	①		②		7		8	①		②	

(二)												
	1	g	2		3	①		②		4	g	5 g

(三)								
	1	A		B		C		
	2	①		②		3	①	②

(四)								
	1		2	①	記号		名前	
	2	②		③	記号		名前	
	3							
	4							

(五)								
	1		2		3		4	

(六)					
	1	cm	2	g	
	3	30			4
	5				

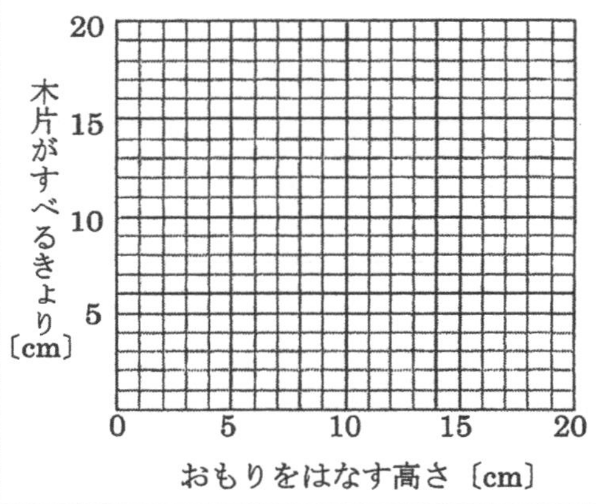

(七)								
	1	(　・　)	2	(　・　)	3	(　・　)		
	4	(　・　)	5	くつ下	(　・　)	ハンカチ	(　・　)	

採点欄	(一)	(二)	(三)	(四)	(五)	(六)	(七)	合　計

※50点満点
(配点非公表)

受験番号		氏　名	

令和３年度　新田青雲中等教育学校入学試験解答用紙　　社　会

(一)	1	①	D		E		②		記号		③		④	
	2	①		②	海里	③							④	
	3	①	あ		い		②		③		④		⑤	

(二)	1		2									
	3											
	4		5		6	→　→	7		8			
	9	記号		言葉		10	記号		人物名		11	

(三)	1		2		3		4	

(四)	1	①		②		③		2	①		②		③		④		
	3	①		②		4	①		②								
	5																

	(一)	(二)	(三)	(四)	合計
採点欄					

※50点満点
(配点非公表)

令和二年度　新田青雲中等教育学校入学試験問題　国語

（60分）

注意１　答えはすべて解答用紙に書きなさい。
注意２　字数制限のある答えは、句読点・記号も一字とします。

（一）　次の１～６の問いに答えなさい。

1　次の①～⑤の――部の読みがなを書きなさい。

①　人の命を救う医師を志す。
②　友の勇姿を目《ま》の当たりにする。
③　旅情をかきたてられる風景だ。
④　作戦を練る。
⑤　陛下の即位礼《そくいれい》が行われた。

2　次の①～⑤の――部のカタカナを漢字で書きなさい。

①　兄と意見がコトなる。
②　ハンケイ三メートルの円をかく。
③　地図のシュクシャクを調べる。
④　母はタッピツだ。
⑤　上級生をウヤマう。

3　次の①～⑤の（　）内に適当な漢字を一字入れて、対義語を完成させなさい。

①　本部　――　（　）部
②　失敗　――　成（　）
③　無形　――　（　）形
④　洋風　――　（　）風
⑤　秘密　――　（　）開

4　次の①～⑤の慣用句を用いた文を完成させるために、（　）にあてはまる言葉を、それぞれ後のア～キから一つずつ選び、記号で答えなさい。

①　頭にきて腹の（　）がおさまらない。
②　（　）も木から落ちる例もある。
③　（　）が合う仲間だ。
④　（　）の一声《ひとこえ》で静かになる。
⑤　（　）の額ほどの庭だ。

ア　ねこ　　イ　犬　　ウ　さる　　エ　魚　　オ　虫　　カ　つる　　キ　馬

5　次の①～⑤の――部の言葉と同じ種類の言葉を、それぞれ後のア～エから一つずつ選び、記号で答えなさい。

①　この教室より静かな所はない。
　ア　文章よりぬき出す。
　イ　今年の冬は去年より寒い。
　ウ　より多くの人びとに伝えたい。
　エ　がんばるよりほかに方法がない。

②　お使いをたのまれていたことを忘れていた。
　ア　まほう使いのおばあさんが出てくる物語を読んでいる。
　イ　三階の会議室を使いたい。
　ウ　新聞を使い授業を行う。
　エ　書くときは右手を使い、ボールを投げるときは左手を使う。

③　彼女《かのじょ》はやさしいし、頭もよい。

ア　彼《かれ》はマラソンもし、水泳もする。

イ　お手伝いをしてから遊びに行く。

ウ　この場所は暑いし、風もない。

エ　兄弟で料理をしようと思った。

④　庭には花がさき乱れ、また鳥も鳴いている。

ア　明日、またいっしょに学校へ行こう。

イ　彼は絵が上手であり、また運動も得意だ。

ウ　今夜も、またカレーライスだ。

エ　君は、また忘れてしまったのだな。

⑤　幕が開くのが早まればよかった。

ア　夏は夜明けが早い。

イ　一日も早くこのゲームをクリアしたい。

ウ　家に帰るのが早かったため、友達と図書館へ本を借りに行った。

エ　運動会のプログラムが早まって、昼休みが長くなった。

6　国語辞典の使い方について、次の①・②の問題に答えなさい。

①　国語辞典の使い方について、次のア～エの中から正しいものを**全て**選び、記号で答えなさい。

ア　国語辞典では、言葉が「あいうえお」の順に並んでいます。一文字目も二文字目も三文字目も全て五十音順に並んでいます。

イ　にごる音を表すだく音の「が・ざ・だ・ば」は、にごらない音を表す清音《せい》「か・さ・た・は」の後に並んでいます。

ウ　はんだく音の「ぱ・ぴ・ぷ」などは、「ば・び・ぶ」などの、だく音の後に並んでいます。

エ　小さく書く文字のよう音の「や・ゆ・よ」や、つまる音を表すそく音の「っ」は、大きく書く清音の「や・ゆ・よ」の前に並んでいます。

②　国語辞典に並んでいる順に、次のア～エを入れかえ、記号で答えなさい。

ア　はは　　イ　ばば　　ウ　はば　　エ　パパ

（二）　次の文章を読んで、後の問いに答えなさい。

奈良《なら》の①法隆寺《ほうりゅうじ》は、世界最古の木造建築物として知られています。コンクリートの建物でも百年も持たないというのに、木で作られた建物が千四百年を経《へ》ても朽《く》ちることなく、変わらぬ姿を今にとどめているのですから、驚《おどろ》きです。

②千年の木は柱になってもさらに千年、生きると言われています。本当に生きているのでしょうか。木というのは不思議な存在です。冷たく無味乾燥《むみかんそう》な幹はまるで生命が感じられませんし、葉を落として枯《か》れ木のように立つ冬の姿は、生きているのか死んでいるのかさえわかりません。それでも、何千年という時を生きる長生きな生き物でもあります。「生きている」と表現される木の柱は、生物としては生きているわけでありません。柱は成長したり、生命活動を行っているわけではないのです。

柱が生きていると言われるのは、柱になったあとも反り返ったり、あたかも呼吸しているかのように空気中の水分を吸収したり排出《はいしゅつ》したりしているためです。もっとも、それは死んだ細胞《さいぼう》が水分を吸収したり発散させたりしているだけのことです。

木材の中心には、赤みがかかっていたり、黒っぽかったり、色が濃《こ》くなっている部分があります。これが心材と呼ばれる部分です。心材は堅《かた》くて腐《くさ》りにくいので柱として適しているといわれています。

③心材は、木が生き延びるために考え出したものです。シロアリやカミキリムシなどは木に穴を開けて食べようと狙《ねら》っています。また、きのこも木の中に菌糸《きんし》を張り巡《めぐ》らせて木材を分解してしまおうと狙っています。そのため、外敵から身を守るために、抗菌《こうきん》物質を木材の中央に貯《た》めていくのです。さらにこの抗菌物質には木材を堅くする働きもあり、物理的にも身を守っています。また、抗菌物質を注入することによって、水や栄養分を通していた注1導管や注2師管などをふさいで、水が染《し》み込《こ》んで内側から腐るのを防ぐ効果もあります。よく港などで木材が水に浮《う》かべられているようすを見かけますが、木材に水が染み込まないのもそのためです。

この心材を使うことによって、法隆寺の柱は千年以上も腐ることなく、建物を支え続けることができているのです。

しかし植物は、どうして木全体ではなく、心材だけを防御《ぼうぎょ》するのでしょうか。

木は、リグニンという分解されにくい物質が細胞を接着しています。植物のやわらかい茎《くき》は、このリグニンによって固くなり、

木となるのです。

リグニンは、「木材」を意味するラテン語から名付けられた物質です。

木材はリグニンによって固められているため、細胞が死んでもそのままの形を維持《いじ》しています。じつは木の心材の部分の細胞はすでに死んでいるのです。そのため、導管や師管をふさいでも問題になりません。［A］、心材以外の部分の細胞は生きています。そのため、［X］。

心材の周囲の外側の部分が、細胞が生きている部分です。そのため、周辺部から切り出される辺材と呼ばれる部分は、心材よりも色が薄《うす》くやわらかいのが特徴《とくちょう》です。

木はこうして死んだ細胞で幹を支え、生きた細胞がその屍《しかばね》を乗り越《こ》えて成長するような仕組みになっています。ただし、生きている部分が一番外側の部分に露出《ろしゅつ》しているのは無防備なので、固い樹皮で幹を覆《おお》っています。クマなどの野生動物は木の皮を剥《は》いで食べることがありますが、樹皮の内側は甘皮《あまかわ》と呼ばれて、でんぷんやタンパク質を多く含《ふく》んでいます。この甘皮の部分が生きている細胞の部分なのです。

中心部の心材は死んでいますが、死んでしまった細胞が自ら抗菌物質を貯めたり、導管や師管をふさいだりすることはできません。木材をよく見ると年輪と直交方向に中心から外側へつながる放射組織が通っています。この放射組織があたかも工事用の道路のような役割を果たし、生きている外側の部分から、抗菌物質を中心部に運んで心材を作り上げるのです。

木はこうして、生きている部分と死んでいる部分とから作られています。④木というのは、本当に不思議な生き物です。

柱の原料になる材木を見ると、断面に年輪が見えます。双子葉《そうしよう》植物には、水分や栄養分を運ぶ形成層と呼ばれる組織がありました。この形成層が注3細胞分裂《ぶんれつ》をして成長することによって幹を太くしていくのです。

春から夏にかけては、形成層は細胞分裂を盛んに行って幹は太く成長します。しかし、秋から冬になると成長は鈍《にぶ》り、ほとんど成長しなくなります。［B］春になると再び細胞分裂が盛んになり、幹が太くなるのです。こうして旺盛《おうせい》な成長と成長の停滞《ていたい》とを繰《く》り返すのです。

この秋から冬の成長の鈍い部分が線のようになって年輪が作られます。そして一年に一つずつ年輪が形成されていくのです。

⑤木材の年輪を数えると、その木の樹齢《じゅれい》がわかるのはそのためです。

（稲垣《いながき》　栄洋《ひでひろ》「面白《おもしろ》くて眠《ねむ》れなくなる植物学」ＰＨＰ研究所による）

注１　導管……道管のこと。根から吸収した水や水にとけた養分などが通る管。
注２　師管……葉でつくられた栄養分が運ばれる管。
注３　細胞分裂……一個の細胞が二つに分かれて二個の細胞になること。

１　［A］・［B］に入る語の組み合わせとして最も適当なものを、次のア～エから一つ選び、記号で答えなさい。

ア　A　だから　　B　つまり
イ　A　しかし　　B　そして
ウ　A　また　　B　けれども
エ　A　だが　　B　たとえば

２　――部①「法隆寺」とありますが、「かきくえば鐘《かね》が鳴るなり法隆寺」という俳句を詠《よ》んだ人物名を答えなさい。

３　――部②「千年の木は柱になってもさらに千年、生きると言われています」とありますが、なぜ木が柱になっても生きていると筆者は考えているのですか。その理由が書かれている部分を文章中より五十三字でぬき出し、初めと終わりの五字をそれぞれ答えなさい。

４　――部③「心材は、木が生き延びるために考え出したもの」とありますが、木が生き延びるために心材が持つ役割とは、どのような役割ですか。文章中の言葉を使って、説明しなさい。

５　［X］に入る語として最も適当なものを、次のア～エから一つ選び、記号で答えなさい。

ア　導管や師管をふさがないように固くなっていきます。
イ　導管や師管は自然に固くふさがれていくわけです。
ウ　導管や師管をふさぐわけにはいかないのです。
エ　導管や師管は自然と生き返っていくわけです。

6 ——部④「木というのは、本当に不思議な生き物です」とありますが、どのような点が不思議なのですか。最も適当なものを、次のア～エから一つ選び、記号で答えなさい。

ア 木の生きた部分が固い樹皮や死んだ部分に支えられて、寿命《じゅみょう》の長い木を作り上げているという点。
イ 木の死んだ部分と生きている部分が互いに反発し合うことでバランスをとっているという点。
ウ 木の生きている部分は、死んだ部分とともに木全体に水分や栄養をいきわたらせているという点。
エ 木の生きてる部分より、死んでいる部分のほうが木にとって重要である点。

7 ——部⑤「木材の年輪を数えると、その木の樹齢がわかる」とありますが、それはなぜですか。文章中の言葉を使って、説明しなさい。

8 次のア～エは、文章中の内容について述べたものです。適当なものは○の記号で、適当でないものは×の記号で答えなさい。

ア 辺材には栄養分があるため、心材よりも菌や害虫におかされやすい。
イ 法隆寺が千年以上も建物の姿を残している理由の一つは、心材の効果だ。
ウ 木が心材を作ることによって、あらゆる生き物の生命を支えることができる。
エ 辺材を覆う樹皮が重なっていくことで、年輪を形成していくことになる。

9 次のア～エは、「心材」の利用方法について述べたものです。文章中に書かれた「心材」の特徴を利用したものとして**適当でないもの**を、ア～エから一つ選び、記号で答えなさい。

ア 木のまな板を使う和食料理店では、心材部分のまな板を使う。
イ 家を建てるときに土台として使う木には、心材部分を使いたい。
ウ 自然豊かな公園でベンチを作るときには、心材部分の木材を使う方がよい。
エ 白色の見た目の美しい床板には、心材部分を使っている。

(三) 理子《りこ》は小学五年生の時に、同じクラスへ転校してきたさつきを、自分が入っているスキージャンプの少年団にさそいました。次の場面は、小学六年生になって、二人がスキージャンプの大会に出場している場面です。この文章を読んで、後の問いに答えなさい。

オリンピック。
(いつ頃《ごろ》からだろう)
理子はふと考える。気づけば当たり前のようにそんな言葉を聞かされていた。
(最初は、誰《だれ》か仲良しが欲《ほ》しくて、入団したんだった……そう、小学校二年生の冬の初めに)
斜面《しゃめん》に怖気《おじけ》づいているところを永井《ながい》コーチに背を押《お》され、初めて八メートルの台をジャンプした。たったその一回で、魅《み》せられた。宙に浮いているときは、違《ちが》う世界にいるみたいだった。純粋《じゅんすい》に飛ぶのを楽しいと思った。その上どうやら自分は上手らしい。褒《ほ》められるからもっと楽しくなった。
(①でも、今はそれだけじゃない)
結果を出すごとに、周囲はハードルを上げてくる。理子ちゃんならこれくらいできるんじゃないか、できるはずだ、理子ちゃんなら。
ぬきんでた才能。普通《ふつう》の子じゃない。十年に一人、いやそれ以上。
——天才。
投げかけられるそんな言葉が身を覆い、それがクラスメイトと自分を隔《へだ》てた。ジャンプをやらない子はもちろん、少年団の中でも、屈託《くったく》なく話しかけてくるのは注1圭介《けいすけ》くらいになってしまった。②友達が欲しかったはずなのに、理子は飛ぶたび、一人になっていった。
仕方がない——理子は静かに孤独《こどく》を受け入れ、それを紛《まぎ》らわすかのように、ますますジャンプに③没頭《ぼっとう》した。飛ぶことは好きだから、構わないとも思った。
そんなとき、さつきが現れたのだ。雪の朝、向かい風に腹を立てていたさつき。ハルニレの木に雪玉をぶつけてぼやいていた転校生。沢北《さわきた》町内の誰もが④一目置く理子の評判なんて、全然知らないみたいだった。
⑤この子に自分が飛んでいるところを見てほしい。私のことを知らないまっさらな子がなんて思うか知りたい。
そして、この子となら、もしかしたら——。
もしかしたら——友達に。
さつきは理子がどんなに称《たた》えられようが、臆《おく》することはない。自分自身の手柄《てがら》のように喜んでくれる。純粋にすごいと言ってく

れる。それをとても理子は嬉《うれ》しく思う。

⑥同時に、責任も感じる。

（ちゃんときれいに遠くまで、私は飛ばなきゃいけない。失敗しちゃいけない。がっかりさせちゃいけない）

最悪のイメージを必死に振《ふ》り払《はら》って、理子はスタートゲートに座《すわ》る。

（いつか必ず、オリンピック選手にならなきゃいけない）

そうして、自分を信じ、自分を注2鼓舞《こぶ》して、きちんと結果を出し続けてきたことに、理子は誇《ほこ》りを持っている。頑張《がんば》っているね、と言われれば、謙遜《けんそん》せず領《うなず》けるほどに、理子は努力してきたし、これからも努力を続けるつもりだ。コーチ相手に踏《ふ》み切りのトレーニングや、地道な筋力アップも怠《おこた》らない。練習だって誰よりもたくさん飛んできたと自負している。トップを走り続けるためには、必要なことだ。けれども。

一度目のジャンプを終え、注3ランディングバーンには放水が行われた。⑦バーンの両サイドに設置されたスプリンクラーは、首を振るように、あるいは緩《ゆる》やかに旗を振るように、水の飛沫《しぶき》を撒《ま》く。

（虹《にじ》が見えたらいいのに）

理子はスキー板を右腕《みぎうで》に抱《かか》えて、銀色に輝《かがや》くしずくを眺《なが》めた。

やがてスプリンクラーは停止し、アナウンスがスピーカーから流れる。

『ただいまより、小学生の部女子、二回目のジャンプを行います。ゼッケンナンバー1　室井《むろい》さつき選手……』

注4カンテから飛び出すさつきのシルエットをランディングバーンの横から見上げて、理子は少しだけ目を細める。⑧空よりも、さつきの飛ぶ影《かげ》のほうが眩《まぶ》しくて。

『二十メーター五十』

アナウンスに無邪気《むじゃき》な喜びの声があがる。さつきは理子をすぐに見つけて、手を A 振ってから、慌《あわ》てたようにスキー板をはずす。

笑顔《えがお》で近づいてくるさつきに微笑《ほほえ》みを返す理子の耳に、どこかのおじさんの声が聞こえてきた。

「この子もいいジャンプするなあ。一回目より伸《の》ばしてきてるし。空中姿勢は、出場選手の中で一番じゃないか？」

（空中姿勢）

声がした方向に目をやる。よくジャンプ大会を見に来る、えびすさんみたいな顔をしたおじさんだった。近くの別なおじさんと興奮気味に語らっている。

「うん、センスがあるんだな。注5ドーケン先生のところのお嬢《じょう》さんらしいぞ」

「お？　じゃあ吉村杯《よしむらはい》のときの……」

「そうそう、あの子だよ。あのときは注6ずぶの素人《しろうと》だったのに」

「そりゃすごいなあ。伸びる子は一気に伸びるというけれど、あの子もあれかもしれないぞ……」

⑨理子はすばやくその場を離《はな》れた。

少年団に入団するとき、さつきは母親の猛反対《もうはんたい》に遭《あ》ったと理子は聞いていた。だがなんとかそれを押《お》し切り、いざジャンプを始めたさつきは、毎日飽《あ》くことなく小さな台を飛び続けた。疲《つか》れを知らず、コーチが「もう止《や》めよう」と制止するまで、二十本でも、三十本でも。すぐに一番小さな台は卒業し、二番目に移った。さつきは入団した冬のシーズンのうちに、スモールヒルを飛べるようになった。最初、八メートルのカンテに尻込《しりご》みしたのが嘘《うそ》のように、さつきは高さやスピードを恐《おそ》れなかった。

（なんて成長が速いんだろう）

さつきは飛ぶこと以外のトレーニングも、全部楽しげにこなした。ジャンプに必要な筋力をつける地道なものをやりながら、いつも笑っていた。体も柔《やわ》らかかった。訊《き》けば、小さなころから体だけは柔軟《じゅうなん》だったそうだ。バレエをかじっていたこともあったと聞き、さらに納得《なっとく》した。

素地は十分すぎるほどだったのだ。

加えて、毎日のトレーニングを厭《いと》わない。

踏み切り直後にスキー板をV字に開く動作を初めてやったときも、あまりに当たり前にこなした。さつきは B 「みんなのを見ていたからかなあ、なんか自然にできた」と言った。

見事の一言しかなかった。

――理子を思い出すなあ。

永井コーチが感嘆《かんたん》していた。まだジャンプを始めて三カ月にもならない子に。

「理子ちゃん、飲み物あるよ」

二回目のジャンプのためにバーン横の階段へと歩いていた理子を、聞き知った声が呼びとめた。「オレンジジュースと、グレープジュースと、スポーツドリンクと水とお茶。飲んでいくかい？」

理子は首を横に振った。「終わってからいただきます」

「そうかい、次も頑張っといで」

少年団に所属する中学生のお母さんだった。中学生は小学生の大会が終わった後、隣《となり》のミディアムヒルで競技が行われる。大会があるごとに、選手団に同行して選手たちの世話を焼いてくれる保護者の存在は、珍《めずら》しくなかった。

「あんた、喉渇《のどかわ》いてないの？」

一度は断った理子に追いすがってきたのは、理子の母、智子《ともこ》だった。智子も時間の許す限り大会にやってきて、少年団の世話を

買って出るのだ。ジャンプを始めたばかりのころは、会場に母がいるのが心強かったが、⑩三年生の冬ごろからなんだか邪魔《じゃま》になってきた。

（お母さんは私がいろいろ言われているのを、どんな気分で聞いているんだろう？）

理子は智子に要《い》らないというように手を振って前を過ぎた。智子は次にさつきに声をかけた。

「あ、さつきちゃん、さつきちゃん。お疲れ様。良かったよ。なんか飲んでいくかい？」

「わあ、やったー」

さつきの明るい声に背を押され、理子は階段の一段目に足をかける。

（乾《いぬい》　ルカ「向かい風で飛べ！」による）

注１　圭介……理子とさつきと同じクラスの男子生徒で、同じスキージャンプの少年団に所属している。
注２　鼓舞……はげまし、奮《ふる》いたたせること。
注３　ランディングバーン……スキーのジャンプ競技で、着地する斜面《しゃめん》。ランディングエリア。
注４　カンテ……スキーのジャンプ競技で、踏み切り台の先端《せんたん》。
注５　ドーケン先生……さつきの父親。育ちやすい小麦の新品種を作った。地域の人から名前の「道憲《みちのり》」を音読みしたニックネームで呼ばれる。
注６　ずぶ……まったく。まるっきり。

１　［Ａ］・［Ｂ］に入る語として最も適当なものを、それぞれ次のア～エから一つずつ選び、記号で答えなさい。

Ａ　ア　ぷらぷらと　イ　ぶんぶんと　ウ　こそこそと　エ　ぐんぐんと

Ｂ　ア　ゆっくりと　イ　すんなりと　ウ　おどおどと　エ　あっけらかんと

２　――部①「でも、今はそれだけじゃない」とありますが、他に何があるのですか。最も適当なものを、次のア～エから一つ選び、記号で答えなさい。

ア　友だちができると思って始めたジャンプ競技へのこわさはあるものの、有名な選手になる夢ができ、もっと努力しようと考えているということ。

イ　友だちができると思って始めたジャンプ競技は、苦労しながらもうまくなっていったが、そのぶん自分をライバルと思う子が増えてしまったということ。

ウ　友だちができると思って始めたジャンプ競技に夢中になり上達もしたが、周りの人びとに結果を求められ、将来を期待されるようになったということ。

エ　友だちができると思って始めたジャンプ競技をこわくても続けた結果、周りの人びとに褒められるようになったが、逆に友だちはできなかったということ。

３　――部②「友達が欲しかったはずなのに、理子は飛ぶたび、一人になっていった」とありますが、どうして理子はそのように考えるのですか。理由を説明しなさい。

４　――部③「没頭した」、――部④「一目置く」とありますが、それぞれ文章中ではどのような意味で使われていますか。最も適当なものを、次のア～エから一つずつ選び、記号で答えなさい。

③「没頭した」

ア　強く心に決めた　イ　嫌気《いやけ》を感じた
ウ　八つ当たりをした　エ　熱中した

④「一目置く」

ア　相手がすぐれていると認め、一歩ゆずる　イ　相手のすきをねらって、一歩ふみこむ
ウ　相手をねたんで、一歩先へ行こうとする　エ　相手の勢いに負けて、一歩引き下がる

（その７）

5 ――部⑤「この子に自分が飛んでいるところを見てほしい」とありますが、その理由として最も適当なものを、次のア～エから一つ選び、記号で答えなさい。

ア さつきにジャンプを見てもらい、すばらしい演技だと褒めてもらいたかったから。
イ さつきにジャンプを見てもらい、その感想を聞きたいし、友達にもなってほしいから。
ウ さつきにジャンプを見てもらい、素人からの新しいアドバイスを受けたいと思ったから。
エ さつきにジャンプを見てもらい、競技にさそっていっしょにオリンピックを目指したかったから。

6 ――部⑥「同時に、責任も感じる」とありますが、どのような「責任」を感じているのですか。最も適当なものを、次のア～エから一つ選び、記号で答えなさい。

ア 自分のジャンプにまじり気のない賞賛をくれるさつきに、ぶざまな姿で失望させたくないと思っている。
イ さつきに飛んでいるところを見てもらい、公平なアドバイスを受けるためには失敗は許されないと思っている。
ウ 自分のジャンプを目標としてくれるさつきに、早く同じレベルまで達するようにはげまそうと思っている。
エ さつきをジャンプ競技にさそったのと同じように、もっと自分のファンを増やそうと思っている。

7 ――部⑦「バーンの両サイドに設置されたスプリンクラーは、首を振るように、あるいは緩やかに旗を振るように、水の飛沫を撒く」とありますが、この部分と同じ表現技法を使っているものを、次のア～エから一つ選び、記号で答えなさい。

ア びっくりしたなあ、急に雨が降ってきて。　イ 晴れわたる空、真っ白な雲。
ウ 道は続くよ、どこまでも、どこまでも。　エ 風は木々を揺《ゆ》らしながら歌っている。

8 ――部⑧「空よりも、さつきの飛ぶ影のほうが眩しくて」とありますが、このときの理子の気持ちとして最も適当なものを、次のア～エから一つ選び、記号で答えなさい。

ア さつきの成長のスピードに目をみはり、自分も負けていられないと奮い立っている。
イ さつきのことを心を許せる友達だと思い始め、二人でいっしょに成長していきたいと思っている。
ウ さつきのぐんぐん成長する姿とまっすぐな性格をうらやましく思い、さつきが輝いているように感じている。
エ さつきが自分をライバル視することでまっすぐ伸びていったことに驚きを感じている。

9 ――部⑨「理子はすばやくその場を離れた」とありますが、理子がこのような行動をとったのはどうしてですか。その理由を説明しなさい。

10 ――部⑩「三年生の冬ごろからなんだか邪魔になってきた」とありますが、その理由として最も適当なものを、次のア～エから一つ選び、記号で答えなさい。

ア 周囲が期待してくることで押しつぶされそうな自分の気持ちに気づかない母を、快く思っていなかったから。
イ それまでは自分の世話だけをしてくれていたのに、選手団みんなの世話をするようになるのはおかしいと思ったから。
ウ 成績が出なかったことを心配していた母が、結果をじまんばかりするようになったためはずかしいと思ったから。
エ 二年生のころは母が何でもやってくれたが、競技にも慣れた今は、自分の思うとおりにやりたかったから。

11 この小説に登場する人物について四人の児童が感じたことを述べています。その内容として最も適当なものを、次のア～エから一つ選び、記号で答えなさい。

ア Aさん「圭介はさつきと理子に影響《えいきょう》されてジャンプ競技を始めたので、二人のことをわけ隔てなく接してくれているように感じたよ。」
イ Bさん「おじさんたちは、いつも二人のジャンプを見ているので、さつきが理子の記録を追いぬいて、この大会で一位になるはずだと断定しているみたいだよ。」
ウ Cさん「さつきは努力をいやがらず実力をつけているので、まわりの人々の評判も上がり、理子自身もつい意識しているようだね。」
エ Dさん「少年団の世話をするおばさんは、理子の気持ちがよく理解できたので、あまりしつこく飲み物をあげようとせず、気配り上手な人だと思うなあ。」

令和二年度　新田青雲中等教育学校入学試験問題　作文

（20分）

〔問題〕　次のテーマについて、後の注意に従って作文しなさい。

テーマ　思いやり

注意

1　テーマについて、自分の体験から、あなたが考えたり感じたりしたことを書くこと。

2　字数は三百字以上、四百字以内とすること。

3　正しい原稿《こう》用紙の使い方で書くこと。ただし、解答用紙には題名は書かないで、本文から書き始めること。

余白は下書き用紙として利用してもかまいません。

令和２年度　新田青雲中等教育学校入学試験問題　　算　数　(60分)

注意１　答えはすべて解答用紙に書きなさい。
注意２　「式も解答用紙に書きなさい。」と指示されている問題は，解答用紙に途中《とちゅう》の式も書きなさい。
注意３　円周率は，3.14 としなさい。

（一）　次の □ の中に正しい答えを入れなさい。

1　$9\times7-52\div(19-2\times3)=\square$

2　$\frac{37}{42}+\left\{\frac{9}{7}-\left(\frac{3}{2}-\frac{4}{3}\right)\times7\right\}=\square$

3　$\left(\frac{2}{3}-0.2\right)\times18+8.6=\square$

4　$12.8\times6+2.56\times30+5.12\times20=\square$

5　$\frac{2}{5}+1\div\left\{1+1\div\left(1+\frac{1}{\square}\right)\right\}=1$

（二）　次の □ の中に正しい答えを入れなさい。

1　みゆきさんは，学校を出て北へ 300 m 歩き，西へ 200 m 歩いたあと，南へ 500 m 歩きました。学校はその地点から見てどの方角にありますか。次の①～④の中から１つ選び，番号で答えると □ です。

①　南東　　②　南西　　③　北東　　④　北西

2　縮尺が 100 万分の１の地図上で，ある土地の面積を測ると 10 cm^2 でした。実際の土地の面積は □ km^2 です。

3　64 の約数をすべて足すと □ です。

4　としこさんは，家から公園までの道のりを，行きは時速 6 km で走り，帰りは時速 4 km で歩いて往復しました。このとき，往復の平均の速さは時速 □ km です。

5　あるジュースを定価の２割引きで売ると，原価の２割の利益がありました。このときの定価は原価の □ %です。

6　たくさんのみかん，りんご，ももがあります。この中から少なくともそれぞれ１個以上，合計５個を取る方法は□通りあります。

7　□人の生徒が１脚《きゃく》の長いすに７人ずつ座ると最後の１脚は５人分あまり，６人ずつ座ると１人座れません。

8　3％の食塩水が 400g あります。□g の水を蒸発させると，8％の食塩水になります。

9　25 人のクラスで，10 点満点の算数のテストをしました。問題は３題で，問題１は２点，問題２は３点，問題３は５点で各問題とも正解以外は０点として点数をつけたところ，右の表のようになりました。問題１が正解だった人は，９人以上□人以下です。

算数のテスト

点数（点）	人数（人）
2	2
3	3
5	10
7	5
8	3
10	2
計	25

10　右の図の三角形 DEC は三角形 ABC を，点 C を中心に辺 DE が点 B に，重なるように回転したものです。ⓐの角度は□度です。

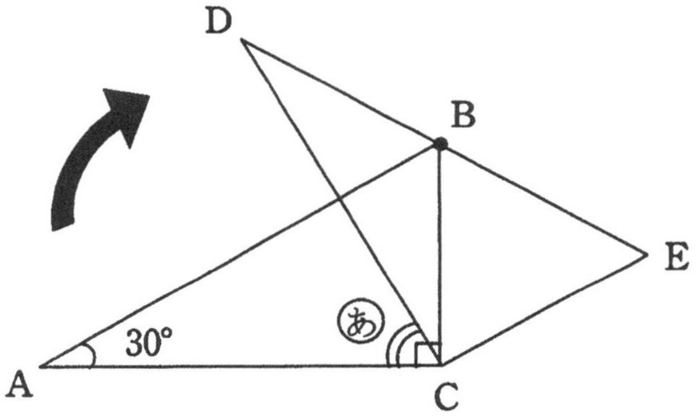

11　右の図のように，半径 3 cm の５つの円がぴったりとくっついています。その周りにひもをたるまないようにまきつけます。このとき，ひもの長さは□cm です。

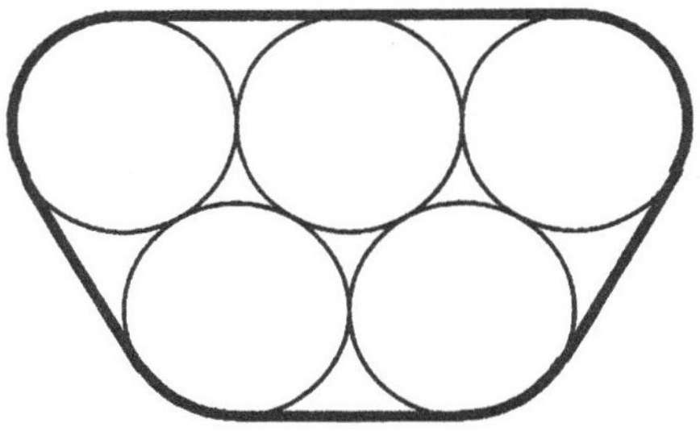

12　右の図は，直角三角形 ABC の２つの辺 BC，AC を１辺とする正方形 BCDE，ACFG をかいたものです。点 A から辺 BC に垂直な線を引き，辺 BC，辺 DE との交点をそれぞれ点 H，I とします。辺 FC の長さが 2 cm のとき，色がついた三角形 CDH の面積は□cm^2 です。

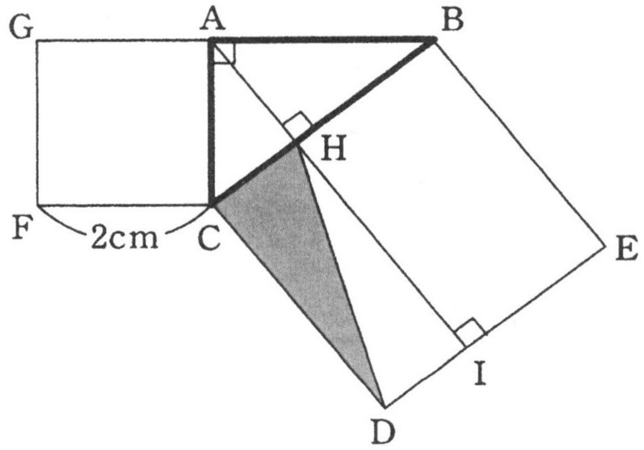

（三）　下の図は，半径５cm の円が２つと，高さが50 cm の平行四辺形からなる，ある立体の展開図です。次の問いに答えなさい。式も解答用紙に書きなさい。

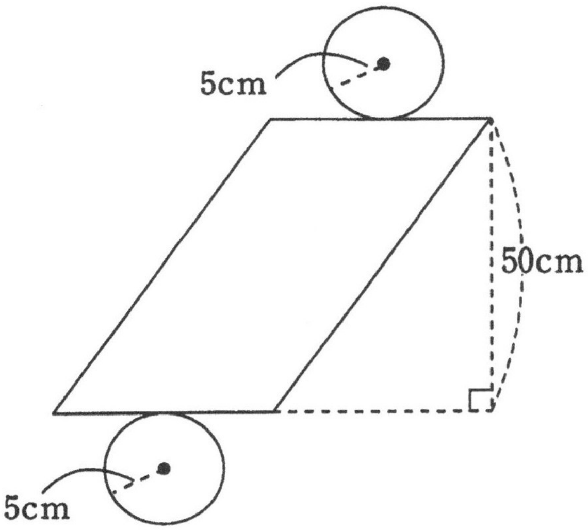

１　この立体の表面積を求めなさい。

２　この立体の体積を求めなさい。

（四）　下の図のように，あるきまりにしたがって，ランプが０秒後，１秒後，２秒後，３秒後，……とついたり消えたりします。０秒後はすべてのランプが消えています。また，ランプがついているところは，黒くぬっています。このとき，次の問いに答えなさい。

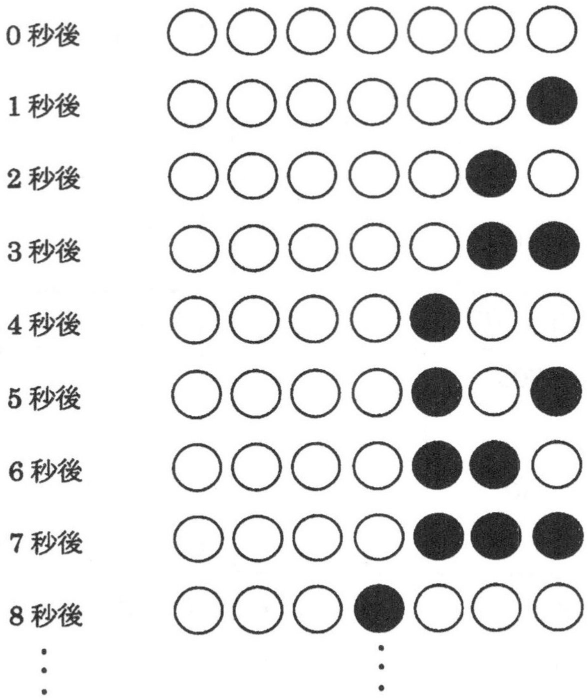

１　10秒後についているランプを黒くぬりなさい。

２　120秒後についているランプを黒くぬりなさい。式も解答用紙に書きなさい。

（五）　Ａ駅からＢ駅までみさきさんは電車で，あきらさんは自転車で行きます。電車で行く場合，駅はＡ駅とＢ駅をふくめて 17 駅あります。駅と駅の間はすべて 2 km で，各駅では 80 秒間停車します。電車が進む道のりのほうが，自転車が進む道のりよりも 17 km 長いです。電車と自転車の速さの比は 16 : 5 です。２人はＡ駅を同時に出発して，Ｂ駅へ同時に到着しました。このとき，次の問いに答えなさい。式も解答用紙に書きなさい。

1　電車が進む道のりは何 km ですか。

2　電車の速さは分速何 m ですか。

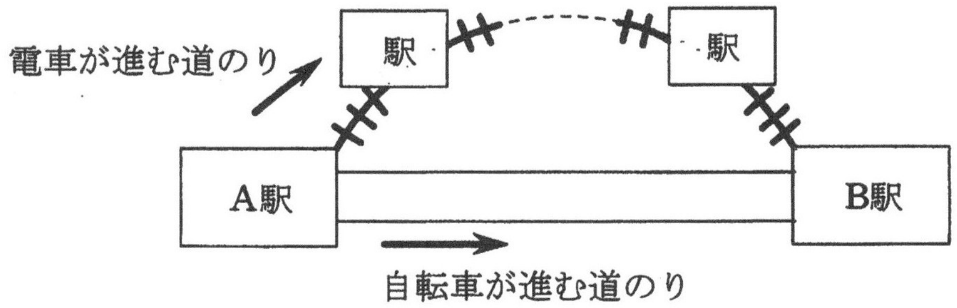

（六）　たいしさんは，携帯《けいたい》電話を利用したいので，Ａ社，Ｂ社，Ｃ社の１か月あたりの料金プランについて調べ，どの会社と契約《けいやく》すれば安いかを比べることにしました。下の【表】は，３社の料金プランです。３社とも必ず①データプランと②通話プランの両方を契約する必要があり，さらにデータプラン，通話プランともに従量《じゅうりょう》制，または定額制から１つずつ選びます。例えば，１か月のデータの使用量が 3.5 GB（ギガバイト），通話時間が３時間としたとき，Ａ社で①データプランは従量制 5 GB までの 4980 円，②通話プランは定額制 2000 円を選ぶと，Ａ社の中でいちばん安い 6980 円となります。また，Ａ社，Ｂ社において従量制で１か月 7 GB を超えた場合は，それ以上使用できません。このとき，次の問いに答えなさい。式も解答用紙に書きなさい。

【表】

会社	A社			B社			C社		
①データプラン	データ量（GB）	従量制（円）	定額制（円）	データ量（GB）	従量制（円）	定額制（円）	データ量（GB）	従量制（円）	定額制（円）
	1 GB まで	2980	6980	1 GB まで	2980	5480	1 GB まで	2480	5980
	3 GB まで	3980		4 GB まで	4480		2 GB まで	4480	
	5 GB まで	4980		7 GB まで	5980		5 GB まで	5980	
	7 GB まで	5980		無制限	－	8980	無制限	6980	
	無制限	－							

②通話プラン　料金形態	A社 従量制（円）	A社 定額制（円）	B社 従量制（円）	B社 定額制（円）	C社 従量制（円）	C社 定額制（円）
固定額	1000	2000	700	1500	1700	2500
通話料金（30 秒あたり）	30		40		20	

注意１：従量制とは使用量に応じて金額がかかる制度であり，定額制とは一定の金額で使用できる制度です。

注意２：通話プランの従量制は固定額に加えて通話料金（30 秒あたり）がかかります。

1　Ａ社の通話プランは，何分何秒までであれば，定額制より従量制の方が安くなりますか。

2　１か月のデータの使用量が 28 GB，通話時間が 18 分としたとき，いちばん安い合計金額はどの会社でいくらですか。

令和２年度　新田青雲中等教育学校入学試験問題　　理　科　(40分)

注意　答えはすべて解答用紙に書きなさい。

（その１）

（一）　次の１～８の問いに答えなさい。

1　2019 年 10 月９日，ノーベル化学賞に日本人研究者の吉野《よしの》彰《あきら》さんが選ばれました。次の**ア**～**エ**のうち，吉野さんが研究・開発したものを１つ選び，記号で答えなさい。

ア　水素化反応の研究　　**イ**　リチウムイオン二次電池の開発
ウ　脱離《だつり》イオン化法の開発　　**エ**　緑色蛍《けい》光タンパク質の発見と開発

2　愛媛県は，日本一の真珠《しんじゅ》の生産地として知られています。生産地のほとんどは宇和海沿岸ですが，真珠を生産するため養殖《ようしょく》している貝は何ですか。次の**ア**～**エ**から１つ選び，記号で答えなさい。

ア　マガキ　　**イ**　トリガイ　　**ウ**　サザエ　　**エ**　アコヤガイ

3　打ち上げ花火を遠くで見ていると，光が見えてから音が聞こえるまでに時間がかかります。次の**ア**～**エ**のうち，この現象が起こる原因について説明したものとして最も適当なものを１つ選び，記号で答えなさい。

ア　音は光に比べて，よく反射するから。
イ　音は光に比べて，よく屈折《くっせつ》するから。
ウ　音は光に比べて，空気中を伝わるのがはるかに遅いから。
エ　音は光に比べて，空気中を伝わるのがはるかに速いから。

4　細い糸とおもりを使ってふりこをつくり，おもりの重さや角度を変えて，静かに手をはなして机の上に置いた木片に衝《しょう》突させました。次の**ア**～**エ**のうち，木片が最も遠くに動くものを１つ選び，記号で答えなさい。

ア　　　**イ**　　　**ウ**　　　**エ**

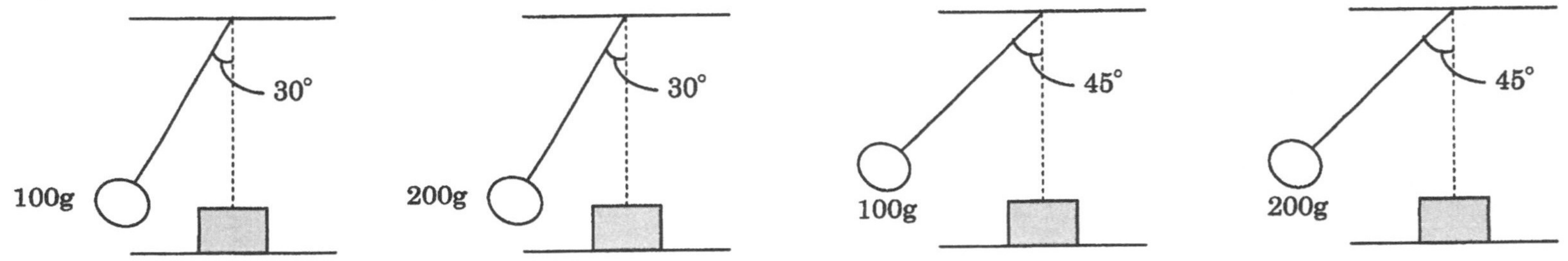

5　右のグラフは，100g の水にとけるミョウバンの量と，水の温度との関係を表したものです。60℃の水 100g にミョウバンをとけるだけとかした水溶《よう》液を，加熱して水を一部蒸《じょう》発させ，その後温度を 20℃にすると，ミョウバン 50g をとり出すことができました。蒸発させた水の量は何 g ですか。

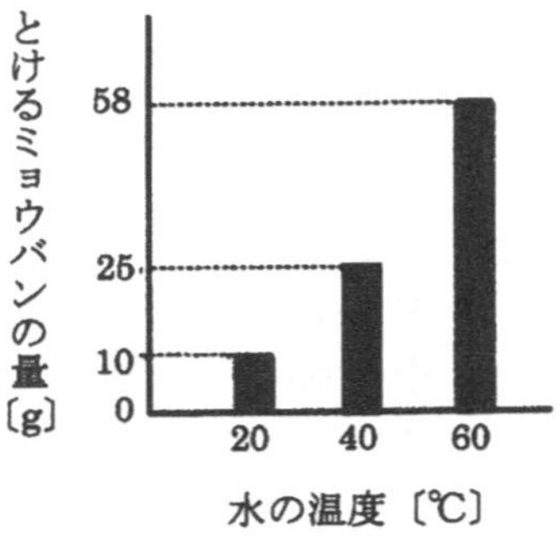

6　次の**ア**～**オ**のうち，電気を通す性質をもっているものを**２つ**選び，記号で答えなさい。

ア　ガラス棒　　**イ**　ろ紙　　**ウ**　アルミ板　　**エ**　砂糖　　**オ**　えん筆のしん

7　18 世紀後半ごろから大気中の二酸化炭素の量が増え始め，自然界の力だけでは増加を止められなくなってきました。次の**ア**～**エ**のうち，二酸化炭素を最も多く発生させている原因を１つ選び，記号で答えなさい。

ア　石炭・石油の燃焼　　**イ**　スプレー缶《かん》の使用　　**ウ**　工場からの排《はい》水　　**エ**　農地の拡大

8　次の**ア**～**オ**のうち，日の出の時刻について述べた文として正しいものを１つ選び，記号で答えなさい。

ア　日本全国どこでも同じである。
イ　経度によって異なるので，札幌《さっぽろ》のほうが福岡より早い。
ウ　経度によって異なるので，札幌のほうが福岡より遅い。
エ　緯《い》度によって異なるので，札幌のほうが福岡より早い。
オ　緯度によって異なるので，札幌のほうが福岡より遅い。

（二）　私たちは，植物のいろいろな部分を食材として使っています。次の問いに答えなさい。

1　次の**ア**～**オ**は食材として使われる植物の，葉の様子をスケッチしたものです。葉の様子を見て，下の**例**以外で２つのグループに分けなさい。また，そのように分けた理由を書きなさい。

ア　トマト　　**イ**　トウモロコシ　　**ウ**　サツマイモ　　**エ**　ナス　　**オ**　コムギ

例

グループ	理由
ア	葉のふちが，ぎざぎざしているから。
イ・ウ・エ・オ	葉のふちが，なめらかだから。

2　サツマイモ，タマネギ，ナスは，どの部分を食材として使っていますか。正しい組み合わせを次の**ア**～**エ**から１つ選び，記号で答えなさい。

ア　サツマイモ［くき］・タマネギ［根］・ナス［実］　　**イ**　サツマイモ［根］・タマネギ［葉］・ナス［くき］
ウ　サツマイモ［くき］・タマネギ［実］・ナス［葉］　　**エ**　サツマイモ［根］・タマネギ［葉］・ナス［実］

3　イチョウの種子をギンナンといい，茶わん蒸しなどの食材として使われます。イチョウのように種子を食材として使う植物を１つ答えなさい。

4　コムギ，サツマイモ，ジャガイモなどは，植物があるはたらきによってつくった栄養分をためている部分を，私たちが食材として使っています。そのはたらきとは何ですか。

（三）　うすい塩酸を用いた実験について，次の問いに答えなさい。

1　右のグラフは，アルミニウム 0.2g に，うすい塩酸を加えたときの，塩酸の体積と出てきた水素の量の関係を表したものです。

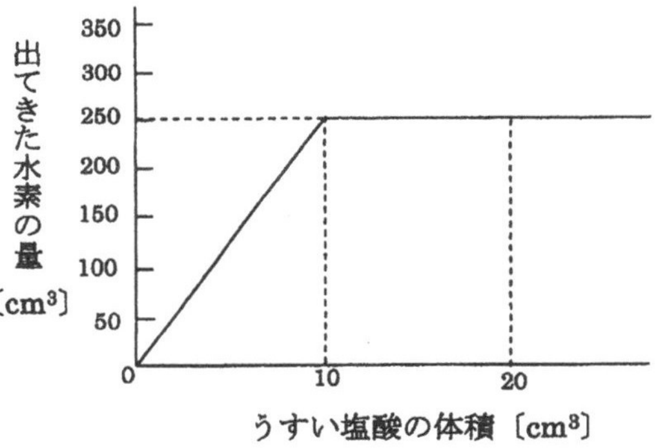

①　水素の集め方として最も適した方法を何といいますか。また，その方法を解答用紙の図中にかき加えなさい。ただし，水素は試験管に集めるものとします。

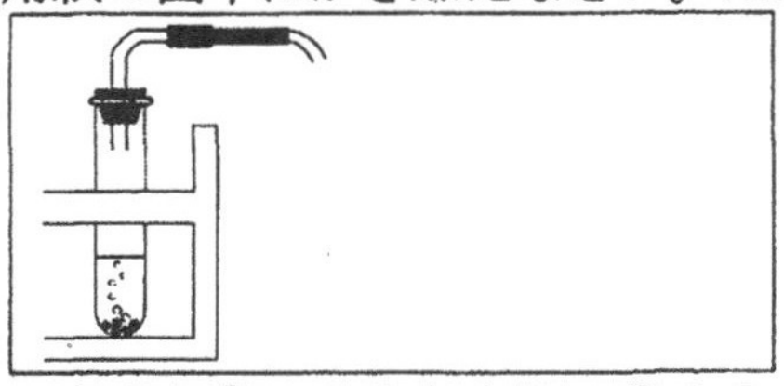

②　水素を①のような方法で集めるのはなぜですか。次の**ア**～**カ**のうち，適当なものを**２つ**選び，記号で答えなさい。

ア　空気より重いから。　　**イ**　空気より軽いから。
ウ　水にとけやすいから。　　**エ**　水にとけにくいから。
オ　空気が混ざらないようにしたいから。　　**カ**　水蒸気が混ざらないようにしたいから。

③　アルミニウム 0.4g にうすい塩酸を 10 cm³ 加えたとき，出てくる水素の体積は何 cm³ ですか。

④　アルミニウム 0.6g を全部とかすのに，うすい塩酸は最低何 cm³ 必要ですか。

2　うすい塩酸と水酸化ナトリウム水溶液を，下の表のような割合で混ぜ合わせて水溶液Ａ～Ｅをつくり，水溶液の性質を調べました。その後，水をすべて蒸発させると，固体が残ったのでその重さをはかりました。それぞれの水溶液の性質と残った固体の重さを下の表のようにまとめました。

水溶液	A	B	C	D	E
うすい塩酸の体積〔cm³〕	4.0	4.0	4.0	4.0	4.0
水酸化ナトリウム水溶液の体積〔cm³〕	3.0	6.0	9.0	12	15
水溶液の性質	酸性	酸性	酸性	アルカリ性	アルカリ性
残った固体の重さ〔g〕	0.51	1.02	1.53	1.94	2.30

①　水溶液Ａ～Ｃでは１種類の固体が残りました。その固体は何という物質ですか。また，その結晶の形として最も適当なものを，次の**ア**～**エ**から１つ選び，記号で答えなさい。

ア　　**イ**　　**ウ**　　**エ**

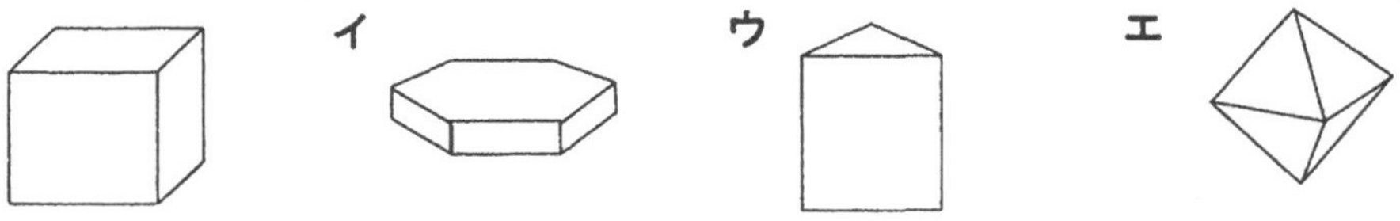

②　水溶液Ｄ，Ｅでは①で答えた固体ともう１種類別の固体が残りました。別の固体は何という物質ですか。

③　水溶液Ａを中性にするには，水酸化ナトリウム水溶液をあと何 cm³ 加えればよいですか。

（四） ドライアイス（ある気体Ｘに圧力を加えるなどして固めたもの）について，次の問いに答えなさい。

１ 次の**ア**～**ク**のうち，気体Ｘが発生する方法を**すべて**選び，記号で答えなさい。

ア オキシドールに二酸化マンガンを加える。　　**イ** 亜鉛《あえん》にうすい塩酸を加える。
ウ 貝がらにうすい塩酸を加える。　　**エ** アルミニウムに食塩水を加える。
オ ろうそくを燃やす。　　**カ** 炭酸水を加熱する。
キ 銅の板を加熱する。　　**ク** 鉄くぎに食塩水を加える。

２ 次の**ア**～**エ**のうち，気体Ｘについて述べたものを**すべて**選び，記号で答えなさい。

ア 無色透《とう》明である。　　**イ** 鼻をつくようなにおいがある。
ウ 空気の約20%をしめている。　　**エ** 石灰《かい》水に通すと，石灰水が白くにごる。

３ 右の図のように，水そうの中に長さの異なるろうそく**ａ**～**ｄ**をならべて火をつけ，ドライアイスのかたまりを置いた容器とつなぎました。すると，ろうそくの火は１つずつ消えていきました。ろうそく**ａ**～**ｄ**のうち，最初に火が消えたろうそくを選び，記号で答えなさい。

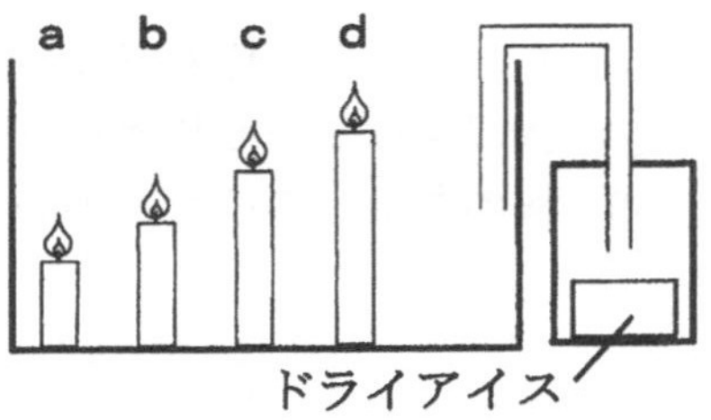

４ ドライアイスを皿にのせてしばらく置いておくと，ドライアイスの表面に白い粉が付き，ドライアイスの周りは白いけむりでおおわれました。白い粉と白いけむりの正体は何と考えられますか。次の**ア**～**オ**からそれぞれ１つずつ選び，記号で答えなさい。

ア 氷　　**イ** 水　　**ウ** 水蒸気　　**エ** 気体Ｘが固体になったもの
オ 気体Ｘが液体になったもの

５ 0.1gのドライアイスを20℃の水50cm³に入れたところ，すべて気体Ｘに変化しました。気体Ｘは水にとけるだけとけ，残りが空気中へ出ていきました。空気中へ出た気体Ｘは何cm³ですか。ただし，2.0gのドライアイスは1100cm³の気体Ｘに変化するものとし，気体Ｘは20℃の水１cm³に0.94 cm³とけるものとします。また，実験を行っている間，水の温度は変化しないものとします。

（五） 地中に細く深い穴をほることをボーリングといい，それによって取り出した土や岩などを調べたり，地層のようすを観察したりすることができます。**図１**はある地域でボーリングを行った地点**Ａ**～**Ｃ**を表したもので，**図２**は地点**Ａ**～**Ｃ**の地層のようすを表したものです。次の問いに答えなさい。

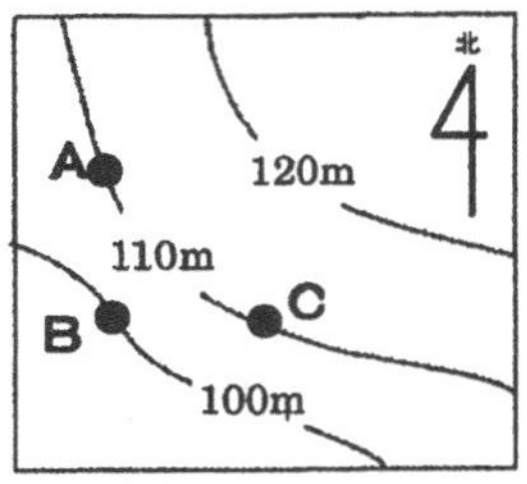

図１

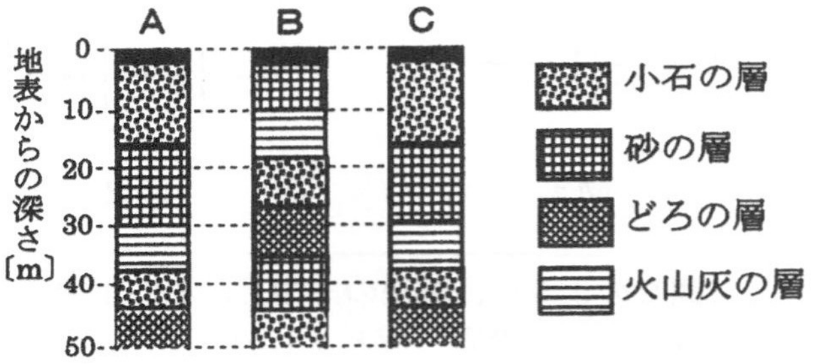

図２

１ 地層に火山灰の地層がふくまれていることから，この地層がたい積した当時，どんなことがあったと考えられますか。具体的に答えなさい。

２ 火山灰のつぶと砂のつぶをくらべて，火山灰のつぶの特ちょうを答えなさい。

３ 地点**Ｃ**の砂の層から，サンゴの化石が見つかりました。この地層がたい積した当時，この地点はどのような環境《かんきょう》だったと考えられますか。次の**ア**～**エ**のうちから１つ選び，記号で答えなさい。

ア あたたかく深い海　　**イ** あたたかく浅い海　　**ウ** 冷たく深い海　　**エ** 冷たく浅い海

４ 地点**Ａ**～**Ｃ**の小石の層を調べてみると，どの地層でも層をつくるつぶの大きさの分布に共通点がありました。それはどのような共通点だと考えられますか。次の**ア**～**エ**から１つ選び，記号で答えなさい。

ア さまざまな大きさのつぶが均等に分布している。
イ 小さなつぶほど下の方に分布している。
ウ 大きなつぶほど下の方に分布している。
エ 中間の大きさのつぶが下の方に分布している。

５ **図１**と**図２**から，この地域の地層はどの方角に向いて下がるようにかたむいていますか。８方位で答えなさい。

（六）　おもり，長さ１mの棒，ひも，ばねばかりを使って，てこのつりあいを調べました。次の問いに答えなさい。ただし，棒やひもの重さは考えないものとします。

１　図１のように，棒の中心にばねばかりをひもでつけ，棒の左はしに重さの分からないおもりＡをつけました。さらに，重さ 250 g のおもりＢをばねばかりから右の位置にひもでつるしたところ，棒は水平につりあいました。このとき，ばねばかりは 400g を示していました。

①　おもりＡの重さは何 g ですか。

②　おもりＢのある位置は，棒の右はしから何 cm の位置ですか。

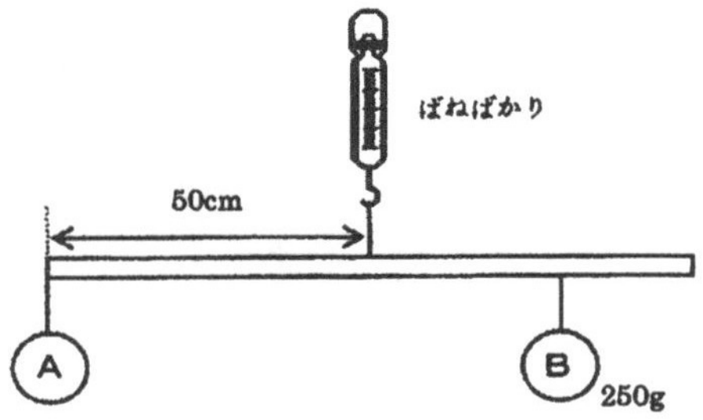

図１

２　図２のように，棒の両はしにひもをとりつけ，棒が水平になるように天井に固定しました。その後，棒の左はしから 60cm の位置に 300g のおもりＣをつるしました。

①　棒の両はしのそれぞれのひもにかかる力の大きさを合計すると何 g ですか。

②　棒の左はしのひもにかかる力の大きさは何 g ですか。

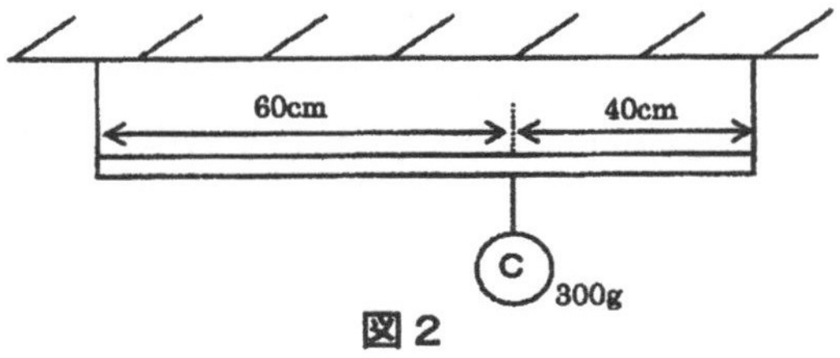

図２

３　図３のように，棒の両はしにひもをとりつけ，棒が水平になるように天井に固定し，さらに同じ棒をもう一本用意し，ひもを２本使って，棒が水平になるように，上の棒の下につるしました。その後，下の棒の左はしに 100 g のおもりＤを，棒の中心に重さの分からないおもりＥをつるしました。このとき，上の棒と下の棒をつなぐひもにかかる力の大きさは左右どちらも同じ大きさになっていました。

①　上の棒と下の棒をつなぐひもの片方にかかる力の大きさは何 g ですか。

②　おもりＥの重さは何 g ですか。

③　上の棒の左はしのひもにかかる力の大きさは何 g ですか。

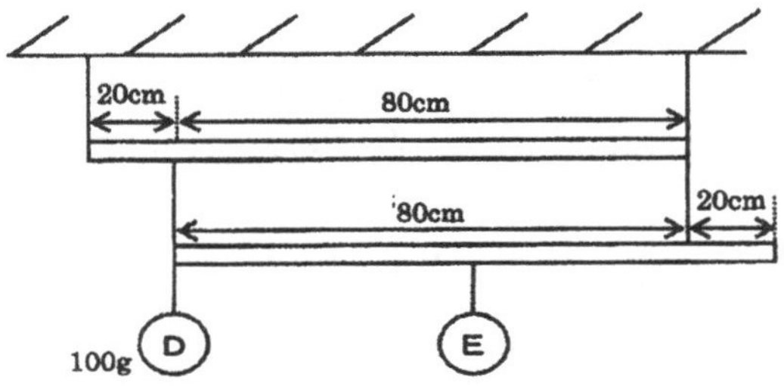

図３

（七）　豆電球と電池を使って図１～図３の回路を作り，豆電球の明るさを調べました。これに関する次の文を読んで，後の問いに答えなさい。ただし，回路図では，電池を 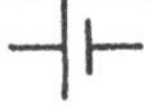 （長い方を＋極とする），豆電球を  と表すこととします。

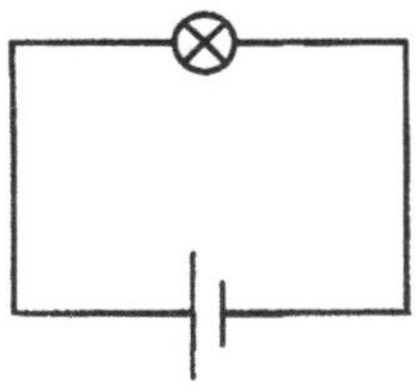
図１

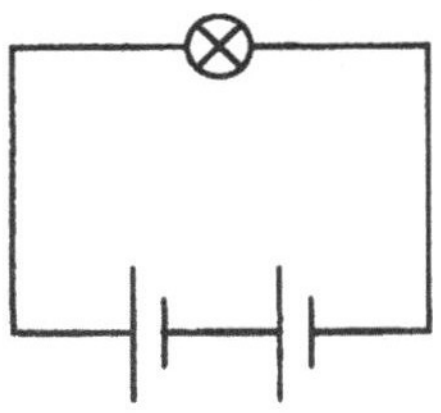
図２

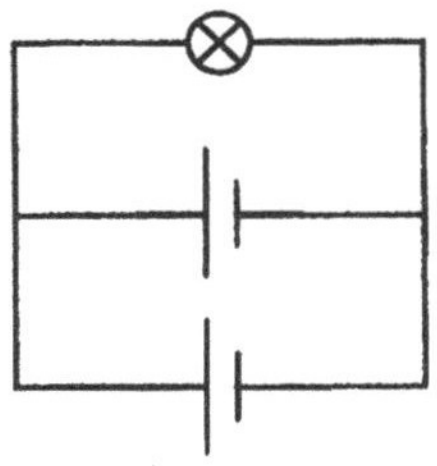
図３

> 図２のように，電池の＋極と，別の電池の－極が，次々につながるようなつなぎ方を（　Ａ　）つなぎという。また，図３のように，電池の同じ極どうしが，１つずつにまとまるようなつなぎ方を（　Ｂ　）つなぎという。
> 豆電球の明るさを比べたとき，図１と図２では①｛ア　図１の方が明るく　　イ　図２の方が明るく　　ウ　変わらず｝，図１と図３では②｛ア　図１の方が明るい　　イ　図３の方が明るい　　ウ　変わらない｝。

１　文中の（　Ａ　），（　Ｂ　）にあてはまる言葉をそれぞれ答えなさい。

２　文中の①，②にあてはまるものを，｛　　｝の中のア～ウからそれぞれ１つずつ選び，記号で答えなさい。

３　図１～図３のうち，電池が最も長持ちするのはどれですか。

４　豆電球と電池を使って，次のア～カの回路をつくり，豆電球の明るさを調べました。

ア
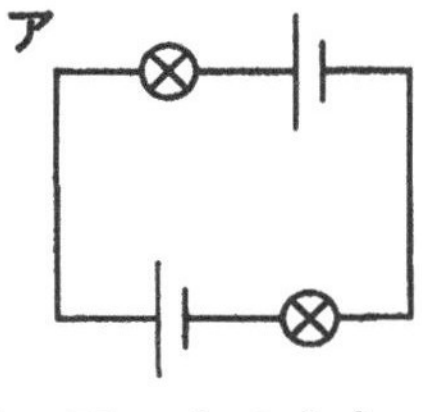
イ
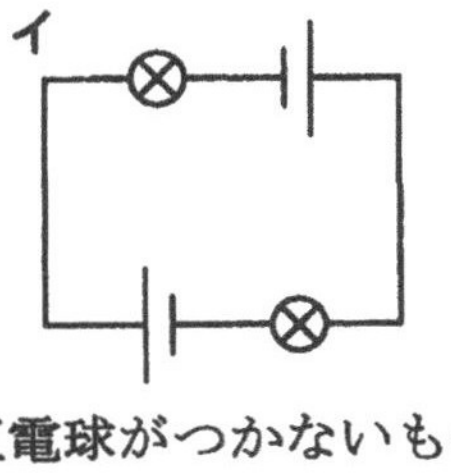
ウ
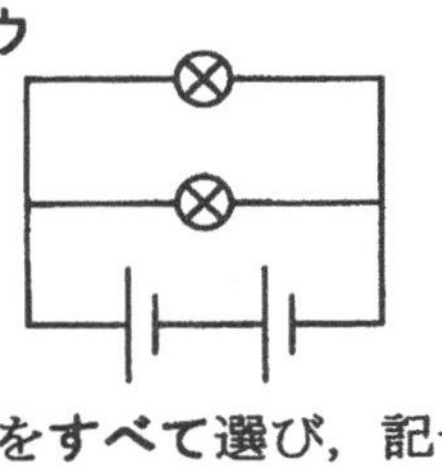
エ
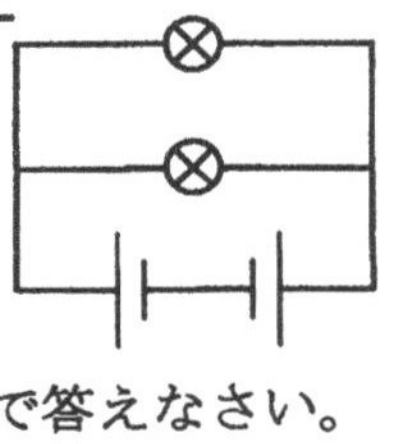
オ
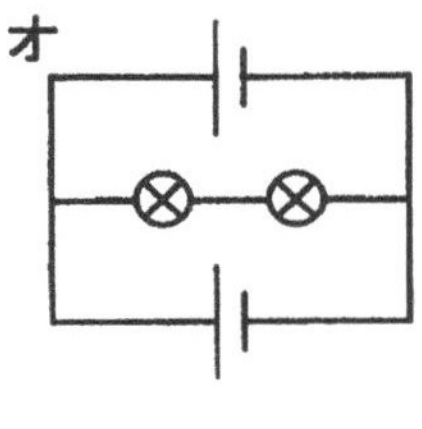
カ
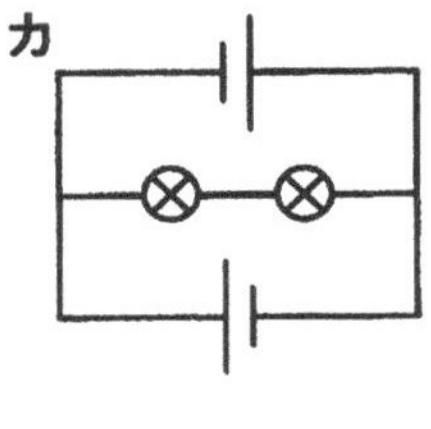

①　ア～カのうち，豆電球がつかないものを**すべて**選び，記号で答えなさい。

②　ア～カのうち，図１の豆電球と同じ明るさでつくものを**すべて**選び，記号で答えなさい。

③　ア～カのうち，図２の豆電球と同じ明るさでつくものを**すべて**選び，記号で答えなさい。

令和２年度　新田青雲中等教育学校入学試験問題　　社　会　（40分）

注意　　答えはすべて解答用紙に書きなさい。

（その１）

（一）　次のＡ～Ｆの文は，右の地図中のあ～かの都道府県にみられる気候について説明しています。文と地図を見て，後の１～５の問いに答えなさい。

Ａ　気温が高く雨の多い地域で，冬もあたたかい。夏から秋にかけて発生する（Ｘ）の通り道となることが多い。
Ｂ　１年を通じて雨が少なく，晴天の日が多い。
Ｃ　夏と冬の温度差が大きく，１年間の雨量は少ない。
Ｄ　１年の中で夏は短く，冬の寒さが厳しく長い。６月から７月にかけて（Ｙ）の影響《えいきょう》があまり見られないため，降水量は他の地域よりも少ない。
Ｅ　夏は雨が少なく，晴れの日が多い。冬は雨や雪が多く，気温が低くなる。
Ｆ　夏は雨が多く，蒸《む》し暑い。冬は雨が少なく，晴れた日が多い。

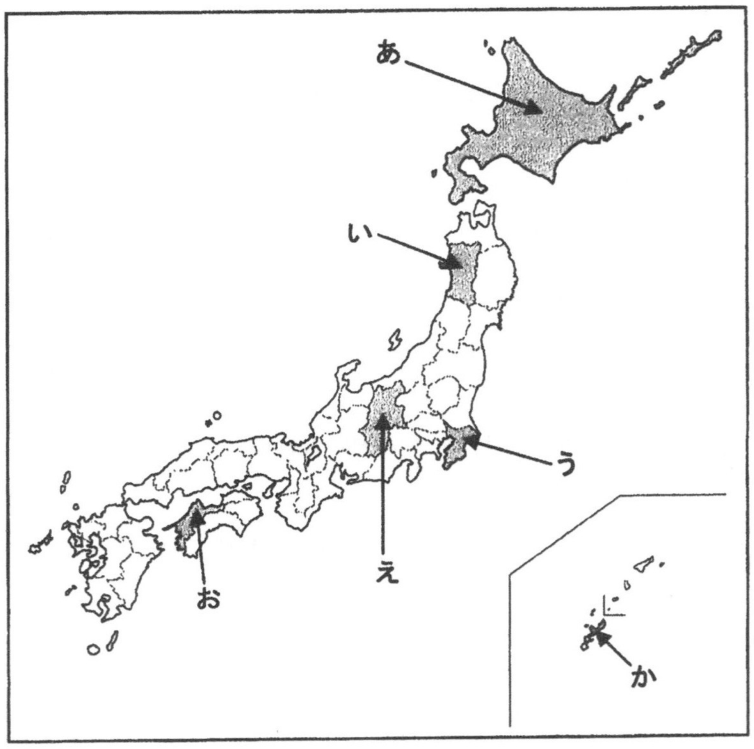

１　文中の（Ｘ）・（Ｙ）にあてはまる言葉をそれぞれ答えなさい。

２　文Ｂの気候がみられる都道府県を，地図中のあ～かから１つ選び，記号で答えなさい。

３　文Ｆの気候がみられる都道府県を，地図中のあ～かから１つ選び，記号で答えなさい。また，文Ｆのようになる理由も答えなさい。

４　地図中のあ～かから，レタスの生産高（2017 年）が１位の都道府県を１つ選び，記号で答えなさい。また，その都道府県の名前も答えなさい。

５　次のア～エのうち，日本の気候の特徴《とくちょう》で正しいものを１つ選び，記号で答えなさい。

ア　年間の降水量が極めて少なく，砂漠《さばく》となっている地域もある。
イ　１年中気温が高く季節の変化が小さい。
ウ　四季の変化がはっきりしており，夏と冬の気温の差が大きい。
エ　１年を通して，雨の降る時期と降らない時期がはっきり分かれている。

（二）　次の１・２の問いに答えなさい。

１　下の文について，後の①～④の問いに答えなさい。

松山市に住む太郎さんは，あるスーパーで買い物をしました。野菜売り場に行くと，にんにくがならんでいました。外国産のものが１種類，国内産のものが２種類ありました。大きさは同じくらいでしたが，１個の値段は，（あ）産が 58 円，（い）産が 198 円，（う）産が 236 円と差がありました。太郎さんは一番安いものを買いましたが，ａ外国産と国内産の値段の差の大きさにおどろきました。買物後，太郎さんは坂道を上り，ｂみかん畑を抜けて，ｃおじいちゃんの家に行きました。おじいちゃんの部屋からは，みかん畑がきれいに見えました。

①　文中の（あ）～（う）に入る国名，または都道府県名を，次のア～ウからそれぞれ選び，記号で答えなさい。

ア　香川県　　　イ　青森県　　　ウ　中国

②　下線部ａの値段の差が生じる理由について，簡単に説明しなさい。

③　下線部ｂの地図記号を，次のア～オから１つ選び，記号で答えなさい。

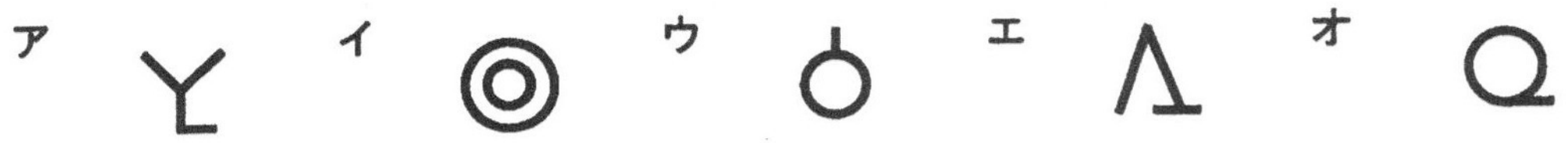

④　下線部ｂと下線部ｃは，同じ高さにあります。地図上で同じ高さの地点を結んだ線を何というか答えなさい。

２　右の表は，世界の中で面積の広い上位６か国をまとめたものです。次の①～⑤の問いに答えなさい。

順位	国名	面積
1	A	1710 万ｋ㎡
2	カナダ	999 万ｋ㎡
3	B	983 万ｋ㎡
4	中国	960 万ｋ㎡
5	ブラジル	852 万ｋ㎡
6	C	769 万ｋ㎡

①　Ａの国の面積は日本の面積のおよそ何倍になるか，次の**ア**～**エ**から１つ選び，記号で答えなさい。

ア　15 倍　　　**イ**　25 倍　　　**ウ**　35 倍　　　**エ**　45 倍

②　Ａ～Ｃに入る国名を，次の**ア**～**ウ**からそれぞれ選び，記号で答えなさい。

ア　オーストラリア　　　**イ**　ロシア　　　**ウ**　アメリカ合衆国

③　日本は，1980 年代半ばまで，表のような国々から原材料を輸入して，製品を輸出する貿易をおこなっていました。そのような貿易の名前を答えなさい。

④　上位１～３位をオーストラリア・ブラジル・カナダの順で占める輸入品（2017 年）を，次の**ア**～**エ**から１つ選び，記号で答えなさい。

ア　石油　　　**イ**　石炭　　　**ウ**　液化天然ガス　　　**エ**　鉄鉱石

⑤　現在（2019 年４月）のＡの国の大統領の名前を答えなさい。

（三）　次のＡ～Ｄの４枚のカードは，「日本の各時代における憲法《けんぽう》・法律《ほうりつ》・きまり」について書かれたものです。後の１～５の問いに答えなさい。

【カード】

Ａ　この憲法では，国を治める主権《しゅけん》をもつのは天皇であった。また，軍隊を率いたり，条約《じょうやく》を結んだりするのも，天皇の権限とされた。

Ｂ　武士の裁判の基準となる法律がつくられ，北条《ほうじょう》氏を中心とした幕府の支配力は，いっそう強くなっていった。

Ｃ　幕府は，大名を親藩《しんぱん》・譜代《ふだい》・外様《とざま》の三つに分けてくふうして配置《はいち》するとともに，このきまりを定め，全国の大名を取りしまった。

Ｄ　８世紀の初めには，国を治めるための法律もできあがり，人々は，租《そ》・調《ちょう》・庸《よう》といった税を納《おさ》めるとともに，役所や寺を建てたり，都や九州を守る兵士の役を務《つと》めたりしなければならなくなった。

１　Ａについて，次の①・②の問いに答えなさい。

①　この憲法の名前を答えなさい。

②　この憲法では国民（臣民《しんみん》）の言論《げんろん》，出版，集会，結社《けっしゃ》の自由はどのような範囲《はんい》で認められていたか，簡単に説明しなさい。

２　Ｂについて，次の①～④の問いに答えなさい。

①　この法律の名前を答えなさい。

②　この法律が定められたとき，北条氏は将軍を助ける役職《やくしょく》について政治を行いました。この役職の名前を答えなさい。

③　この法律が定められたとき，国ごとに置かれて御家人の取りしまり・軍事や警察の職務《しょくむ》を行った役職を何というか，次の**ア**～**エ**から１つ選び，記号で答えなさい。

ア　問注所《もんちゅうじょ》　　　**イ**　守護《しゅご》　　　**ウ**　国司《こくし》　　　**エ**　六波羅探題《ろくはらたんだい》

④　この法律が定められた時代には，元《げん》の大軍が２度にわたり九州北部にせめてきました。次の**ア**～**エ**のうち，**適当でないもの**を１つ選び，記号で答えなさい。

ア　全国から集められた武士たちは，元軍の集団戦術や火薬兵器（てつはう）などに苦しめられた。

イ　博多湾《わん》には，元寇《げんこう》のとき守りを固めるために築いた防塁《ぼうるい》の跡《あと》が残されている。

ウ　武士は元軍との戦いに苦しめられたが，幕府に新しい領地をあたえられたため，ご恩《おん》と奉公《ほうこう》で結びついていた幕府と武士の関係はより強いものになっていった。

エ　元軍は，武士たちの激《はげ》しい抵抗《ていこう》や暴風雨などにより，大きな損害《そんがい》を受けて大陸に引き上げた。

3　Ｃについて，次の①～④の問いに答えなさい。

①　このきまりの名前を答えなさい。

②　徳川家光《とくがわいえみつ》は，このきまりを改めて参勤《さんきん》交代を制度として定めました。幕府が参勤交代の制度を定めた理由について，簡単に説明しなさい。

③　このきまりが定められた時代の作品にあたるものを，次のア～エから１つ選び，記号で答えなさい。

ア

イ

ウ

エ

④　このきまりが定められた時代には鎖国《さこく》政策がとられました。次のア～エのうち，鎖国政策の目的として正しいものを**すべて**選び，記号で答えなさい。

ア　キリスト教の取りしまり　　イ　日本町《にほんまち》の拡大　　ウ　幕府による貿易の独占　　エ　朱印船《しゅいんせん》貿易の保護

4　Ｄについて，次の①・②の問いに答えなさい。

①　この法律の名前を答えなさい。

②　この法律が定められたころの中国の国名を何というか答えなさい。

5　Ａ～Ｄの４枚のカードを，年代の古い順にならべ，記号で答えなさい。

（四）右の年表は，近現代の歴史をまとめたものです。次の１～５の問いに答えなさい。

西暦《せいれき》	できごと
1894	日清《にっしん》戦争が始まる
1904	日露《にちろ》戦争が始まる
	Ａ
1914	第一次世界大戦が起こる
	Ｂ
1920	国際連盟《こくさいれんめい》が発足する
	Ｃ
1929	世界恐慌《せかいきょうこう》が起こる
1945	日本はポツダム宣言を受け入れ，終戦をむかえる
	Ｄ
1978	日中平和友好条約が結ばれる

1　下の文は，年表中の下線部について説明したものです。文中の〔　　〕にあてはまる地名を，後のア～エから１つ選び，記号で答えなさい。

> 日清戦争に勝った日本は，清から賠償《ばいしょう》金をとり，さらに台《たい》湾《わん》などを日本の植民地にした。このような動きに対し，中国東北部（満州《まんしゅう》）に勢力を伸ばそうとしていたロシアは，日本の動きに干渉《かんしょう》し，日清戦争で手に入れた〔　　〕を清に返させた。

ア　南京《なんきん》　イ　北京《ぺきん》　ウ　遼東《りょうとう》半島　エ　山東《さんとう》半島

2　次のア～エのうち，年表中のＡの時期に起きたできごととして正しいものを**すべて**選び，記号で答えなさい。

ア　小村寿太郎《こむらじゅたろう》が条約改正に成功した。

イ　日英《にちえい》同盟が結ばれた。

ウ　和歌山県沖《おき》の海で，イギリスの貨物船ノルマントン号がちんぼつした。

エ　日本は，人々の抵抗を軍隊でおさえ，朝鮮《ちょうせん》（韓国《かんこく》）を併合《へいごう》した。

3　次のア～エのうち，年表中のＢの時期の経済について述べた文として正しいものを１つ選び，記号で答えなさい。

ア　日本は第一次世界大戦に参加しなかったため，戦争の影響を受けず輸出額が伸びて好景気をむかえた。

イ　第一次世界大戦で得た賠償金をもとに八幡《やはた》製鉄所をつくり，工業化を進めた。

ウ　第一次世界大戦で好景気をむかえた一方，足尾《あしお》銅山の工場から出る有害なけむりや廃《はい》水が，山林をからし，田畑や川の魚に大きな被害《ひがい》をもたらした。

エ　第一次世界大戦でヨーロッパ諸国がアジア市場から後退したため，日本は輸出額が伸びて好景気をむかえた。

４　次の**ア**～**エ**のうち，年表中の**C**の時期の社会のようすについて述べた文として正しいものを１つ選び，記号で答えなさい。

ア　製鉄・火力発電・石油精製などの重化学コンビナートがつくられ，輸送手段として自動車専用となる高速道路も建設された。

イ　人々の民主主義への意識が高まり，普通選挙《ふつうせんきょ》を求める運動が広く展開《てんかい》された結果，25 才以上のすべての男子が，衆議院《しゅうぎいん》議員の選挙権《せんきょけん》をもつようになった。

ウ　北里柴三郎《きたざとしばさぶろう》が，破傷風《はしょうふう》という，このころ死亡《しぼう》する人の多かった病気の治療《ちりょう》のしかたを発見し，日本の医学が世界に認められるきっかけとなった。

エ　国会開設《かいせつ》を求める声が高まると，政府は，さまざまな条例（法律）を定めて，演説会や新聞などを厳《きび》しく取りしまるようになった。

５　次の**ア**～**エ**は，　年表中の**D**の時期に起きたできごとです。年代の古い順にならべ，記号で答えなさい。

ア　「三種《さんしゅ》の神器《じんぎ》」とよばれたテレビ，電気洗濯機《せんたくき》や電気冷蔵庫《れいぞうこ》などの電化製品が家庭に広まった。

イ　祖国復帰《そこくふっき》運動などの努力が実《みの》り，沖縄が日本に復帰した。

ウ　政府は，貿易の拡大，輸出の増加にも力を入れ，国民総生産額がアメリカに次《つ》いで世界２位になった。

エ　アジアで初となる東京オリンピックが開かれた。

（五）　次の文を読んで，後の１～６の問いに答えなさい。

わが国は，世界唯《ゆい》一の核被爆《かくひばく》国として，また，平和憲法の精神からも再びあの広島・長崎の惨禍《さんか》を絶対に繰《く》り返させてはならない。**a** 日本国憲法に掲《かか》げられた恒《こう》久平和主義の理念《りねん》を市民生活の中に生かし継承《けいしょう》していくことは地方自治の基本条件の一つである。

したがって，松山市は，**b** 非核三原則《ひかくさんげんそく》が，完全に実施《じっし》されることを願いつつ，あらゆる国のあらゆる核兵器も，わが松山市内に入り，貯蔵《ちょぞう》，配備《はいび》，空中輸送，核部隊の通過を拒否するとともに，核保有国に対し，核兵器の使用禁止と廃絶《はいぜつ》を全世界に向かって訴え，宣言する。

１　上の文は，松山市が出している宣言の一部です。同様の宣言は，他にも長崎市，広島市，堺市など多くの都市が出しています。この宣言を何というか答えなさい。

２　下線部**a**について，下の文は平和主義を定めている日本国憲法第９条の一部です。文中の（**あ**）～（**う**）にあてはまる言葉を答えなさい。

日本国民は，正義と秩序《ちつじょ》を基調《きちょう》とする国際平和を誠実に希求《ききゅう》し，国権の発動《はつどう》たる戦争と，（**あ**）による威嚇又《いかくまた》は（**あ**）の行使は，国際紛争《ふんそう》を解決する手段としては，永久にこれを放棄《ほうき》する。前項《こう》の目的を達するため，陸海空軍その他の（**い**）は，これを保持《ほじ》しない。国の（**う**）権は，これを認めない。

３　次の文は下線部**b**の内容です。（　　）にあてはまる言葉を答えなさい。

「核兵器をもたない，つくらない，（　　）」

４　2019 年８月２日に，アメリカとロシアの間で結ばれていた，核兵器に関する条約が失効《しっこう》となりました。何という条約か，次の**ア**～**エ**から１つ選び，記号で答えなさい。

ア　ワシントン海軍軍縮条約　　**イ**　中距離核戦力全廃条約　　**ウ**　核拡散防止条約　　**エ**　パリ条約

５　日本が戦争に降伏《こうふく》した日には，毎年，全国戦没者追悼式《せんぼつしゃついとうしき》などが行われています。日本が降伏した日はいつか，次の**ア**～**エ**から１つ選び，記号で答えなさい。

ア　８月６日　　**イ**　８月９日　　**ウ**　８月 15 日　　**エ**　９月１日

６　日本は 1951 年，アメリカで開かれた講和会議で，48 か国と平和条約を結んで独立を回復しました。この平和条約の名前を答えなさい。

令和二年度　新田青雲中等教育学校入学試験解答用紙　国語

受験番号	
氏　名	

(一)

1　①（す）　②　③　④（る）　⑤

2　①（なる）　②　③　④　⑤（う）

3　①（　）部　②成（　）　③（　）形　④（　）風　⑤（　）開

4　①　②　③　④　⑤

5　①　②　③　④　⑤

6　①　②　↓　↓　↓

(二)

1

2

3　〜

4

5

6

7

8　ア　イ　ウ　エ

9

(三)

1　A　B

2

3

4　③　④

5

6

7

8

9

10

11

採点欄	
(一)	
(二)	
(三)	
合計	

※100点満点
（配点非公表）

受験番号
氏　　名

令和二年度　新田青雲中等教育学校入学試験解答用紙　作文

100字

200字

300字

400字

採　点　欄			
※1	※2	※3	合計
			※20点満点

受験番号		氏　名	

令和２年度　新田青雲中等教育学校入学試験解答用紙　　算　数

(一)	1		2		3		4		5	

(二)	1		2		3		4		5		6	
	7		8		9		10		11		12	

(三)	1	式 ＿＿＿＿＿＿＿＿ cm^2	2	式 ＿＿＿＿＿＿＿＿ cm^3
(四)	1	○○○○○○○	2	式 ○○○○○○○
(五)	1	式 ＿＿＿＿＿＿＿＿ km	2	式 分速＿＿＿＿＿＿＿＿ m
(六)	1	式 ＿＿＿＿分＿＿＿＿秒	2	式 ＿＿＿＿社で＿＿＿＿円

採点欄	(一)	(二)	(三)	(四)	(五)	(六)	合　計
							※100点満点 (配点非公表)

受験番号		氏　名	

令和２年度　新田青雲中等教育学校入学試験解答用紙　　理　科

(一)	1		2		3		4		5	g	6	・
	7		8									

(二)	1	グループ	理　由	
	2		3	
	4			

(三)	1	① 集め方				図	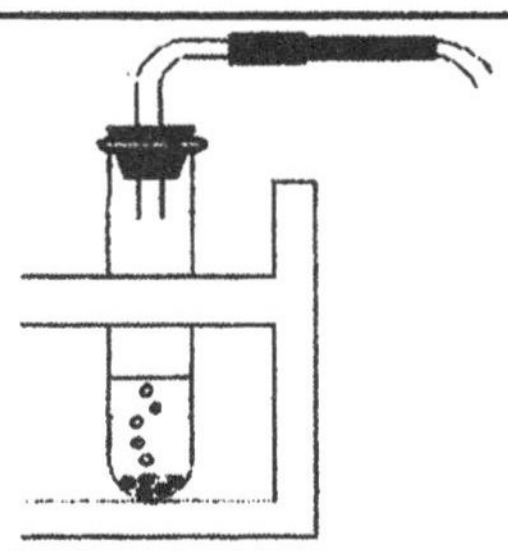
		②	・				
		③	cm³	④	cm³		
	2	① 名前		記号			
		②		③	cm³		

(四)	1		2		3		
	4	白い粉		白いけむり		5	cm³

(五)	1						
	2		3		4		5

(六)	1	①	g	②	cm	2	①	g	②	g	
	3	①	g	②	g	③	g				

(七)	1	A		B		2	①		②		3
	4	①		②		③					

	(一)	(二)	(三)	(四)	(五)	(六)	(七)	合　計
採点欄								※50点満点 (配点非公表)

受験番号		氏　名	

令和２年度　新田青雲中等教育学校入学試験解答用紙　　社　会

(一)	1	(X)		(Y)		2		3	記号	
	3	理由								
	4	記号		名前		5				

(二)	1	①	(あ)		(い)		(う)						
		②											
		③		④									
	2	①		②	A		B		C		③		
		④		⑤									

(三)	1	①		②						
	2	①		②		③		④		
	3	①								
		②								
		③		④		4	①		②	
	5	→　→　→								

(四)	1		2		3		4		5	→　→　→

(五)	1		2	(あ)		(い)		(う)		
	3		4		5		6			

	(一)	(二)	(三)	(四)	(五)	合計
採点欄						※50点満点 (配点非公表)

福岡県

①［国立］福岡教育大学附属中学校（福岡・小倉・久留米）
②［県立］
- 育徳館中学校
- 門司学園中学校
- 宗像中学校
- 嘉穂高等学校附属中学校
- 輝翔館中等教育学校

③西南学院中学校
④上智福岡中学校
⑤福岡女学院中学校
⑥福岡雙葉中学校
⑦照曜館中学校
⑧筑紫女学園中学校
⑨敬愛中学校
⑩久留米大学附設中学校
⑪飯塚日新館中学校
⑫明治学園中学校
⑬小倉日新館中学校
⑭久留米信愛中学校
⑮中村学園女子中学校
⑯福岡大学附属大濠中学校
⑰筑陽学園中学校
⑱九州国際大学付属中学校
⑲博多女子中学校
⑳東福岡自彊館中学校
㉑八女学院中学校

佐賀県

①［県立］
- 香楠中学校
- 致遠館中学校
- 唐津東中学校
- 武雄青陵中学校

②弘学館中学校
③東明館中学校
④佐賀清和中学校
⑤成穎中学校
⑥早稲田佐賀中学校

長崎県

①［県立］
- 長崎東中学校
- 佐世保北中学校
- 諫早高等学校附属中学校

②青雲中学校
③長崎南山中学校
④長崎日本大学中学校
⑤海星中学校

熊本県

①［県立］
- 玉名高等学校附属中学校
- 宇土中学校
- 八代中学校

②真和中学校
③九州学院中学校
④ルーテル学院中学校
⑤熊本信愛女学院中学校
⑥熊本マリスト学園中学校
⑦熊本学園大学付属中学校

大分県

①［県立］大分豊府中学校
②岩田中学校

宮崎県

①［県立］五ヶ瀬中等教育学校
②［県立］
- 宮崎西高等学校附属中学校
- 都城泉ヶ丘高等学校附属中学校

③宮崎日本大学中学校
④日向学院中学校
⑤宮崎第一中学校

鹿児島県

①［県立］楠隼中学校
②［市立］鹿児島玉龍中学校
③鹿児島修学館中学校
④ラ・サール中学校
⑤志學館中等部

沖縄県

①［県立］
- 与勝緑が丘中学校
- 開邦中学校
- 球陽中学校
- 名護高等学校附属桜中学校

もっと過去問シリーズ

北海道

北嶺中学校
7年分（算数・理科・社会）

静岡県

静岡大学教育学部附属中学校
（静岡・島田・浜松）
10年分（算数）

愛知県

愛知淑徳中学校
7年分（算数・理科・社会）
東海中学校
7年分（算数・理科・社会）
南山中学校男子部
7年分（算数・理科・社会）
南山中学校女子部
7年分（算数・理科・社会）
滝中学校
7年分（算数・理科・社会）
名古屋中学校
7年分（算数・理科・社会）

岡山県

岡山白陵中学校
7年分（算数・理科）

広島県

広島大学附属中学校
7年分（算数・理科・社会）
広島大学附属福山中学校
7年分（算数・理科・社会）
広島学院中学校
7年分（算数・理科・社会）
広島女学院中学校
7年分（算数・理科・社会）
修道中学校
7年分（算数・理科・社会）
ノートルダム清心中学校
7年分（算数・理科・社会）

愛媛県

愛光中学校
7年分（算数・理科・社会）

福岡県

福岡教育大学附属中学校
（福岡・小倉・久留米）
7年分（算数・理科・社会）
西南学院中学校
7年分（算数・理科・社会）
久留米大学附設中学校
7年分（算数・理科・社会）
福岡大学附属大濠中学校
7年分（算数・理科・社会）

佐賀県

早稲田佐賀中学校
7年分（算数・理科・社会）

長崎県

青雲中学校
7年分（算数・理科・社会）

鹿児島県

ラ・サール中学校
7年分（算数・理科・社会）

※もっと過去問シリーズは
国語の収録はありません。

教英出版
〒422-8054
静岡県静岡市駿河区南安倍3丁目12－28
TEL 054-288-2131
FAX 054-288-2133
詳しくは教英出版で検索
教英出版 検索
URL https://kyoei-syuppan.net/

④[府立]富田林中学校
⑤[府立]咲くやこの花中学校
⑥[府立]水都国際中学校
⑦清風中学校
⑧高槻中学校（A日程）
⑨高槻中学校（B日程）
⑩明星中学校
⑪大阪女学院中学校
⑫大谷中学校
⑬四天王寺中学校
⑭帝塚山学院中学校
⑮大阪国際中学校
⑯大阪桐蔭中学校
⑰開明中学校
⑱関西大学第一中学校
⑲近畿大学附属中学校
⑳金蘭千里中学校
㉑金光八尾中学校
㉒清風南海中学校
㉓帝塚山学院泉ヶ丘中学校
㉔同志社香里中学校
㉕初芝立命館中学校
㉖関西大学中等部
㉗大阪星光学院中学校

兵庫県

①[国立]神戸大学附属中等教育学校
②[県立]兵庫県立大学附属中学校
③雲雀丘学園中学校
④関西学院中学部
⑤神戸女学院中学部
⑥甲陽学院中学校
⑦甲南中学校
⑧甲南女子中学校
⑨灘中学校
⑩親和中学校
⑪神戸海星女子学院中学校
⑫滝川中学校
⑬啓明学院中学校
⑭三田学園中学校
⑮淳心学院中学校
⑯仁川学院中学校
⑰六甲学院中学校
⑱須磨学園中学校（第1回入試）
⑲須磨学園中学校（第2回入試）
⑳須磨学園中学校（第3回入試）
㉑白陵中学校
㉒夙川中学校

奈良県

①[国立]奈良女子大学附属中等教育学校
②[国立]奈良教育大学附属中学校
③[県立]
国際中学校
青翔中学校
④[市立]一条高等学校附属中学校
⑤帝塚山中学校
⑥東大寺学園中学校
⑦奈良学園中学校
⑧西大和学園中学校

和歌山県

①[県立]
古佐田丘中学校
向陽中学校
桐蔭中学校
日高高等学校附属中学校
田辺中学校
②智辯学園和歌山中学校
③近畿大学附属和歌山中学校
④開智中学校

岡山県

①[県立]岡山操山中学校
②[県立]倉敷天城中学校
③[県立]岡山大安寺中等教育学校
④[県立]津山中学校
⑤岡山中学校
⑥清心中学校
⑦岡山白陵中学校
⑧金光学園中学校
⑨就実中学校
⑩岡山理科大学附属中学校
⑪山陽学園中学校

広島県

①[国立]広島大学附属中学校
②[国立]広島大学附属福山中学校
③[県立]広島中学校
④[県立]三次中学校
⑤[県立]広島叡智学園中学校
⑥[市立]広島中等教育学校
⑦[市立]福山中学校
⑧広島学院中学校
⑨広島女学院中学校
⑩修道中学校
⑪崇徳中学校
⑫比治山女子中学校
⑬福山暁の星女子中学校
⑭安田女子中学校
⑮広島なぎさ中学校
⑯広島城北中学校
⑰近畿大学附属広島中学校福山校
⑱盈進中学校
⑲如水館中学校
⑳ノートルダム清心中学校
㉑銀河学院中学校
㉒近畿大学附属広島中学校東広島校
㉓AICJ中学校
㉔広島国際学院中学校
㉕広島修道大学ひろしま協創中学校

山口県

①[県立]
下関中等教育学校
高森みどり中学校
②野田学園中学校

徳島県

①[県立]
富岡東中学校
川島中学校
城ノ内中等教育学校
②徳島文理中学校

香川県

①大手前丸亀中学校
②香川誠陵中学校

愛媛県

①[県立]
今治東中等教育学校
松山西中等教育学校
②愛光中学校
③済美平成中等教育学校
④新田青雲中等教育学校

高知県

①[県立]
安芸中学校
高知国際中学校
中村中学校

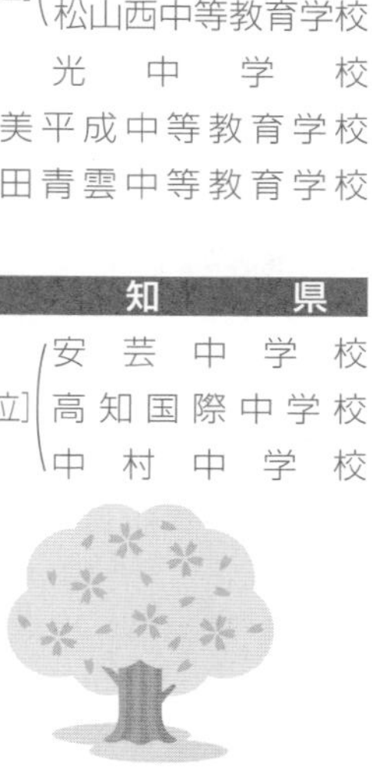

神奈川県

①[県立] 相模原中等教育学校 / 平塚中等教育学校

②[市立]南高等学校附属中学校

③[市立]横浜サイエンスフロンティア高等学校附属中学校

④[市立]川崎高等学校附属中学校

✿⑤聖光学院中学校

✿⑥浅野中学校

⑦洗足学園中学校

⑧法政大学第二中学校

⑨逗子開成中学校(1次)

⑩逗子開成中学校(2・3次)

⑪神奈川大学附属中学校(第1回)

⑫神奈川大学附属中学校(第2・3回)

⑬栄光学園中学校

⑭フェリス女学院中学校

新潟県

①[県立] 村上中等教育学校 / 柏崎翔洋中等教育学校 / 燕中等教育学校 / 津南中等教育学校 / 直江津中等教育学校 / 佐渡中等教育学校

②[市立]高志中等教育学校

③新潟第一中学校

④新潟明訓中学校

石川県

①[県立]金沢錦丘中学校

②星稜中学校

福井県

①[県立]高志中学校

山梨県

①山梨英和中学校

②山梨学院中学校

③駿台甲府中学校

長野県

①[県立] 屋代高等学校附属中学校 / 諏訪清陵高等学校附属中学校

②[市立]長野中学校

岐阜県

①岐阜東中学校

②鶯谷中学校

③岐阜聖徳学園大学附属中学校

静岡県

①[国立]静岡大学教育学部附属中学校(静岡・島田・浜松)

② [県立]清水南高等学校中等部 / [県立]浜松西高等学校中等部 / [市立]沼津高等学校中等部

③不二聖心女子学院中学校

④日本大学三島中学校

⑤加藤学園暁秀中学校

⑥星陵中学校

⑦東海大学付属静岡翔洋高等学校中等部

⑧静岡サレジオ中学校

⑨静岡英和女学院中学校

⑩静岡雙葉中学校

⑪静岡聖光学院中学校

⑫静岡学園中学校

⑬静岡大成中学校

⑭城南静岡中学校

⑮静岡北中学校

⑯ 常葉大学附属常葉中学校 / 常葉大学附属橘中学校 / 常葉大学附属菊川中学校

⑰藤枝明誠中学校

⑱浜松開誠館中学校

⑲静岡県西遠女子学園中学校

⑳浜松日体中学校

㉑浜松学芸中学校

愛知県

①[国立]愛知教育大学附属名古屋中学校

②愛知淑徳中学校

③ 名古屋経済大学市邨中学校 / 名古屋経済大学高蔵中学校

④金城学院中学校

⑤椙山女学園中学校

⑥東海中学校

⑦南山中学校男子部

⑧南山中学校女子部

⑨聖霊中学校

⑩滝中学校

⑪名古屋中学校

⑫大成中学校

⑬愛知中学校

⑭星城中学校

⑮名古屋葵大学中学校(名古屋女子大学中学校)

⑯愛知工業大学名電中学校

⑰海陽中等教育学校(特別給費生)

⑱海陽中等教育学校(I・II)

⑲中部大学春日丘中学校

新刊⑳名古屋国際中学校

三重県

①[国立]三重大学教育学部附属中学校

②暁中学校

③海星中学校

④四日市メリノール学院中学校

⑤高田中学校

⑥セントヨゼフ女子学園中学校

⑦三重中学校

⑧皇學館中学校

⑨鈴鹿中等教育学校

⑩津田学園中学校

滋賀県

①[国立]滋賀大学教育学部附属中学校

②[県立] 河瀬中学校 / 守山中学校 / 水口東中学校

京都府

①[国立]京都教育大学附属桃山中学校

②[府立]洛北高等学校附属中学校

③[府立]園部高等学校附属中学校

④[府立]福知山高等学校附属中学校

⑤[府立]南陽高等学校附属中学校

⑥[市立]西京高等学校附属中学校

⑦同志社中学校

⑧洛星中学校

⑨洛南高等学校附属中学校

⑩立命館中学校

⑪同志社国際中学校

⑫同志社女子中学校(前期日程)

⑬同志社女子中学校(後期日程)

大阪府

①[国立]大阪教育大学附属天王寺中学校

②[国立]大阪教育大学附属平野中学校

③[国立]大阪教育大学附属池田中学校

教英出版　2025年春受験用　中学入試問題集

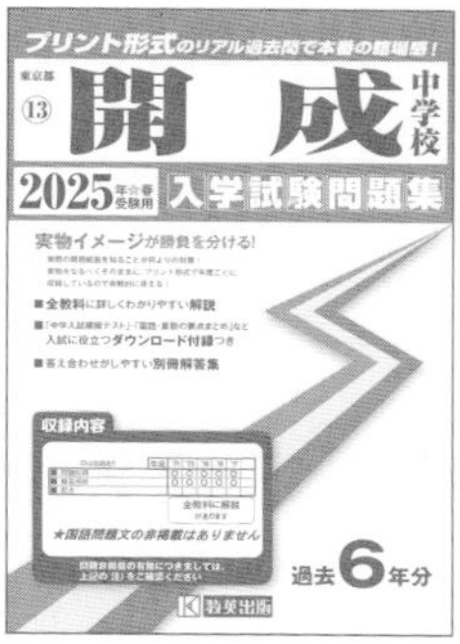

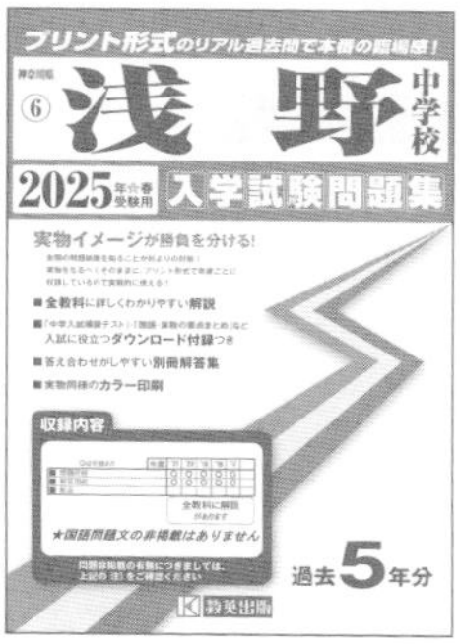

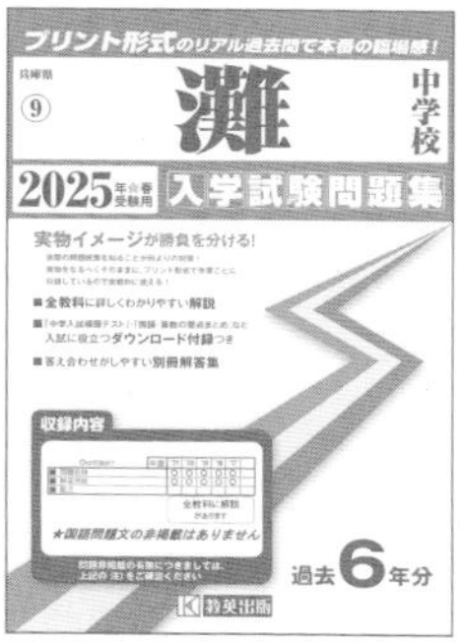

学校別問題集

✿はカラー問題対応

北海道

①[市立]札幌開成中等教育学校
②藤女子中学校
③北嶺中学校
④北星学園女子中学校
⑤札幌大谷中学校
⑥札幌光星中学校
⑦立命館慶祥中学校
⑧函館ラ・サール中学校

青森県

①[県立]三本木高等学校附属中学校

岩手県

①[県立]一関第一高等学校附属中学校

宮城県

①[県立]宮城県古川黎明中学校
②[県立]宮城県仙台二華中学校
③[市立]仙台青陵中等教育学校
④東北学院中学校
⑤仙台白百合学園中学校
⑥聖ウルスラ学院英智中学校
⑦宮城学院中学校
⑧秀光中学校
⑨古川学園中学校

秋田県

①[県立]
- 大館国際情報学院中学校
- 秋田南高等学校中等部
- 横手清陵学院中学校

山形県

①[県立]
- 東桜学館中学校
- 致道館中学校

福島県

①[県立]
- 会津学鳳中学校
- ふたば未来学園中学校

茨城県

①[県立]
- 日立第一高等学校附属中学校
- 太田第一高等学校附属中学校
- 水戸第一高等学校附属中学校
- 鉾田第一高等学校附属中学校
- 鹿島高等学校附属中学校
- 土浦第一高等学校附属中学校
- 竜ヶ崎第一高等学校附属中学校
- 下館第一高等学校附属中学校
- 下妻第一高等学校附属中学校
- 水海道第一高等学校附属中学校
- 勝田中等教育学校
- 並木中等教育学校
- 古河中等教育学校

栃木県

①[県立]
- 宇都宮東高等学校附属中学校
- 佐野高等学校附属中学校
- 矢板東高等学校附属中学校

群馬県

①
- [県立]中央中等教育学校
- [市立]四ツ葉学園中等教育学校
- [市立]太田中学校

埼玉県

①[県立]伊奈学園中学校
②[市立]浦和中学校
③[市立]大宮国際中等教育学校
④[市立]川口市立高等学校附属中学校

千葉県

①[県立]
- 千葉中学校
- 東葛飾中学校

②[市立]稲毛国際中等教育学校

東京都

①[国立]筑波大学附属駒場中学校
②[都立]白鷗高等学校附属中学校
③[都立]桜修館中等教育学校
④[都立]小石川中等教育学校
⑤[都立]両国高等学校附属中学校
⑥[都立]立川国際中等教育学校
⑦[都立]武蔵高等学校附属中学校
⑧[都立]大泉高等学校附属中学校
⑨[都立]富士高等学校附属中学校
⑩[都立]三鷹中等教育学校
⑪[都立]南多摩中等教育学校
⑫[区立]九段中等教育学校
⑬開成中学校
⑭麻布中学校
⑮桜蔭中学校
⑯女子学院中学校
✿⑰豊島岡女子学園中学校
⑱東京都市大学等々力中学校
⑲世田谷学園中学校
✿⑳広尾学園中学校(第2回)
✿㉑広尾学園中学校(医進・サイエンス回)
㉒渋谷教育学園渋谷中学校(第1回)
㉓渋谷教育学園渋谷中学校(第2回)
㉔東京農業大学第一高等学校中等部(2月1日 午後)
㉕東京農業大学第一高等学校中等部(2月2日 午後)

■ ご使用にあたってのお願い・ご注意

（1）問題文等の非掲載

著作権上の都合により，問題文や図表などの一部を掲載できない場合があります。

誠に申し訳ございませんが，ご了承くださいますようお願いいたします。

（2）過去問における時事性

過去問題集は，学習指導要領の改訂や社会状況の変化，新たな発見などにより，現在とは異なる表記や解説になっている場合があります。過去問の特性上，出題当時のままで出版していますので，あらかじめご了承ください。

（3）配点

学校等から配点が公表されている場合は，記載しています。公表されていない場合は，記載していません。

独自の予想配点は，出題者の意図と異なる場合があり，お客様が学習するうえで誤った判断をしてしまう恐れがあるため記載していません。

（4）無断複製等の禁止

購入された個人のお客様が，ご家庭でご自身またはご家族の学習のためにコピーをすることは可能ですが，それ以外の目的でコピー，スキャン，転載（ブログ，ＳＮＳなどでの公開を含みます）などをすることは法律により禁止されています。学校や学習塾などで，児童生徒のためにコピーをして使用することも法律により禁止されています。

ご不明な点や，違法な疑いのある行為を確認された場合は，弊社までご連絡ください。

（5）けがに注意

この問題集は針を外して使用します。針を外すときは，けがをしないように注意してください。また，表紙カバーや問題用紙の端で手指を傷つけないように十分注意してください。

（6）正誤

制作には万全を期しておりますが，万が一誤りなどがございましたら，弊社までご連絡ください。

なお，誤りが判明した場合は，弊社ウェブサイトの「ご購入者様のページ」に掲載しておりますので，そちらもご確認ください。

■ お問い合わせ

解答例，解説，印刷，製本など，問題集発行におけるすべての責任は弊社にあります。

ご不明な点がございましたら，弊社ウェブサイトの「お問い合わせ」フォームよりご連絡ください。迅速に対応いたしますが，営業日の都合で回答に数日を要する場合があります。

ご入力いただいたメールアドレス宛に自動返信メールをお送りしています。自動返信メールが届かない場合は，「よくある質問」の「メールの問い合わせに対し返信がありません。」の項目をご確認ください。

また弊社営業日（平日）は，午前９時から午後５時まで，電話でのお問い合わせも受け付けています。

2025 春

教英出版

株式会社教英出版

〒422-8054　静岡県静岡市駿河区南安倍３丁目 12-28

TEL　054-288-2131　　FAX　054-288-2133

URL　https://kyoei-syuppan.net/

MAIL siteform@kyoei-syuppan.net